大跨度空间曲线钢箱拱桥
提升技术及理论分析

占玉林　邵俊虎　刘海波　唐俊　著

西南交通大学出版社
·成都·

图书在版编目（ＣＩＰ）数据

大跨度空间曲线钢箱拱桥提升技术及理论分析 / 占玉林等著. —成都：西南交通大学出版社，2021.8
ISBN 978-7-5643-8111-0

Ⅰ. ①大… Ⅱ. ①占… Ⅲ. ①长跨桥 – 箱形拱桥 – 桥梁设计 Ⅳ. ①U448.22

中国版本图书馆 CIP 数据核字（2021）第 125772 号

Dakuadu Kongjian Quxian Gangxiang Gongqiao Tisheng Jishu ji Lilun Fenxi
大跨度空间曲线钢箱拱桥提升技术及理论分析

占玉林　　邵俊虎　　刘海波　　唐俊　著

责任编辑	王同晓
封面设计	曹天擎
出版发行	西南交通大学出版社
	（四川省成都市金牛区二环路北一段 111 号
	西南交通大学创新大厦 21 楼）
邮政编码	610031
发行部电话	028-87600564　028-87600533
网址	http://www.xnjdcbs.com
印刷	成都蜀通印务有限责任公司
成品尺寸	170 mm × 230 mm
印张	15.25
字数	227 千
版次	2021 年 8 月第 1 版
印次	2021 年 8 月第 1 次
定价	88.00 元
书号	ISBN 978-7-5643-8111-0

图书如有印装质量问题　本社负责退换
版权所有　盗版必究　举报电话：028-87600562

【 前 言 】

随着人们对现代桥梁，尤其是城市桥梁美学要求的提高，拱桥凭借优美的曲线和合理的受力，受到了工程界的广泛青睐，是 300～500 m 跨径范围内具有较强竞争力的桥型。早期桥梁建设材料相对匮乏，人们修建了大量的石拱桥；当混凝土材料得到大量应用后，混凝土拱桥开始在桥梁界占据主导地位；随着钢材性能的提高和价格的下降，钢拱桥得到了迅速发展。钢拱桥的形式也多种多样，如钢桁拱桥、钢箱拱桥和钢管混凝土拱桥等。尽管这些拱桥形式不一，但它们均是拱桥系列的完美补充。随着拱桥建造向"大跨、轻型和高强"方向发展，拱桥施工建造中的风险也越来越高。因此，工程师不断创新和实践新的拱桥施工方法，如支架施工法、缆索吊装法、转体施工法和整体提升施工法等，其目的主要是尽量降低拱桥在施工期的风险。

相较于拱桥的其他施工方法，整体提升施工法可将多拱段拼装工序中的多点误差控制转化为合龙口的局部误差控制，大大减少了控制难度，并提高了拱肋制造的精度和时效，逐渐受到了工程界的重视。但这种施工方法的工程经验较少，且对技术和设备的要求较高，目前实践的工程案例相对较少。本书结合广西柳州官塘大桥的整体提升施工过程，系统地开展了相关研究，形成了本书的内容。本书主要围绕大跨度空间曲线钢箱拱桥的整体提升施工方法研究、临时结构设计和优化、提升模型试验、合龙控制等关键问题展开。

全书共分为9章,第1章介绍了钢拱桥的发展和施工技术状况;第2章介绍了具体桥梁工程背景和设计情况;第3章叙述了桥梁整体提升施工方法与工序流程;第4章对桥梁施工计算分析的有限元基本理论进行了叙述;第5章研究了整体提升施工全过程中拱肋和支架的力学行为;第6章对整体提升支架开展了优化研究;第7章开展了缩尺模型的整体提升模拟试验研究;第8章讨论了钢拱圈提升的敏感性参数;第9章研究了主拱肋合龙施工中临时连接板的力学行为。书中还收集了部分相关工程的内容,可一并作为工程技术人员的参考资料。

本书在编写过程中得到了柳州市城市投资建设发展有限公司、中铁上海工程局集团有限公司、四川省交通厅公路规划勘察设计研究院和中铁大桥勘测设计院集团有限公司等单位的帮助和支持。特别感谢何鹏总工、林小刚工程师、肖延军副总工等的大力支持,感谢研究生石玉灿、杨伟、姜哲勋、唐利科、张磊、段增强、何佳乐、张强、刘芳、尹超、张志强、侯之瑶、许俊、孙约瀚、岳凡凡、杨文冲、王吉坤、黄文峰、许江辉等在文档编辑及数据处理方面的辛勤工作。

大跨度拱桥施工面临的挑战越来越大,涉及的理论知识也越来越多,既有静力方面也有动力方面的内容,本书仅仅进行了很小部分的提炼和总结,旨在能对工程技术人员与管理人员认识这类桥梁的施工过程和实践有一定的参考作用,加之作者水平有限,书中如有不妥之处,敬请批评指正,以便更正和完善。当然,在后续相关工程实践中,作者也会一如既往地在实践中提升相关的理论知识,以便更好地服务于我国桥梁建设。

作 者
2021 年 1 月

【目 录】

1　概　况 ··· 001
   1.1　钢箱拱桥国内外建设概况 ···························· 002
   1.2　钢箱拱桥施工方法及特点 ···························· 006
   1.3　钢箱拱桥整体提升施工风险 ························· 014
   1.4　钢箱拱桥整体提升施工技术 ························· 017

2　官塘大桥设计概况 ···································· 024
   2.1　工程概况 ·· 024
   2.2　建设条件 ·· 026
   2.3　总体设计 ·· 030
   2.4　结构参数 ·· 036
   2.5　主体工程施工特点与创新构思 ······················ 040

3　桥梁整体提升施工方法与工序 ··················· 043
   3.1　施工总体方案 ··· 044
   3.2　施工主要流程 ··· 051
   3.3　施工关键环节 ··· 057

4　有限元基本理论介绍 ································· 059
   4.1　单元位移模式 ··· 059
   4.2　单元刚度矩阵以及有限元方程 ······················ 061

4.3 总体单元刚度矩阵的组装 ·············· 066

4.4 边界条件的引入及求解 ·············· 067

5 施工过程中拱肋与支架的力学行为研究 ·············· 072

5.1 有限元模型及计算工况 ·············· 073

5.2 施工误差对支架力学行为影响研究 ·············· 079

5.3 提升拉索与拱肋的相互耦合研究 ·············· 094

6 施工过程中拱肋临时提升支架优化研究 ·············· 108

6.1 结构参数对设计目标的影响分析 ·············· 109

6.2 设计参数的敏感性分析 ·············· 121

6.3 临时提升支架结构优化 ·············· 135

7 钢箱拱肋整体提升模型试验及理论研究 ·············· 144

7.1 试验基本理论 ·············· 145

7.2 试验方案设计 ·············· 147

7.3 试验测试与结果分析 ·············· 175

8 钢拱圈提升参数敏感性分析 ·············· 185

8.1 参数分析方法 ·············· 185

8.2 自重参数分析 ·············· 186

8.3 预应力索的初拉力参数分析 ·············· 190

8.4 风荷载参数分析 ·············· 194

8.5 温度参数分析 ·············· 197

8.6 不均匀起吊参数分析 ·············· 201

9 拱肋合龙施工临时连接板模拟研究 ·················· 207
   9.1 有限元模型 ························· 208
   9.2 强度理论 ··························· 210
   9.3 临时连接板厚度影响分析 ················ 210
   9.4 整体升温影响分析 ···················· 218
   9.5 温度梯度影响分析 ···················· 226

结　语 ······································ 232

参考文献 ···································· 234

1 概　况

随着材料科学技术和计算理论的发展，桥梁不断向大跨度桥梁方向发展，可以从世界桥梁跨径的发展趋势看出，如图 1-1 所示。其中，悬索桥始终处于大跨度桥梁的主流行列，其次为斜拉桥，其后分别为拱桥和梁桥。拱桥作为历史悠久的桥型之一，其跨越能力通常为几米到几百米，较适宜于艰险山区峡谷地形，有独特的适应性。我国是拱桥的国度。拱桥作为桥梁基本形式之一，因其独有的造型魅力和结构特点，长期以来受到我国人民的推崇，并在我国古代就取得了辉煌的"成就"。建于一千多年前的安济桥结构新颖、造型美观，彰显了中华民族的智慧与创造力；始建于南宋年间的卢沟桥古朴典雅、雄伟壮丽，至今仍被誉为世界桥梁建筑的杰作。近几十年，随着我国科学技术的进步和国家基础设施建设规模的不断扩大，拱桥这种古老的桥式又重新焕发了青春。特别是近二十年来，钢管混凝土等新型材料在桥梁工程中得到了广泛的应用，使得拱桥在我国取得了迅猛的发展。人们对现代桥梁，尤其是城市桥梁，已经不仅仅满足于传统意义上"跨越障碍"的功能需求，转而对桥梁美学提出了更高的要求。在此背景下，跨越能力大、造型优美且可塑性强的钢拱桥受到人们的青睐并得到了快速的发展。

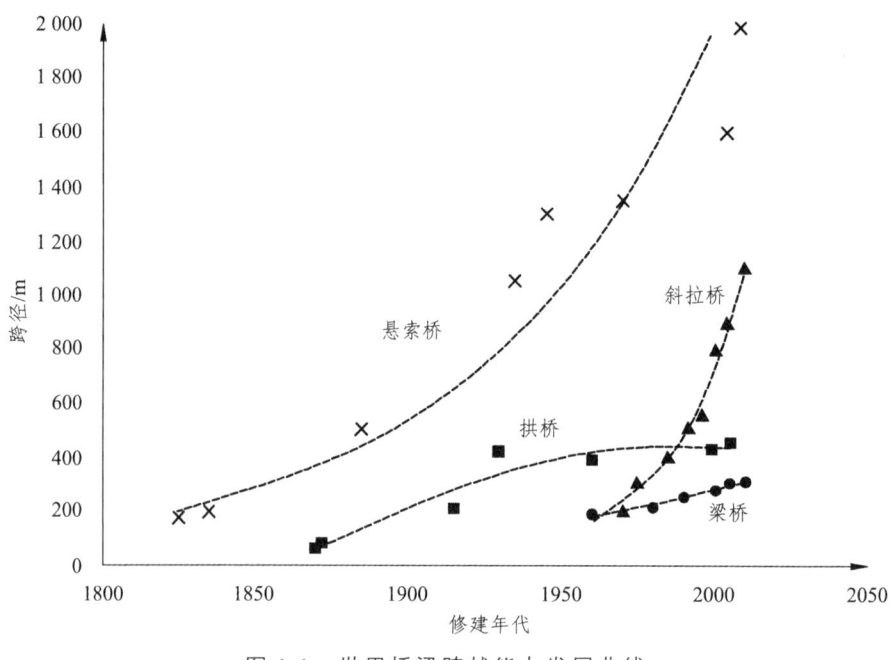

图 1-1　世界桥梁跨越能力发展曲线

1.1　钢箱拱桥国内外建设概况

世界上第一座钢拱桥建于 1874 年的美国圣路易市,而钢拱桥是在进入 20 世纪以后才开始真正发展的,欧美各国以及日本都建造了一些有代表性的钢拱桥。我国现代钢拱桥技术和国外相比虽然起步晚了很多年,但是由于独特的地理条件,以及对国外经验的吸收借鉴,发展得很快。尤其在近几年,已相继建成了多座世界先进的钢拱桥,采用了多种先进的施工方法,有些设计理论和施工方法已达到了国际先进水平。

表 1-1 列出了国内外已建的具有代表性的钢箱拱桥。2002 年建成的云南澜沧江小湾大桥是我国建成的第一座钢箱提篮式拱桥,也是世界上第一座主拱全焊接的钢箱提篮式拱桥,主跨 130 m,设计荷载为公路特级荷载汽车-86,挂车-300。主拱肋采用缆索吊装-斜拉扣挂法施工。2003 年建成的上海卢浦大桥(图 1-2)是一座超大跨径的提篮中承式系杆拱桥,主跨 550 m,主拱采用陀螺形钢箱拱肋,除合龙段拱肋端口采用栓

接外，其余拱肋、立柱和桥面加劲梁的连接均采用焊接连接。该桥是当时世界上已建成的最大跨度的拱桥，也是最大的钢箱拱桥。2004年建成的厦门五缘大桥是我国首座海上钢箱提篮拱桥，主桥采用（58+208+58）m三跨中承式飞翼桥式，主桥拱肋和桥面结构各自采用独立的支架法施工。同年建成的天津大沽桥是一座主跨103 m的外倾斜拱面非对称钢箱系杆拱桥，为无水平风撑的复杂空间结构，主拱肋采用支架法施工，该桥于2006年获得世界著名桥梁大奖——尤金·菲戈奖。2006年建成的广东佛山东平大桥，是一座主跨为300 m的钢箱拱-连续梁协作体系桥，采用独创的竖转体加平转法施工，其半跨平转重量达14 800 t，为钢拱桥平转重量世界之最。2007年完工的主跨为420 m的重庆菜园坝长江大桥（图1-3）是一座公轨两用特大钢箱拱肋城市桥梁，位居同类桥梁世界之首，主拱采用缆索吊装-斜拉扣挂法施工。2009年完工的广西南宁大桥（图1-4）为世界上首座大跨径曲线梁非对称外倾式钢箱拱桥，主跨为300 m，采用扣挂拼装法施工。2007年完工的拉萨柳梧桥为我国第一座、世界第二座巴塞罗那复式钢箱提篮拱桥，主跨120 m，采用支架法施工。2018年完工的柳州官塘大桥（图1-5）主桥为中承式有推力提篮钢箱拱桥。主桥全长462 m，桥梁有效宽度为39.5 m，双向六车道；主拱计算跨径为457 m，净跨径为450 m，净矢高为100 m，矢跨比为1：4.5；主梁跨径布置为（17.5+24.5+36×10.5+21+21）m，主拱部分采用整体提升方法施工。

表1-1 国内外有代表性的部分钢箱拱桥

桥　　名	地区	建成年代	桥梁主跨/m	桥面形式	结构特点
上海卢浦大桥	上海	2003	550	中承式	三跨连续中承式系杆钢箱拱桥
衢州衢江大桥	衢州	2004	120	中承式	三跨V形刚构组合拱桥
佛山东平大桥	佛山	2006	300	中承式	连续梁-钢拱协作体系
武广高铁汀泗河特大桥	武汉	2008	140	下承式	铁路客运专线钢箱系杆拱桥
重庆菜园坝大桥	重庆	2009	420	中承式	Y形刚构与提篮式钢箱系杆拱、钢桁梁的组合结构

续表

桥名	地区	建成年代	桥梁主跨/m	桥面形式	结构特点
甬台温高铁雁荡山大桥	温州	2009	2×90	下承式	铁路连续叠合拱桥
广西南宁大桥	南宁	2009	300	下承式	大跨度非对称外倾肋拱桥
杭州九堡大桥	杭州	2012	3×210	中承式	三跨钢混组合体系连续钢拱桥
庄河市干沟大桥	大连	2014	247	下承式	大跨度单肋系杆拱桥
南广高铁肇庆西江特大桥	肇庆	2014	450	中承式	铁路钢箱提篮拱桥
广州南沙凤凰三桥	广州	2017	308	中承式	无推力钢箱系杆拱桥
广西柳州官塘大桥	柳州	2018	457	中承式	有推力提篮式钢箱拱桥
Port Mann Bridge	加拿大	1964	344	中承式	钢箱拱
Fremont Bridge	美国	1973	383	中承式	有推力提篮式钢箱拱桥
Juscelino Kubitschek Bridge	巴西	2002	240	中承式	钢箱拱

图 1-2 上海卢浦大桥

图 1-3 重庆菜园坝大桥

图 1-4 南宁大桥

图 1-5 柳州官塘大桥

可以看出,近几年钢箱拱桥在我国取得了跨越式发展,其应用越来越广泛。我国的钢箱拱桥形式多样,如提篮式、外倾式、复式等,显示了设计理念的先进性和钢箱拱桥高度的可塑性。同时,我国钢箱拱桥的施工方法也越来越先进,支架施工、缆索施工、转体施工等方法均被成功应用于钢箱拱桥的建设中。相信伴随着我国交通基础建设的步伐，钢箱拱桥必然会有更快更新的发展。

1.2　钢箱拱桥施工方法及特点

桥梁施工是指实现桥梁设计思想，把施工图变为结构实体的过程。如图1-6所示，桥梁上部结构的施工方法可大体划分为支架法、悬臂法和大件转移法等三大类，具体方法的应用取决于建桥材料、结构形式、桥位环境等多种因素。桥梁界大师费莱西奈曾说过"100 m和1 000 m的拱桥在设计方面难度相差不大，而施工方面难度的差别就非常悬殊"。因此，如果能解决好钢拱桥的施工方法和相应的施工控制问题，更大跨径的钢拱桥就容易实现了。由于钢材卓越的材料特性，钢拱桥的施工方法不仅比各种传统的钢筋混凝土拱桥及钢管混凝土拱桥的施工方法有着更好的适应性，还有着其独特的现代施工方法。

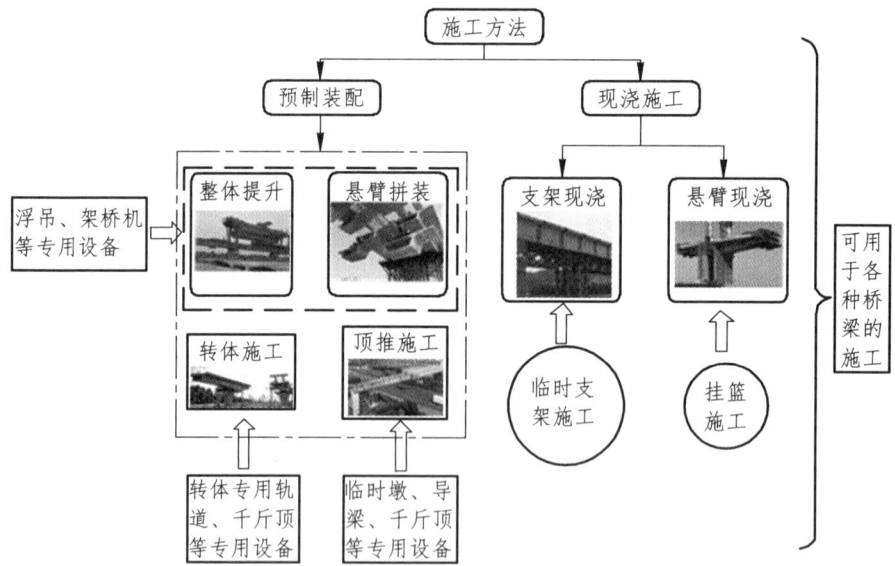

图1-6　桥梁施工方法分类

1. 有支架施工

有支架施工法是在桥位处事先按照拱肋的设计线形和预拱度，完成支架的拼装和架设；然后以支架为施工平台，在支架上完成拱肋的拼装和焊接等工序。用于拱桥施工的支架通常指落地支架，落地支架法的历史悠久，是建造拱桥最基本的方法。落地支架也叫赝架，指用于支承尚未形成结构的各构件质量以及其他施工荷载的架子。用于建造大跨度拱桥的一些支架，为节省材料，本身做成拱状，这样的支架，也称为拱架。对中等跨度的钢箱拱桥或钢管拱桥，只要桥位处施工条件适宜，可在若干临时支柱上分段拼装成拱。为保证施工安全，支架要具备足够的强度、刚度和稳定性。为保证卸架后的主拱线形满足设计要求，支架还需设置预拱度和卸架措施。预拱度与拱顶下沉量有关，下沉量则主要由拱圈重力弹性压缩、拱架受载后的弹性和非弹性变形、拱架基础非弹性变形、墩台水平位移等引起。卸架构造包括：木楔、沙箱、千斤顶等。

这种方法比较适合于在桥下无水或水位不深、主拱肋离地面不高、施工条件较好的情况。其优点有：工序简单，与一般桥梁的支架施工方法类似，无需大型吊装设备，拱肋分段长度小，拱轴线形容易控制。其缺点是：拱肋接头较多，容易导致误差累积，焊接工作量大，工期较长。地基沉降、支架杆件和扣件之间的非弹性变形会影响拱架的标高，因此需要在安装支架时提前计算预拱度，并在施工前对支架进行预压，以消除非弹性变形的影响。在拱肋吊装过程中，应不断观测各支撑点的沉降，发现问题及时调整。采用有支架法施工建造的钢箱拱桥，除需要对整体结构进行分析外，还要进行必要的局部计算与支架的强度和稳定性验算。典型的采用有支架法施工的钢箱拱桥如成都金堂淮州湾大桥（图1-7）等。

图 1-7　成都金堂淮州湾大桥

2．缆索吊装法施工

缆索吊装施工是在60年代应用于双曲拱桥施工的基础上发展起来的，缆索吊装施工法是通过缆索系统把预制构件吊装成桥梁的方法。缆索吊装系统按其工作性质可分为四个基本组成部分：主索、工作索、塔架及锚固装置。其中工作索包括起重索、牵引索和扣索等，缆索吊装的工作原理是利用主缆承受吊重并作为跑车的运行轨道，主索跑车上的起重装置和牵引装置将构件吊起、升降、运输和安装。缆索吊装施工法是大跨度拱桥实现自架设施工的主要方法之一。在峡谷或水深流急的河段上，或在需要满足船只顺利通行的通航河段上，缆索吊装施工法具有跨越能力大、水平和垂直运输机动灵活、不影响通航、施工比较稳妥方便等优点，在拱桥施工中被广泛采用。在大量的工程实践过程中，这种方法得到了很好的发展并积累了丰富的施工经验。据统计，自20世纪60年代以来，在全国各地用缆索吊装施工方法施工的拱桥在数量上几乎占全国拱桥总数的60%。国内钢箱拱桥采用缆索吊装法施工的典型工程实例为小湾大桥、重庆菜园坝大桥（图1-8）等。

图 1-8 重庆菜园坝大桥缆索吊装施工

3. 悬臂拼装法施工

悬臂拼装法施工属于典型的结构自架设施工方法,通常指在预制场预制拱肋节段、运至施工现场后进行逐节对称拼装的施工方法,悬臂法在各类大跨度拱桥无支架施工中得到广泛应用。这一方法的主要特点是借助临时拉索,让半跨拱可以悬臂施工,并在跨中合龙。悬臂拼装法是目前各类大跨度拱桥普遍采用的施工方法,起源于钢桥伸臂架设。最早建造的钢拱桥,如美国的伊兹桥(主跨 157 m,1874 年)、法国的加拉比特高架桥(跨度 165 m,1884 年)等,就是如此建造的。对于钢拱桥,悬臂拼装法常与斜拉扣挂法一同采用,并采用拱上吊机等机具设备进行结构杆件的起吊与安装。相对于缆索吊装法,悬臂拼装无需建造庞大的吊塔和复杂的缆吊系统,并且在施工中,影响区域小、安全可靠,尤其适合于钢桁架拱桥的施工,但采用此方法施工工期较长。采用悬臂拼装法施工时,通常每就位一节(或几节)钢箱拱段,就施加一对扣锚索,直至合龙。应用悬臂拼装法拼装主拱时,需根据实际情况确定扣锚索系统和缆索吊装系统的设置。塔架(扣塔)可单独设置,或设置在交界墩顶,或利用缆索吊装系统中的缆塔(吊塔)。扣索与锚索可分开设置,也可通长设置。根据运输条件,可设置缆索吊装系统,也可不设置。图 1-9

为上海卢浦大桥采用悬臂拼装法施工拱肋的情形,在完成拱脚处三角区的施工后,在拱脚处桥墩顶部安装塔架,拼装半拱的13个节段。该桥没有设置缆索吊装系统,而是借助设置在拱端的吊机,起吊浮运至桥下的节段就位。

图 1-9　卢浦大桥悬臂拼装法施工

4．转体法施工

转体法指将桥梁结构的一部分或整体转动就位的方法,适于特殊地形或特殊交通环境下的桥梁施工。这种方法可能来自于开启桥的启示,最早应用于拱桥施工。转动的方式,分为竖向转体(简称竖转法)、平面转体(简称平转法)以及竖转与平转相结合(简称竖平转结合法)。在转动方向上,竖转法分为正角度转体(上提)和负角度转体(下放)。正角度转体要求沿桥轴线便于搭设支架制作半拱,而负角度转体需要沿竖向拼装成半拱。转体法施工具有的优势为:① 施工辅助设施和设备投入少。由于充分利用桥梁结构作为转动体系的主体,利用结构代替一部分施工设备和辅助设施,故降低了施工成本。② 改善了施工环境和条件。将高空作业或水上作业改为岸边陆地作业,扩大了施工场地,降低了施工风险。③ 施工对桥下交通或通航干扰少。转体施工时从转体到合龙一般持续时间较短，对桥下交通和通航干扰较少。④拱桥跨径较小时，设备和施工造价均较低。但转体施工也存在一些缺点：①当拱桥跨径较大时，球铰、转盘等的材料、制作及精度要求较高。②当拱桥为薄壁结构或轻型骨架结构时，存在失稳风险。③转盘附近局部区域存在局部压力过大的风险。

（1）竖转法。

竖转法主要用于肋拱桥施工。为了节省支架和吊装设备，降低高空施工风险，桥梁主体结构在低位拼装，然后向上提升达到设计位置，从而达到节约施工用材、大幅度减少工程造价的目的。竖转法是较早应用于拱桥施工的，如1908年建成的滇越铁路倮姑人字桥（跨度55 m）就是采用竖转法，让两片桁架拱臂合龙的。

（2）平转法。

平转法是将主体结构分为两个半跨，分别在两岸利用地形做简单支架预制拼装，利用结构本身及结构用钢组成扣锚体系，张拉扣索使主拱结构脱架。其主梁结构、平衡重、上转盘及扣索组成转动体系（其重心通过转轴中心），借助预先设置的摩擦系数较小的环形滑道，用卷扬机或千斤顶牵引，将桥梁结构转至桥轴线就位合龙。根据实现平衡的方式，平转法可以分为平衡转动体转体和无平衡重转体，前者还可分为结构自平衡转体和需专门配重的转体。平转法所需的转体设备，对平衡转动体转体而言，包括转动体系和位控体系；对无平衡重转体而言，还需增加锚固体系。

（3）平竖转结合法。

平竖转结合法综合了竖转和平转的特点，增强了拱桥转体施工技术的工程适应性。这一转体方式既适合于系杆拱桥，如安阳文峰路跨线桥（主跨135 m，1995年）；也适合于带边跨的大跨度钢管混凝土拱桥和钢箱拱桥，如广州丫髻沙珠江桥（主跨360m，1999年）和佛山东平大桥（主跨300 m，2006年）。图1-10所示为佛山东平大桥的转体过程。

图 1-10　佛山东平大桥平竖转结合法施工

5. 整体提升法施工

整体提升法是大件提升方法的一种，是指以完成的部分桥跨结构为支撑，在其端点设置提升装置，吊装其余大件的方法。传统的提升装置是绞车、滑轮组、钢丝绳，现在多用液压连续提升设备和千斤顶等。大件提升法始于 20 世纪 50 年代。例如，委内瑞拉加拉加斯至拉瓜伊拉（Caracas-La Guaira）公路上的三座混凝土拱桥（跨度 138~152 m，1952年）和葡萄牙的阿拉比达桥（Arrábida，跨度 270 m，1963 年），各桥拱架的施工均采用悬臂斜拉的方式扣住主跨的边拱段，再借助大件提升法将中拱段提升就位。美国的尚普兰湖桥（Lake Champlain，主跨 150 m，

2011年）的主跨是带 V 形墩的中承式网状系杆拱，在 V 形墩建成后，安设提升装置，再将 123 m 长的拱跨结构提升到位。

大型结构整体提升计算机控制技术最初是为适应建筑领域大型和特殊钢结构安装的需要而发展起来的。它采用计算机、信息处理、自动控制、液压控制等技术与结构吊装技术相结合，来完成高、重、大、特殊结构的整体安装。其基本技术原理是：钢绞线承载、计算机控制、液压千斤顶集群作业。在国内许多大型港口、房屋建筑等结构上成功应用后，这种施工方法被引入到桥梁施工中，并取得了较好的效果。钢拱桥采用整体提升计算机控制技术可以实现拱肋的大段整体安装，即拱肋大段整体提升法施工。

2007年建成的广州新光大桥，主跨 428 m，主拱肋分为三大段，通过驳船浮运到位后，采用同步液压提升的方法架设。其中间一段（168 m 长）的提升重 3 078 t，提升高度 85.6 m，见图 1-11。2017 年通车的广州南沙凤凰三桥，为主跨 308 m 的中承式无推力钢箱系杆拱桥；采用大件提升法，将长 237 m、重 4 690 t 的主跨钢箱拱段，借助浮运就位后整体提升到位。2018年建成的广西柳州官塘大桥，是一座主跨 457 m 的提篮式钢箱拱桥，其边拱段在支架上拼装，262 m 长的中拱段在河中低矮的钢管支架上拼装，然后借助塔架和千斤顶，将重 5 885 t 的中拱段（增设了临时系杆）提升 67.27 m 就位，见图 1-12。

图 1-11　广州新光大桥中拱段提升

图 1-12　广西柳州官塘大桥中拱段提升

1.3　钢箱拱桥整体提升施工风险

随着国家基础设施建设的大规模发展，提高桥梁设计、施工、管理和维护水平也成为工程界日益关注的问题，其中存在的风险逐渐进入人们的视野。风险的概念最早出现于 19 世纪的西方经济学中，20 世纪 80 年代末正式引入桥梁工程中。对于风险的认识，尤其是对桥梁建设和使用过程中可能出现的不确定因素的认识是有代表性和典型意义的，因此，需要加强对桥梁风险的认识，尤其是技术层面的风险。

桥梁全寿命周期的潜在风险曲线如图 1-13 所示，一座桥梁全寿命周期要经历设计阶段、建造阶段、正常运营阶段、劣化期和最后的废弃期。类似于金属元件的使用期风险，桥梁结构的全寿命失效风险类似于"浴盆"曲线。从风险曲线可知，桥梁在建造阶段处于潜在风险的最大概率区间，经历了长期的正常使用阶段后，结构进入劣化期的风险再次提高。对于钢拱桥整体提升施工技术，应着重分析其施工期的技术风险。

忽视桥梁风险尤其桥梁施工期的风险极易导致严重的桥梁事故。造成桥梁事故的基本分类主要有设计、施工、维护、材料、外部和其他原因。从部分研究者的统计结果（图 1-14）可以看到，由于施工原因导致的桥梁事故，国内明显高于国外。因此应高度重视施工期的桥梁风险。

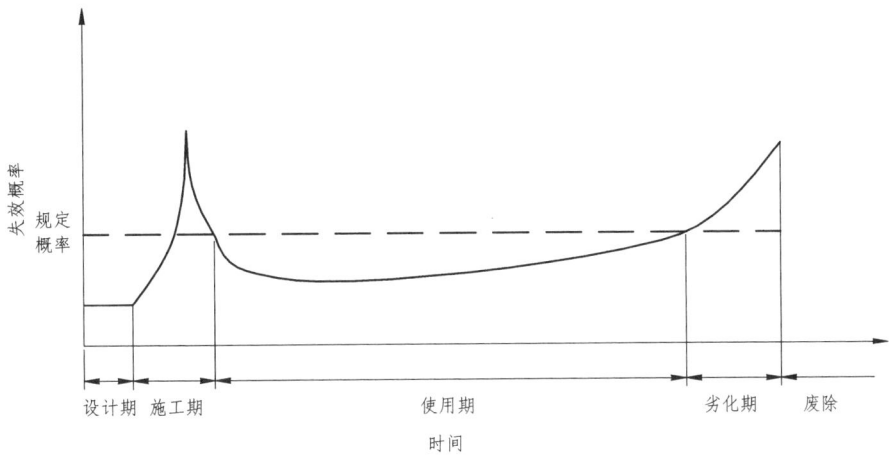

图 1-13 全寿命周期潜在风险曲线

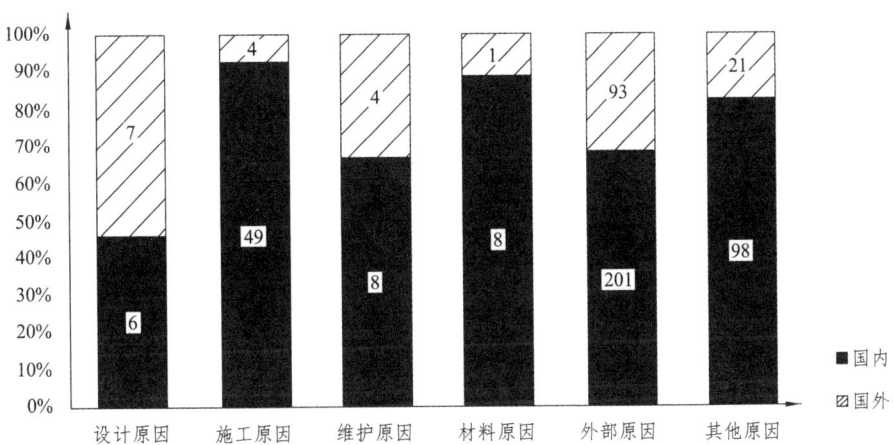

图 1-14 国内外桥梁事故统计比较

对桥梁全寿命周期各个节段事故的统计见图 1-15，从中可以看出，施工阶段事故约占 20%，使用阶段约占 70%，拆除阶段约占 10%。尽管使用阶段的事故占绝大多数，但是考虑施工和使用阶段的时间跨度，则施工期的平均事故比例稍高。

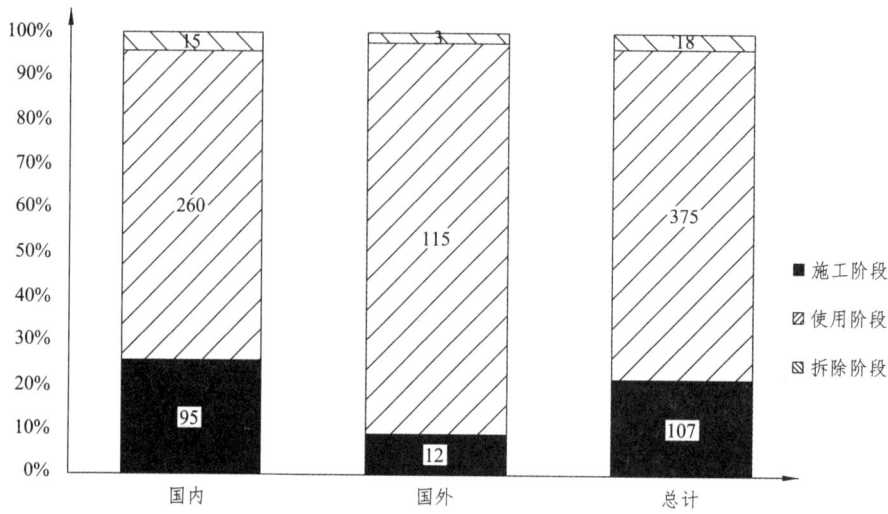

图 1-15　国内外桥梁事故发生阶段统计

根据不同的桥梁规模，对桥梁事故进行划分，典型事故统计结果如图 1-16 所示，从图中可以看出，大桥和特大桥的事故约占总事故数量的 20% 左右，比例较高，应重点关注。

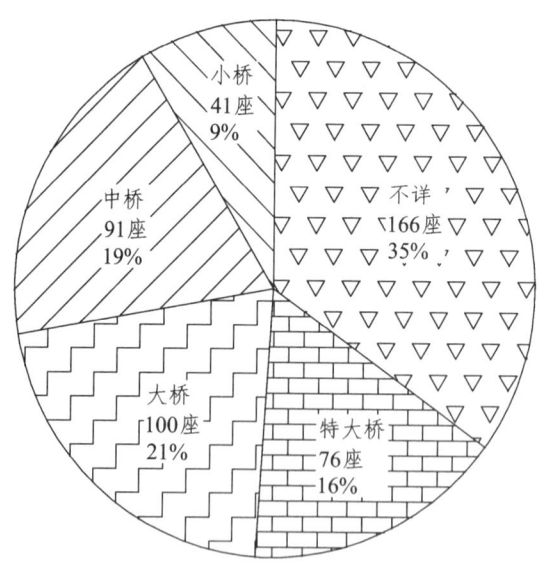

图 1-16　不同等级桥梁事故发生率

1.4 钢箱拱桥整体提升施工技术

传统钢箱拱桥较多采用悬臂拼装的施工方法，通常每就位一节（或几节）拱段，就施加一对扣锚索，直至合龙，如上海卢浦大桥（图1-17）。

图1-17 上海卢浦大桥悬臂拼装

悬臂拼装施工方法具有施工方法简便、化整为零的特点，能将庞大的拱肋施工通过一段一段的拱肋拼装来完成建造，但是这种施工方法最大的缺点是施工误差逐渐累积，最大误差累积到合龙口，因此对施工技术和控制精度提出了更高的要求。典型钢箱拱桥节段吊装误差累积示意如图1-18所示，可以看出这种施工方法有两方面的不足：① 随着节段吊装拼装的进行，接口误差累积，导致最终合龙口几何误差过大，如图1-19所示；② 由于钢箱梁加工制作和施工阶段误差影响会导致构件误差累积，最终合龙口结构理想状态对齐困难，如图1-20所示。为了解决这类问题，这类施工方法往往要引入较为复杂的施工全过程监控体系，通过对每个阶段的预先判断和纠偏来达到施工目标。

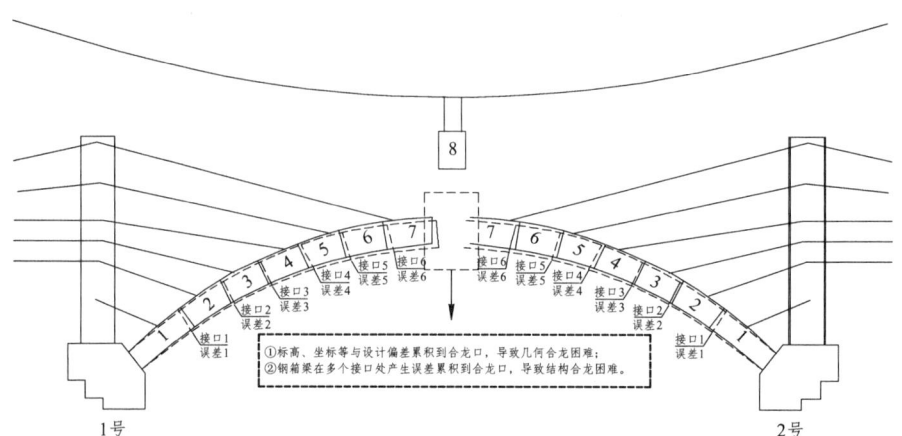

图 1-18 节段拼装钢箱拱节段误差累积示意

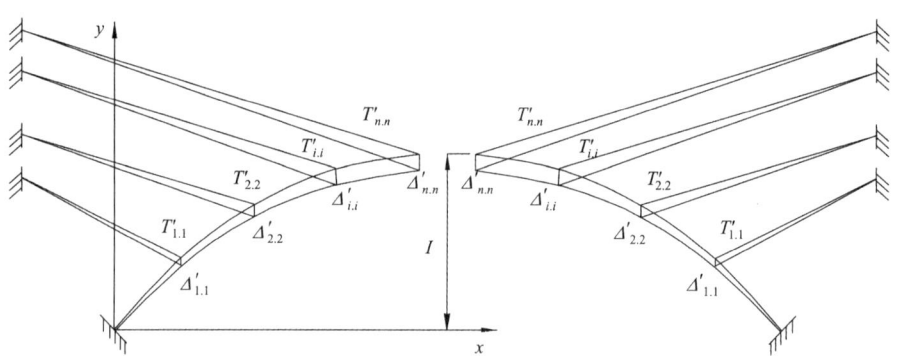

图 1-19 节段拼装钢箱拱拱肋最大悬臂状态

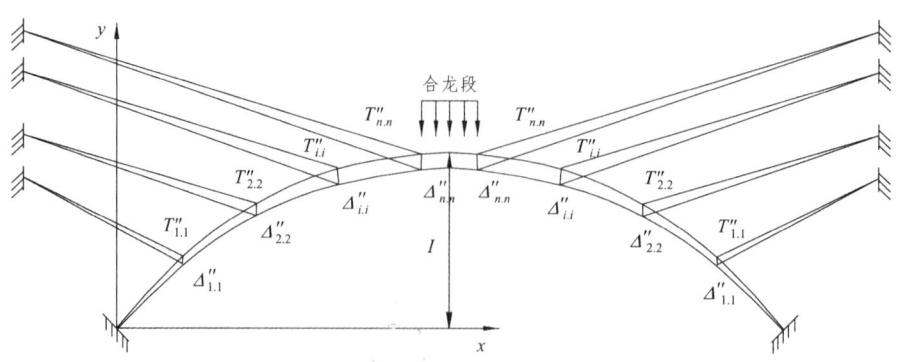

图 1-20 节段拼装钢箱拱拱肋合龙状态

采用整体提升方法（如图1-21）施工主拱肋，将主拱沿拱肋长度方向分成三段，即两个边拱段和一个中拱段，边拱段采用支架施工一次成拱，中拱段也在低位采用支架施工成拱，这样三个拱段的线型能较好地控制，结构偏差和线形误差均能像工厂预制的结构一样保证精度，将中拱段提升到桥梁设计高程后，预留两个较小尺寸的合龙口，这样将多拱段吊装大误差累积转化为大节段低位制造整体提升后的少合龙口误差控制，大大减少了误差，提高了拱桥建造水平。

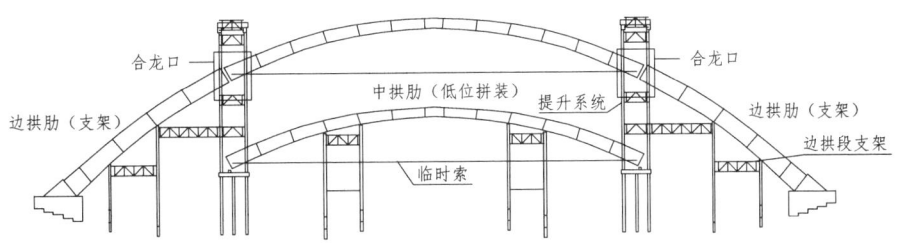

图1-21 整体提升钢箱拱施工示意

大跨径钢箱拱桥的整体提升流程见图1-22，从图中可以看出整体提升施工流程主要可以分为以下几个关键步骤：

（1）施工准备。

在完成传统桥梁施工前的一切准备工作基础上，主要完成基础的施工、低位边拱段支架的施工和提升塔架的施工。基础的施工主要包括拱座施工、支架水下基础施工和塔架水下基础施工，一般均应要求基础具有坚固的地基承载能力。对于这种大型结构的临时基础应参照永久结构的要求来完成，避免基础失稳带来的风险。边拱段支架施工主要为低位边拱段支架施工，边拱段直接在支架上完成建造，因此支架应具有足够的强度和刚度，以减少施工中的失效风险和结构非弹性变形风险，从而改善结构施工误差过大问题。提升塔架为中拱段整体提升的临时塔架，一般体量较大，主要表现为塔架往往较高、承受的荷载较大等，一般应开展专项设计。

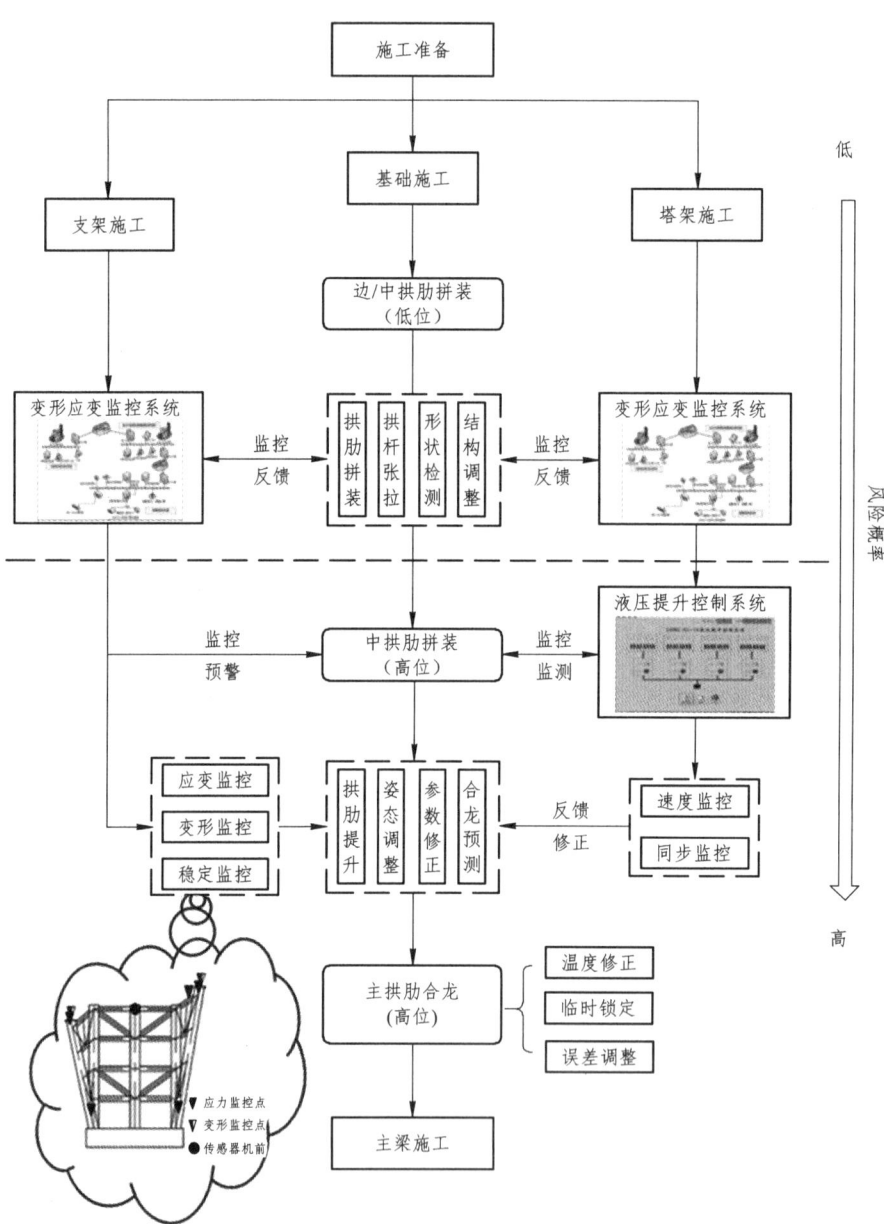

图 1-22 钢箱拱整体提升流程

（2）拱肋低位拼装。

在低位完成边拱段的施工，同时完成中拱段的拼装，由于边拱段为成桥状态，施工时应考虑边拱段支架的非弹性变形和弹性变形，并进行有效的标高预抬。中拱段拱肋应按照设计线形进行低位拼装，并预先考虑拱肋提升后的结构变形带来的影响，从而预测提升后中拱肋与边拱肋合龙的误差，提高合龙效率和精度。

（3）中拱肋提升。

此步为钢箱拱桥整体提升施工中最为关键的步骤，其中重点注意事项包含：

① 拱肋的临时系杆设计和施工。由于单拱肋在提升力作用下近似于梁式结构受力，如果没有系杆平衡向外的荷载，拱肋将处于较大的弯曲效应下，导致中拱肋损伤甚至断裂，一般会采用系杆拱桥的思路对中拱段进行加劲和改变结构受力体系。

② 提升塔架设计和施工。作为大吨位拱肋提升的重要临时支撑结构，提升塔架的设计和施工至关重要，主要包括基础的强度和变形、塔架本身的强度和刚度、塔架的稳定性等。一般情况下，塔架可以考虑采用钢管或钢管混凝土结构，并辅以缀杆连接成整体，但需要注意提升拱肋不断升高过程中行走通道的畅通。同时，考虑实际偏差（如竖直管件的偏差、制造误差、连接偏差等）对塔架的影响，应开展相关优化研究。

③ 液压提升系统设计。大吨位多拱肋组成的中拱肋提升时往往存在多个提升吊点，这些吊点在实际提升时往往很难做到同步提升，因此需要借助计算机系统来完成数控系统的开发，研发出满足工程要求的同步提升系统。同时，还应结合工程实际进行提升速度等研究。并在正式提升前，辅以模型试验来研究提升的同步与否对结构受力的影响。官塘大桥液压提升系统开发见图1-23。

④ 提升吊点位置研究。对于高度大的结构物提升时，吊点位置的设置往往较为复杂，要考虑结构物提升时整体的倾覆或失稳，因此，应开展专门提升吊点布置研究。

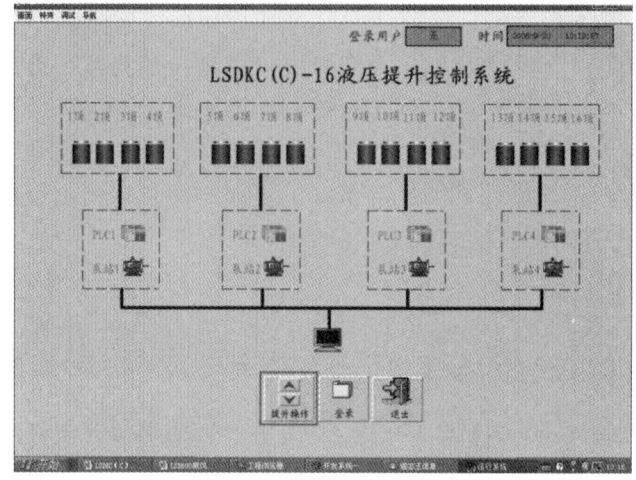

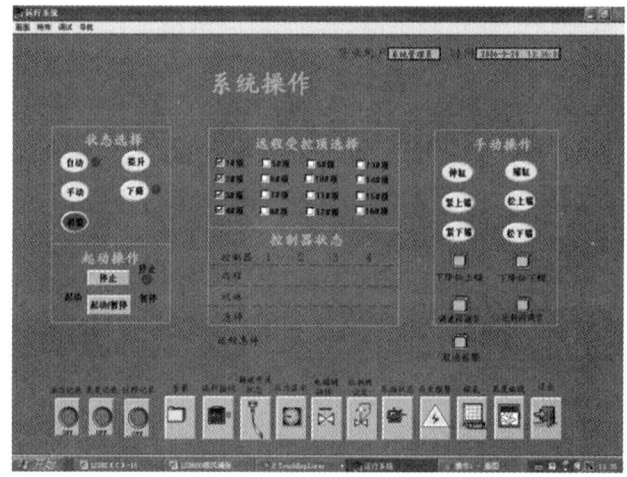

图 1-23 官塘大桥液压提升系统开发

（4）监控监测指挥系统。

结合数字化的先进手段，完成大吨位钢箱拱桥整体提升时的监控和监测任务。基于 BIM 技术开发数字化的安全监控系统，主要包括两部分：

① 结构安全性监测系统，此部分主要包括临时支架的应力应变监测、结构变形监测和稳定性监测的技术集成。

② 施工管理监控系统，此部分主要利用监控摄像头进行施工现场管理的监控，避免人为失误造成的监控盲区。官塘大桥的监测指挥系统见

图 1-24，运用云计算、物联网、移动互联网、VR、BIM、三维仿真、视频传输等技术，实现工程施工现场监测数据的实时采集、处理，并将三维仿真图像与实时视频图像显示在监测指挥中心大屏幕上，作为实时研判、指挥的依据。

（a）BIM 模型

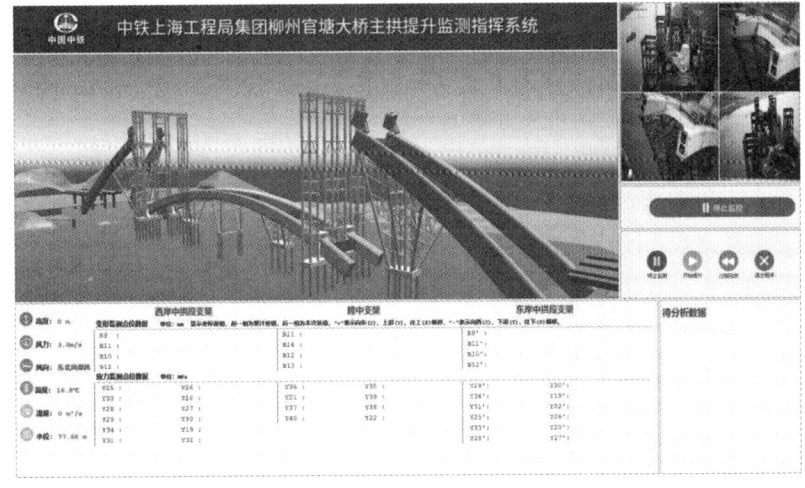

（b）监控指挥系统

图 1-24　官塘大桥数字化监控指挥系统

2 官塘大桥设计概况

柳州官塘大桥为一座下承式拱桥,施工过程中,将拱桥分为边拱段与中拱段,其中边拱段采用边跨支架拼装方式施工,中拱段采用先低位拼装,再采用整体提升方法进行施工,待中拱段提升到位后,通过焊接将三段拱肋连接成整体。本书主要以官塘大桥为工程背景,对大跨径钢箱拱桥在施工过程中存在的问题进行研究。在本章中,主要对官塘大桥的设计思路与设计概况进行了介绍。

2.1 工程概况

柳东新区是柳州市委、市政府提出的"一心两城,完善老城,建设新城,扩大两翼,重点向东,再造一个新柳州"战略构想中的重要发展对象,是将柳州市构建成为特大城市的主要空间发展方向。柳州官塘大桥则是位于柳州市中心,用于解决柳东新区与老城区的三门江大桥上下班高峰时段拥堵严重这一问题而设计的市政桥梁。作为连接柳州"一心两城"的重要节点,它代表着柳东新区乃至柳州"东大门"的形象。官塘大桥地理位置如图 2-1,总体布置如图 2-2 所示。官塘大桥横跨柳江,大桥工程主线西岸起于莲花大道止点,东岸跨越沿江路后截止,接通柳州汽车城的东环大道及大学西路。大桥设计为拱脚有推力的中承式提篮钢箱拱桥,主线全长 1 155.5 m,其中跨江段主桥长度 462 m,引桥长度 261 m,西岸连接线段长 429.5 m,道路标准宽度 27.5 m,桥梁有效宽度 39.5 m。

图 2-1 柳州市官塘大桥地理位置

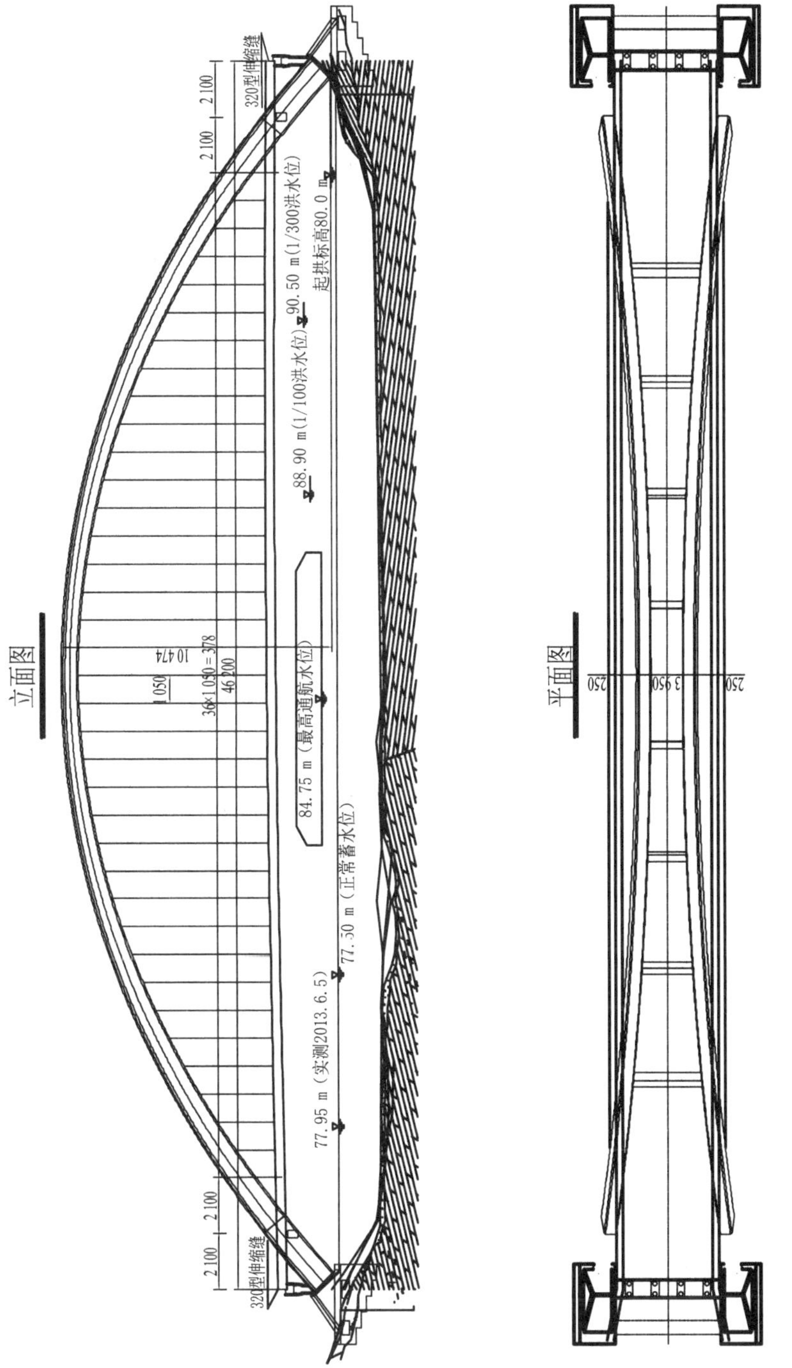

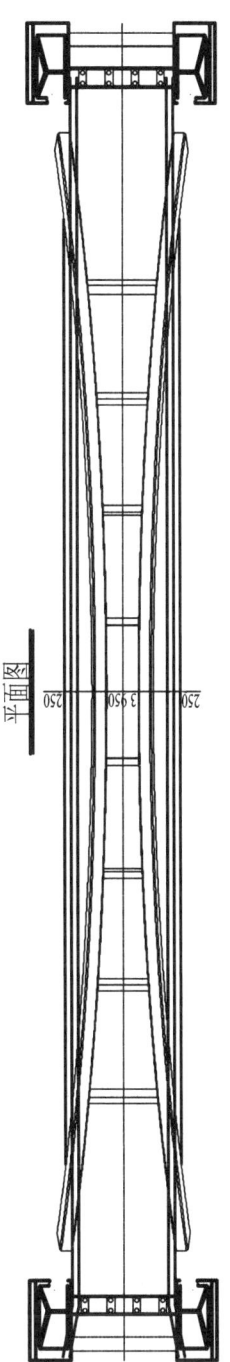

图 2-2 官塘大桥主桥总体布置

2.2 建设条件

1. 气象条件

柳州市地处亚热带季风区,属亚热带边缘气候,具有盛暑漫长、炎热多雨的特点。极端最大降雨量为 2 289.4 mm,极端最小降雨量为 918.7 mm,多年平均降雨量为 1 538.44 mm,降雨多集中在雨季的 4~8 月,约占全年的 70.4%。柳州市年平均日照时间为 1 634.9 小时左右,无霜期约为 332 天。历年平均气温 20.5 ℃,极端最高气温出现在 1953 年 8 月 13 日,达到了 39.2 ℃,极端最低气温于 1995 年 1 月 12 日为 -3.8 ℃,如图 2-3 所示。建桥场区处于亚热带季风区,季风环流影响较大,盛行东南风,东西风较少,全年主导风向为北风,年平均风速为 2.5 m/s 左右,最大风速 24.3 m/s。

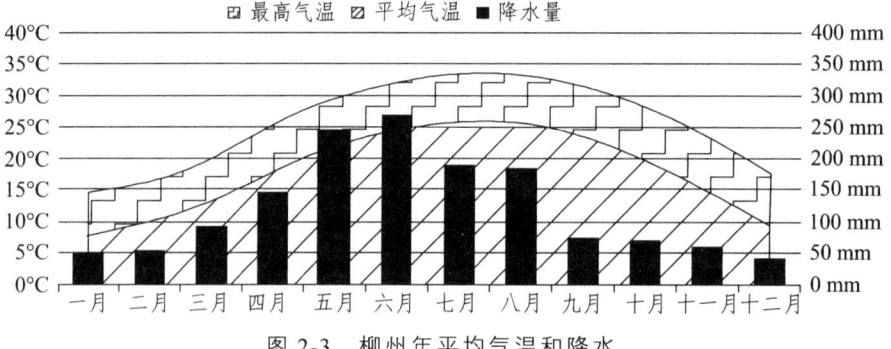

图 2-3 柳州年平均气温和降水

2. 水文条件

官塘大桥主桥位于柳江下游已建成红花梯级水利枢纽工程库区,下游建有径流式红花水电站,常年蓄水水位约为 77.95 m。柳江河属典型的山区性河流,洪水具有来势凶猛、暴涨暴落的特点。根据柳州水文站 60 年来的实测资料统计,平均洪水位为 82.22 m(黄海高程,下同),实测年最高水位的最大值出现在 1996 年,洪峰水位为 92.96 m,年最高水位的最小值出现于 1963 年,洪峰水位为 74.1 m,两者相差 18.86 m。

年最高水位多发生在六月下旬至七月上旬，最高水位多处于84.00 m以下，最大年平均流量为2 050 m³/s。据水文资料，柳江有记录以来的几次特大洪水水位如表2-1所示。同时桥址地区地下水对桥梁下部结构建设有重要影响。场地地下水主要存在于基岩的裂隙节理当中，由于建设场地直接临柳江，该地下水与柳江河水存在联系，水位等与柳江息息相关。而上部覆盖的黏性土层相对隔水，在正常水位情况下，该层地下水具有一定承压性。桥址区江水、两岸地下水及土体对混凝土具有微腐蚀性。

表2-1　历史洪水水位表

发生时间	1902年	1949年	1970年	1988年	1994年6月17日	1996年7月19日	2009年7月5日
水位/m	91.69	89.83	89.06	89.56	89.77	92.95	89.63

注：上表观测记录均由柳江白沙断面处柳州水文站查得。

3．地质条件

（1）地形地貌。

柳州官塘大桥位于柳州市中心偏东北方向，呈近东—西走向，沿线跨越较多地貌单元。大桥东岸位于老下窑村南面，东连柳州汽车城的东环城大道及大学西路，通向广西柳州汽车城。东岸引桥部分主要地形为一、二级阶地及地势起伏较大的土丘地貌单元，鱼塘、甘蔗地、农田、果林密布。主桥拱座基础位于河边岸坡，岸坡处是村民耕植用地，植被发育较为茂盛，不存在崩塌滑坡的现象。东岸原地面如图2-4所示。大桥西岸位于柳东村大冲口回龙壁山庄，西接莲花大道，通向柳北片区等地。西岸地形同样以丘陵地貌单元为主，地势起伏较东岸大，植被发育，山体、沟壑较多。引桥部分位于三门江森林公园内，主桥基础位置部分位于河岸坡处，坡面被较茂密植被覆盖着，坡体非常稳定没有崩塌滑坡的现象，仅在岸坡和水面线相交处有轻微的冲刷现象。西岸原地面如图2-5所示。

图 2-4 东岸原地面

图 2-5 西岸原地面

（2）地层构造。

整个大桥场区沿线岩土层自上而下划分为：①层素填土、②层耕植土、③层砾砂、④层新近沉积粉质黏土、⑤层粉质黏土、⑥层含岩屑红黏土、⑦层全强风化泥岩夹粉砂岩、⑧层泥、碳质灰岩、⑨层泥质灰岩夹薄层泥岩。大桥跨度较大，中有柳江，沿线地质构造并不完全相同。根据钻探揭露，东岸岩土层自上而下分为：②层耕植土、④层新近沉积粉质黏土、⑤层粉质黏土、⑥层含岩屑红黏土、⑦层全强风化泥岩夹粉砂岩、⑧层泥、碳质灰岩。东岸揭露岩层为⑧层泥、碳质灰岩。场区地质构造、东岸地质剖面如图 2-6 所示。西岸的地质情况相较于东岸有部分不同，根据钻探得知，岩土层自上而下分为：①层素填土、②层耕植土、④层新近沉积粉质黏土、⑤层可塑状粉质黏土、⑥层含岩屑红黏土、⑨层泥质灰岩夹薄层泥岩。西岸揭露岩层为⑨层泥质灰岩夹薄层泥岩，西岸地质剖面如图 2-7 所示。东西两岸的揭露岩层不同，东岸场区内的⑧层泥、碳质灰岩与西岸的⑨层泥质灰岩夹薄层泥岩在柳江河中部呈断层接触，因此这两层岩石为河床段的基岩组成。根据附近下游三门江大桥场区资料，河床段基岩上部土层自上而下有③层砾砂、④层新近沉积粉质黏土，该两层均为河流冲积作用形成，新近沉积于河床表面，砾砂层厚度一般在 0.3~1.1 m，新近沉积粉质黏土厚度一般在 1.2~2.0 m，两层土叠加厚度一般在 2~5 m。

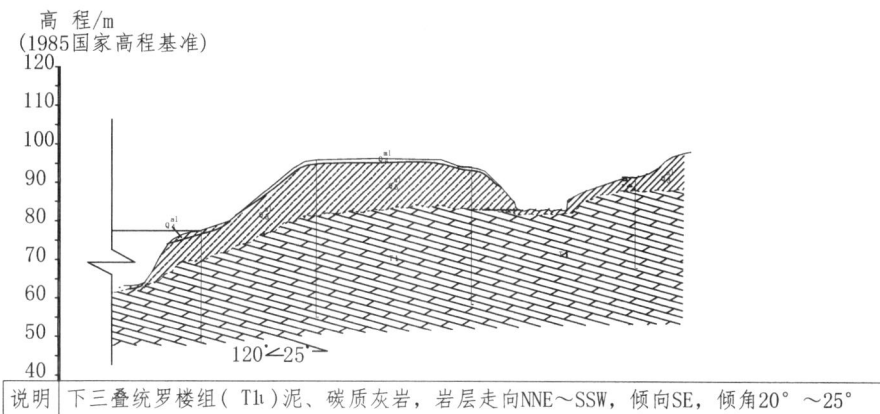

图 2-6 东岸地质剖面

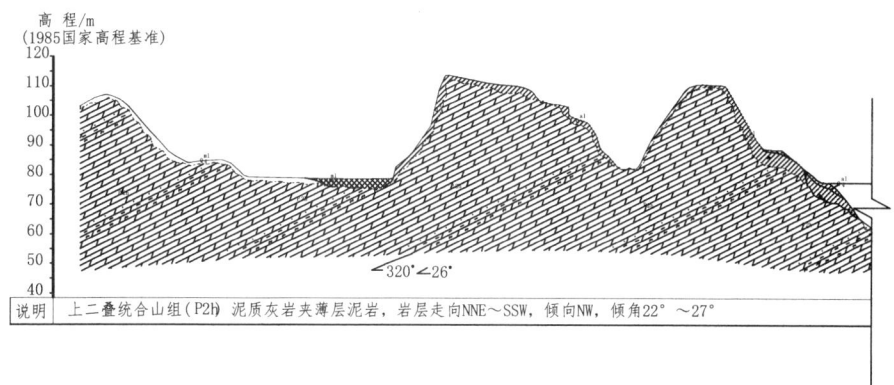

图 2-7 西岸地质剖面

东岸揭露岩层为⑧层泥、碳质灰岩，西岸揭露岩层为⑨层泥质灰岩夹薄层泥岩，场区内的⑧层泥、碳质灰岩与⑨层泥质灰岩夹薄层泥岩在柳江河中部呈断层接触，故该两层岩石为河床段的基岩组成。同时根据附近下游三门江大桥场区资料，河床段基岩上部土层自上而下有③层砾砂、④层新近沉积粉质黏土，该两层均为河流冲积作用形成，新近沉积于河床表面，砾砂层厚度一般在 0.3~1.1 m，新近沉积粉质黏土厚度一般在 1.2~2.0 m，两层土叠加厚度一般在 2~5 m。

2.3 总体设计

1. 设计概况

在官塘大桥设计中,柳州市将"百里柳江,一桥一景"作为本次大桥的设计理念,旨在打造一座极具特色的跨江大桥。近30年来,拱桥在中国发展迅速,并在设计、施工等方面取得了举世瞩目的成绩。拱桥,因独特而富有动感的曲线美,一直以来都被看作城市桥梁的首选。官塘大桥以"柳江新月"为桥型主题,造型上选择了拥有独特曲线美的提篮式拱桥,一跨过江,造型宏伟。官塘大桥的修建将新老城区连接起来,有效地解决了河东北片区与柳东新区的交通压力问题,极大程度带动地区经济的腾飞与发展。设计还考虑了施工及成桥后的许多因素,为此对不同的桥型方案进行了研究比选,力求将官塘大桥建设成为安全、适用、经济、美观的桥梁。在进行桥梁方案选择时主要考虑以下因素:

(1)经济性:用最合理的造价建造最好的桥梁,所以桥型方案的选择需满足造价合理的基本要求。

(2)受力合理:避免采用不合理的结构形式,导致受力复杂。

(3)景观效果:方案要适应大桥的设计理念,体现文化传承,展示城市风采,力求将官塘大桥的"东大门"形象完美地体现出来。

(4)通航、行洪:减少施工期间对通航和行洪的影响,减少江中结构物的设置。

(5)施工难度:要便于施工,减少施工过程中的风险。

(6)养护:必须考虑桥梁建设完成后期的养护成本及养护难度。

2. 技术标准

根据前期论证和技术专题研究成果,官塘大桥采用设计车速60 km/h的双向6车道城市快速公路技术标准,设计荷载为城-A级,其匝道行车设计时速为30 km/h。大桥设计基准期为100年,设计洪水频率按300年一遇考虑,地震峰值加速度为0.05g,设计风速为24.3 m/s。

航道等级为内河Ⅱ级航道，最高通航水位 84.75 m，通航净高 10 m，净宽 110 m。

3．平面、纵面线型设计

柳州市官塘大桥工程主线西岸起于莲花大道项目止点 K6+322，跨越沿江路后止于 K7+477.5，工程主线全长 1 155.5 m。K7+477.5 以后的东岸立交（主线延伸及双耳形匝道等）不含在本工程设计范围之内，官塘大桥主线及匝道桥梁预留接口。根据路线走向，考虑各接线情况，并使桥轴线尽可能与水流方向垂直，平曲线半径最终设计为 600 m，最大直线长度 644.911 m，主线共设平面交点 1 个，路线平面线形顺适，平曲线范围内设置 2% 超高，不加宽。官塘大桥总平面布置如图 2-8 所示。主线纵断面线型设计主要综合考虑现状接线道路标高、相交道路净空要求、桥下通航净高和桥梁建筑高度等因素。本项目纵断面设计考虑的主要控制因素有以下几点：

（1）莲花大道止点高程（103.519 m）。

官塘大桥线路西接莲花大道止点，为满足相接线路标高相同，大桥起点高程即是莲花大道止点高程 103.519 m。

（2）规划滨江路高程（89.0 m）、沿江路面高程（95.0 m）。

大桥西岸起于莲花大道后从滨江路上方跨越，为保证滨江路的正常行车，必须考虑滨江路高程及桥下净空高度。

（3）官塘大桥通航净空标高（最高通航水位 84.75 m，通航孔净高 10 m）

为满足桥下通航的要求，使桥下水域水深满足代表船型满载吃水要求及标高要求，需考虑官塘大桥通航净空标高。主线纵断面设计以 -1.6% 纵坡顺接莲花大道后，以 2% 纵坡上升至柳江正上方（K7+065），后以 -0.5% 纵坡至项目止点。主线全长 1 155.5 m，纵面共设变坡点 2 个，最大纵坡 2%，最短坡长 355 m，最小凸型竖曲线半径 8 000 m，最小凹型竖曲线半径 12 000 m，纵面线形平顺且采用的纵面技术指标满足规范要求。官塘大桥纵断面布置如图 2-9 所示。

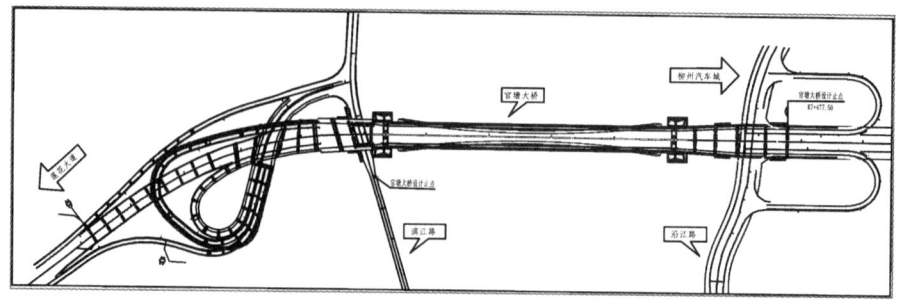

图 2-8　官塘大桥平面设计图

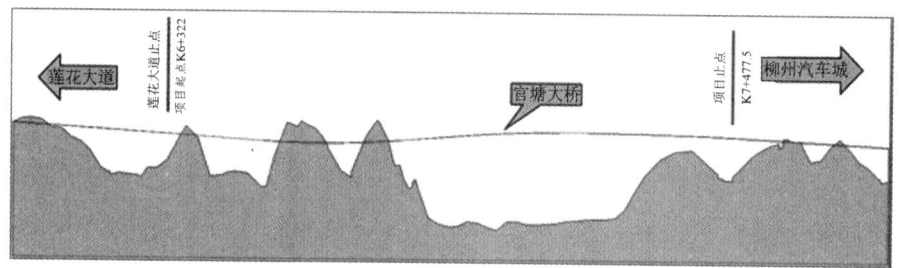

图 2-9　官塘大桥纵断面设计图

4．主桥设计

（1）立面造型。

桥梁既是打造城市两岸的交通纽带，也是增进经济发展、各方汇聚的枢纽，实现柳州"一桥一景"的规划。官塘大桥以"柳江新月"为桥型主题，造型上选择了拥有独特曲线美的提篮式拱桥。桥梁主拱呈月牙状，犹如一轮正在冉冉升起的新月，相伴龙城，相依柳江，娇美玲珑，诗情画意尽在其中让人意犹未尽。主桥结构体系设计为中承式钢箱拱桥，拱肋形式为提篮式，主桥全长 462 m，有效宽度 36 m，主梁跨径布置为（17.5+24.5+36×10.5+21+21）m。主拱肋的计算跨径为 457.183 m，净跨径为 450 m，净矢高为 100 m，净矢跨比为 1∶4.5，拱轴线平面与水平面夹角为 80°，钢箱拱肋截面宽度为 5.000～5.012 m，截面高度为 6.000～10.575 m。

（2）拱肋设计。

根据以前的建设经验，钢箱拱桥的拱肋截面一般采用矩形截面，而官塘大桥在拱肋造型设计时分别考虑了矩形、倒角 1∶2 矩形和倒角 1∶1.5 矩形三种不同的倒角方案。根据景观效果及受力要求，拱肋截面最终采用了倒角 1∶1.5 矩形的形式。钢箱拱肋采用单箱单室截面，高度由跨中的 6.000 m 渐变至钢-混凝土交界面的 10.048 m，截面宽度由 5.000 m 渐变至 5.012 m，如图 2-10 所示。为了满足大桥视觉通透、简洁明亮的要求，在综合比较后，横撑最终采用了稀疏型一字撑形式，如图 2-11 所示。而常规的矩形一字撑视觉上较为直板，与该桥的优美弧线结合显得比较突兀，因此设计提出了缩腰一字撑的形式，即在原有矩形一字撑的基础上，通过下缘采用弧线代替直线的形式，形成与主拱相呼应的缩腰造型。横撑造型像壮锦上的优美图案，传承民族文化。

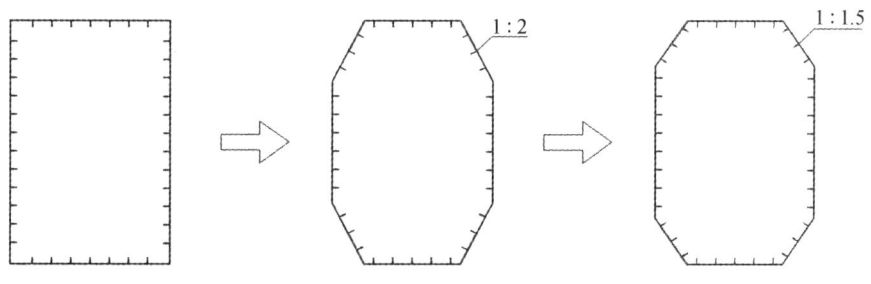

图 2-10　钢箱拱肋设计（单位：cm）

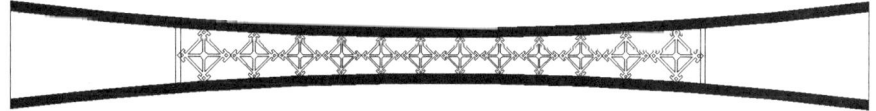

（a）壮锦形横撑

（b）"X"形横撑

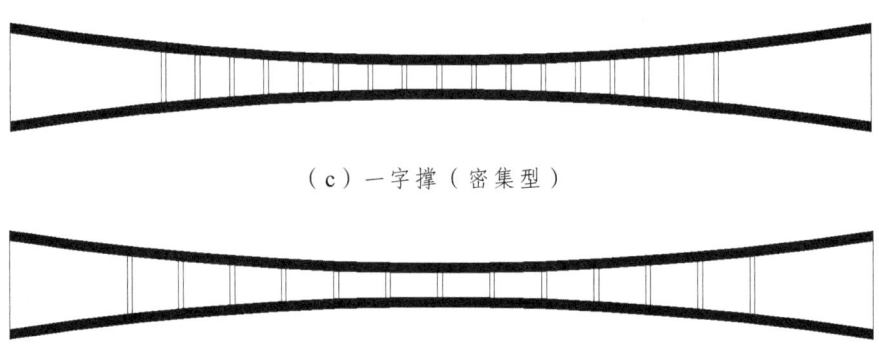

（c）一字撑（密集型）

（d）一字撑（稀疏型）

图 2-11 横撑比较图

官塘大桥拱肋拱轴线线形为悬链线。拱肋平面与竖直平面的夹角大小为 10°。拱肋采用分节段钢箱拱，全桥拱肋从拱脚处开始划分节段，总共有 58 个节段。编号分别为 JH0、JH1、N0~N11、N0'~N10'，N11 节段为跨中合龙段。节段最小质量 77.8 t，最大质量 296.7 t。拱脚处为 JH0、JH1 节段，为钢混结合拱肋段，其他部分为钢箱拱肋段。拱肋之间设置 8 道横撑和 2 道肋间横梁。主拱节段及横撑布置如图 2-12 所示。

图 2-12 拱节段及横撑布置侧面

（3）主梁设计。

大桥主梁的设计选型也是大桥总体设计中非常重要的一部分，官塘大桥主梁最终采用了单箱单室扁平流线型全焊钢箱梁，增强桥梁整体的视觉效果。箱梁横截面为上大下小的梯形截面，位于 R9000 m 竖曲线上。

桥面设置双向 6 车道，以及非机动车道与人行道。钢箱梁顶板在机动车道及非机动车道及区域采用 U 形肋进行纵向加劲，钢箱梁顶板在人行道区域、钢箱梁底板以及下斜腹板采用板式加劲肋进行纵向加劲且加劲肋均沿箱梁节段通长布置。每隔 3.5 m 设置一道横隔板。标准节段含 2 道普通横隔板和 1 道吊点横隔板；跨中节段含 2 道普通横隔板；端节段含 5 道普通横隔板。普通横隔板板厚 12 mm，吊点横隔板板厚 30 mm。除端部横隔板采用单面加劲外，其余横隔板均采用双面加劲肋。官塘大桥钢箱梁的风嘴采用与纵向排水槽合二为一的形式，为敞口式梯形截面，顶面宽 605 mm，底面宽 914 mm，高 718 mm。采用 $t = 8$ mm 不锈钢板焊接而成，敞口上部每隔 1 m 设置一道横隔板。风嘴底面搁置于钢箱梁外伸牛腿上，侧面通过高强螺栓与钢箱梁腹板连接。钢箱梁横断面如图 2-13 所示。

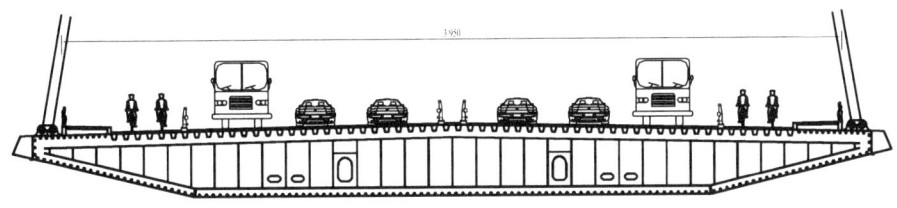

图 2-13　钢箱梁横断面

（4）吊索设计。

主梁吊索采用横向双索体系，共 148 根吊索。吊索采用上锚杯、下销铰的形式，上端锚固于吊点横隔板，下端销铰与主横梁连接。吊索钢绞线采用环氧喷涂低松弛钢绞线，两端整束挤压，使钢绞线两端形成锥体，以提高锚头对钢绞线的握裹作用。拉索护套采用 HDPE 高密度聚乙烯，并填充防腐油脂。吊索下端主要与下锚杯、叉耳、销轴组成固定端锚固体系。吊索上端主要与锚头、球形螺母、球形垫圈组成张拉端锚固体系，以实现吊索的长度调节。

2.4 结构参数

1. 拱肋参数

官塘大桥拱肋形式设计为提篮式,拱平面与竖直面夹角10°(内倾),钢箱拱肋采用单箱单室截面,钢箱拱截面高度沿拱轴线呈线性变化,截面高度由跨中的 6.000 m 渐变至钢-混凝土交界面的 10.048 m,宽度由 5.000 m 渐变至 5.012 m。拱肋钢箱主体结构采用 Q370QD 钢,其技术指标符合国家标准《低合金高强度结构钢》(GB/T 1591—2008)的相关要求。全桥钢箱拱肋共划分为 58 个节段,其中拱脚处拱肋结构为钢混结合段,其余部分为钢箱拱肋段,节段最大质量 304.10 t。根据施工要求,将 58 个拱肋节段,组合成为 50 个吊装节段。最短吊装节段长约 4.70 m,最长吊装节段长约 44.16 m;最小吊装质量 49.54 t,最大吊装质量 403.20 t。肋间横梁共 2 个节段,节段长度 39.00 m,节段质量 158.87 t。横撑共 8 个节段,节段最小长度约 10.86 m,最大长度约 24.40 m,最小吊装质量 42.52 t,最大吊装质量 104.74 t。全桥钢箱拱肋节段划分数量及参数如表 2-2 所示。

表 2-2 全桥钢结构吊装数量

节段编号	拱轴线长度/m	单节段质量/t	吊装高度/m	构件数量	构件总质量/t
JH0	10.518	143.7	19.34	4	574.8
JH1	10.375	148.8	24.78	4	595.2
N0	20.998	268.4	38.38	4	1 073.6
N1	12.717	156.1	46.23	4	624.4
N2	25.79	304.1	61.19	4	1 216.4
N3	24.693	273.7	74.17	4	1 094.8
N4	23.758	257.8	85.27	4	1 031.2

续表

节段编号	拱轴线长度/m	单节段质量/t	吊装高度/m	构件数量	构件总质量/t
N5	22.974	244.1	94.58	4	976.4
N6	22.332	215.9	102.16	4	863.6
N7	21.824	187.3	108.09	4	749.2
N8	21.442	178.4	112.39	4	713.6
N9	21.181	158	115.12	4	632
N10	21.037	150.7	116.28	4	602.8
N11	10.9	71.7	116.33	2	143.4
横撑1		104.737		2	209.474
横撑2		72.221		2	144.442
横撑3		52.468		2	104.936
横撑4		42.516		2	85.032
肋间横梁		158.871		2	317.742
合计					11 753.026

2. 主梁参数

官塘大桥主梁采用单箱单室扁平流线型全焊钢箱梁，类似于拱肋节段的划分，全桥钢箱梁划分为44个节段，编号分别为1#~44#，分为A、B、C、D、E、F六类节段。A类梁长11.33 m，E类梁长10.50 m，F类梁长8.50 m。吊索区宽44.50 m，无吊索区宽39.50 m，中心高3.50 m，最大起吊重量245 t。钢箱梁主体结构采用Q345C钢，其技术指标符合国家标准《低合金高强度结构钢》(GB/T 1591—2018)的相关要求。钢箱梁临时匹配件、压重槽采用Q235A钢，钢箱梁检修道栏杆、行车道路缘石、防撞护栏及路灯底座、排水设施等均采用Q235C钢，其技术指标符合国家标准《碳素结构钢》(GB 700—2006)的要求。钢箱梁顶板在机动车道及非机动车道区域采用U肋进行纵向加劲，钢箱梁顶板在人行道区域、钢箱梁底板以及下斜腹板采用板式加劲肋进行纵向加劲。横隔板上开孔加劲肋均沿箱梁节段通长布置,板式加劲肋与横隔板之间不连接。为了保证吊耳连接板的受力,在吊点区域横隔板上不开孔且板式加劲肋在此处断开后,在工厂焊接纵向加劲肋嵌补段。钢箱梁内的横隔板每隔 3.5 m 设置一道。节段里包括普通横隔板与吊点横隔板,普通横隔板板厚与吊点横隔板板厚分别为 12 mm、30 mm。标准节段含 2 道普通横隔板和 1 道吊点横隔板;跨中节段含 2 道普通横隔板;端节段含 5 道普通横隔板。除端部横隔板采用单面加劲外,其余横隔板均采用双面加劲。箱梁结构具体参数如表 2-3 所示。

表 2-3　钢箱梁细部结构参数　　　　单位:mm

部件	顶板厚	底板厚	下斜板厚	腹板厚	横隔板厚		U 肋					板肋		
					普通	吊点	上口宽	底宽	高	板厚	间距	肋高	板厚	间距
参数/mm	16	12	12	16	12	30	300	170	280	8	600	140	12	350

3. 吊　索

吊索采用上锚杯、下销铰的形式,上端锚固于吊点横隔板,主要与锚头、球形螺母、球形垫圈组成张拉端锚固体系;下端销铰与主横梁连接,主要与下锚杯、叉耳、销轴组成固定端锚固体系。拉索护套采用 HDPE 高密度聚乙烯,并填充防腐油脂。

主梁吊索采用横向双索体系,共 148 根吊索。吊索采用 15.2 mm、270 级环氧涂层钢绞线整束挤压拉索。单根钢绞线面积 140 mm^2,单根直径 15.2 mm,标准强度 1 860 MPa,性能满足国家标准《单丝涂覆环氧涂层预应力钢绞线》(GB/T 25823—2010)和《环氧涂层七丝预应力钢绞线》(GB/T 21073—2007)的规定。吊索采用整束挤压式锚具,材料选用 40Cr。叉耳销轴、锁紧螺母、螺母、球面垫圈、平垫圈材质为 40Cr,执行国家标准《合金结构钢》(GB/T 3077—1999)。吊索标号从左至右为 D1~D37,如图 2-14 所示。

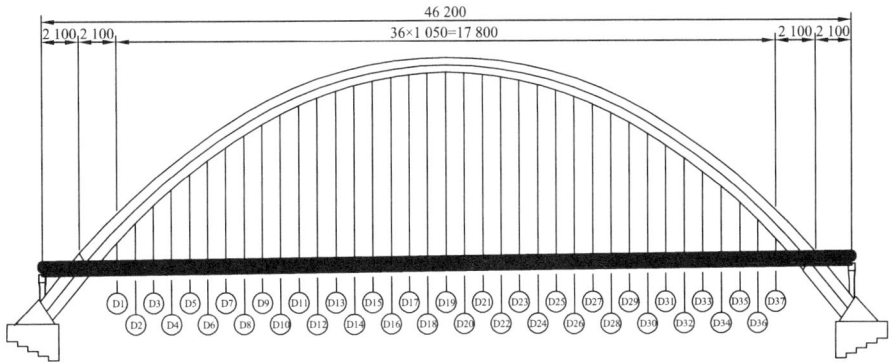

图 2-14 吊索布置

吊索参数见表 2-4 所示。现将各部分主要构件材料参数整理汇总，见表 2-5。

表 2-4 吊索参数

编号	D1、D37	D2～D4、D34～D36	D5～D33
钢绞线	GJ15-19	GJ15-15	GJ15-12
单根面积/mm²	26.6	21.0	16.8
数量	2	2	2
总面积/mm²	53.2	42.0	33.6

表 2-5 材料参数表

名称	规格	弹性模量/MPa	容重/(kN/m³)
吊杆	钢绞线整束挤压拉索	1.90×10^5	78.50
主梁	Q345qC	2.06×10^5	76.98
主拱（钢结构）	Q370qD	2.06×10^5	76.98
主拱（混凝土）	C50	3.45×10^4	26.0
拱脚预应力	钢绞线	1.95×10^5	78.50
施工扣塔	Q235B	2.06×10^5	76.98
施工扣索	钢绞线	1.95×10^5	78.50

2.5 主体工程施工特点与创新构思

21世纪以来,我国桥梁进入大发展时期,各种桥型都向着大跨度发展。而如今随着技术的不断发展,大跨径桥梁的成桥施工技术也成为了控制大桥建设的关键性因素。对于拱桥而言,主拱圈的施工是其中的重点和难点。如何完成大跨度的拱肋施工,桥梁工程师们也寻找到了有效的方法,如满堂支架法、悬臂拼装法、大件转移法等。支架法的优点是无需大型吊装设备且横斜撑容易安装,缺点是拱肋接头较多,焊接工作量大,工期较长。缆索吊装施工法由于具有跨越能力大,水平和垂直运输机动灵活,不影响通航,施工较方便等优点在拱桥施工中被广泛应用。在国内,拱桥节段施工主要采用的是缆索吊装法。缆索吊装的吊装能力一般在30~40 t,最大的吊装能力在70 t左右。随着拱桥跨度的增大,缆索跨径也进一步增大,但是吊装能力却很难相应地提高。柳州官塘大桥拱肋节段重量大、吊装高度高,钢箱拱肋为空间异形结构,这都对拱肋的安全精准施工带来了巨大的挑战,而本次施工采用了低位拼装+中段拱肋门架整体提升的施工方案来解决以上问题。因此,关于主桥的拱肋安装与整体提升合龙施工技术的研究对此工程具有重大的意义。

1. 主体工程施工特点

(1)拱肋节段运输吊装难度大。

官塘大桥拱肋节段结构截面较大,运输难度大。且因大桥为提篮式拱桥,拱肋节段为空间异形结构,结构形式较为特殊,同时也加大了节段的制造和运输难度。官塘大桥跨度457 m,尽管拱肋节段划分较细,但是单个节段重量较大,最大重量达到了304.1 t。

(2)拱肋拼装精度要求高。

官塘大桥拱肋形式为提篮式,拱肋轴线平面与水平面有一定的夹角,拱肋节段自身稳定性差,施工过程中的任何一点意外都将对精准拼装产生巨大的影响。另外,拱肋吊装最大高度达到109.3 m,拱肋在整体提升过程中,受自重、风荷载、温度荷载、拉索初应力以及施工精度(例如不均匀起吊)等的影响,不可避免会产生变形,对拱肋位移预测的精度要求较高。

（3）中拱段拱肋整体提升难度大。

初步方案为采用"缆索吊装，斜拉扣挂"的方法安装拱肋，但是之后经实地勘察、调研发现，该桥拱肋节段重量大、吊装高度高，钢箱拱肋为空间异形结构，导致合龙难度大大增大，且桥拱肋最重节段达到了304.1 t，缆索吊装的能力有限，高空作业风险较高。经过与各方专家研讨，进行方案比选，决定对中段拱肋采用整体提升进行安装合龙。由于官塘大桥中拱段跨径距离262 m，整体提升高度67.27 m，整体提升总重量达5 885 t，跨度、重量、高度均为世界之最，无工程经验可供借鉴。如何将中拱段安全准确地吊装至指定位置是本次施工的重点与难点之一。

（4）施工友好。

采用低位拼装加整体提升进行安装合龙的施工方案避免占用环江大道，不需改移道路，航道中间设置了通航孔，不需封航，减少了对人们生产生活的不良影响。相较于悬臂施工与缆索吊装施工而言，此方法不需设置锚碇，减少了施工用地，减轻了对三门江森林公园内原有植被的不利影响，保护了周边环境。

2. 创新点

（1）少支架多点支撑体系技术。

官塘大桥拱肋施工采用了紫荆花式钢管支撑系统，此方法有效地解决了空间异形拱肋支撑点分散问题。并且通过设置的混凝土高桩承台减少了桩基数量，达到了减少临时工程数量和提高支架体系抗洪能力的双重目的。

（2）低位拼装+中段拱肋门架的整体提升法。

本次工程针对拱肋空间异形、安装稳定性差、提升重量大、高度高等特点，采用了将拱肋分成三段分别组织施工的方式，边段拱肋使用桥位处少支架+浮吊安装，中段拱肋使用低位拼装+中段拱肋门架整体提升技术完成拱肋安装，此方法抗风稳定性相对较好，焊接质量容易控制。通过千斤顶提升，安装就位精度高，线型容易控制。低位拼装+中段拱肋门架整体提升有效解决了拱肋提升安装的大部分问题，加快了施工进度，提高了工程质量。

（3）钢结构-钢管混凝土-风缆支架体系。

官塘大桥中段拱肋使用低位拼装+中段拱肋门架整体提升技术完成拱肋安装，提升过程中支架的稳定性与安全性至关重要。在此次工程中采用了超高柔性支架，其稳定性问题尤为突出，因此在经过研究分析后提出了钢结构-钢管混凝土-风缆支架体系，并在拱肋提升过程中，在支架相应位置拼装了活动横向连接杆件，以保证支架结构的整体稳定性。

（4）内倾式钢箱拱桥在施工中的快速测量方法。

官塘大桥采用了提篮拱的形式，拱平面与竖直平面的夹角为内倾10°，而且拱肋线型为悬链线，这导致在施工测量时不能快速了解到拱肋的姿态，所以在施工过程中希望能够找到一种快速测量的方法。最终找到了一种内倾式钢箱拱桥在施工中的快速测量方法，如果将大地坐标系转换成切点坐标系，在钢箱拱肋每个顶、底板的相应位置布置测点，那么就能很好地解决以上提到的问题。此方法在本次施工监控测量过程中起到了至关重要的作用。

3 桥梁整体提升施工方法与工序

桥梁技术的进步很大程度上取决于桥梁施工方法的改进，拱桥宜根据结构形式、施工条件等采用合适的施工方法进行架设。早期的桥梁结构，自重都较大，结构的承载力大部分都用来抵消结构自重产生的应力变形等。随着经济快速发展，材料的改进，桥梁跨径随着自重减轻而逐步加大。一般来说桥梁自重越轻，其跨越能力就越大。在施工过程中，相对较轻自重的桥型会有较大的优势。目前常用的大跨度拱桥施工方法有悬臂施工、缆索吊装、转体施工，以及相互组合的施工方法。以上施工方法有些在施工时间上要求较高，比如悬臂施工法与缆索吊装法，需要将拱肋逐段在高空安装，施工时间上较长，由于安装地点均位于高空，施工平台受限，施工精度也难以保证；有些方法比如转体施工，适用范围有限，一般来说比较适合于梁桥，可进行自平衡状态施工，而对于拱桥来说，需要进行平衡重施工，并在河岸一侧施工平衡拉索与索塔，以及施工大量的临时结构，且对施工过程中的稳定性要求较高。拱桥的整体提升法是近年来出现的一种施工方法，该施工方法将拱肋分成 3 段，对于中间段，可工厂预制，低位拼装，从而提升拼装的精度；对于边跨段，由于拱肋高度较小，采用支架原位拼装。待提升支架施工完成后，将中间段拱肋一次提升到位，最后将拱肋进行合龙。钢箱拱桥整体提升施工方法具有工期短、对通航影响较小、减少高空作业危险、保证施工质量、结构整体性好的优点。

本章以柳州市官塘大桥整体提升过程为例，介绍大跨径钢拱桥整体提升施工方法在拱桥中的应用方法与工序。

3.1 施工总体方案

柳州市官塘大桥为中承式钢箱拱桥,结构体系为有推力提篮式拱桥。将主拱分为中拱段与边拱段,中拱段跨径距离 262 m,整体提升总质量约 5 885 t。中拱段施工方案采用低位拼装+门式支架法整体提升,提升高度 67.270 m。合龙段长度 4.7 m(含 0.1 m 配切长度),重量约为 47 t。边拱段采用浮吊吊装就位,采用少支架进行现场拼装,待中拱提升就位后,吊装合龙段进行合龙。拱肋总体施工工艺流程见图 3-1。

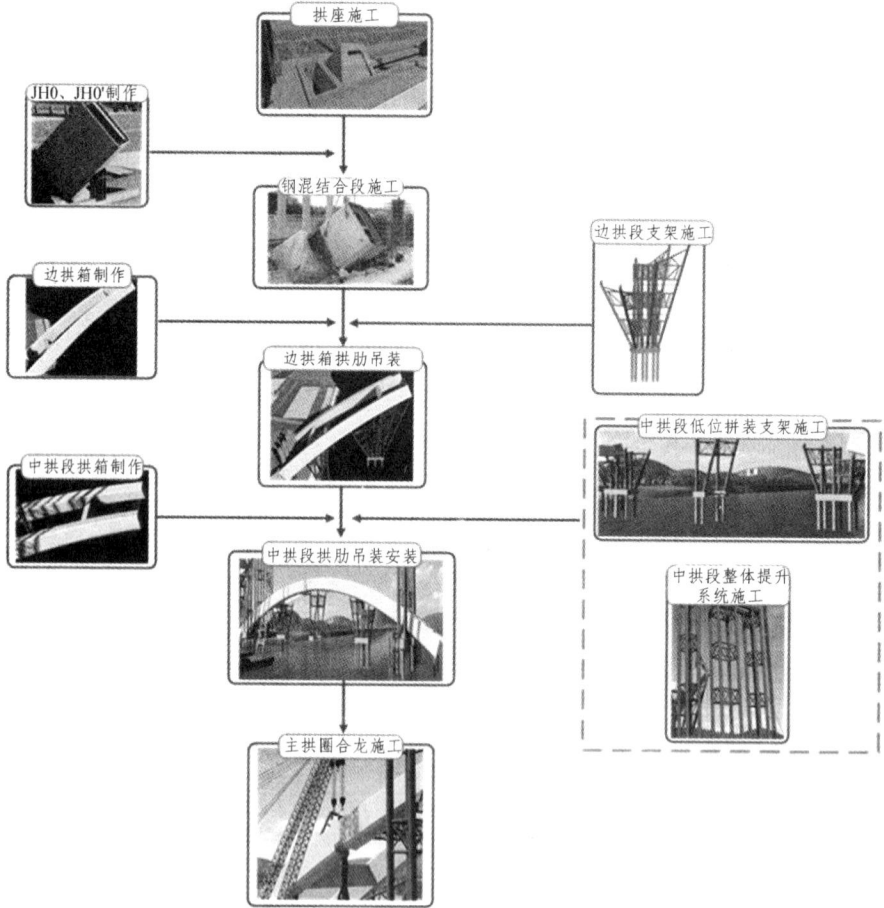

图 3-1 拱肋总体施工工艺流程

1. 拱段划分

综合考虑施工的方便性与施工风险,将两幅主拱肋各划分为27段,8个横梁,2个肋间横梁,最大吊装重量为304.1 t,将主拱两侧 JH0、JH、JH'、JH0'、N0~N4、N0'~N4'等节段划分为边拱段,N5~N10、N5'~N10'及N11划分为中拱段,节段划分示意如图3-2所示。全桥主拱钢结构的数量见表3-1。

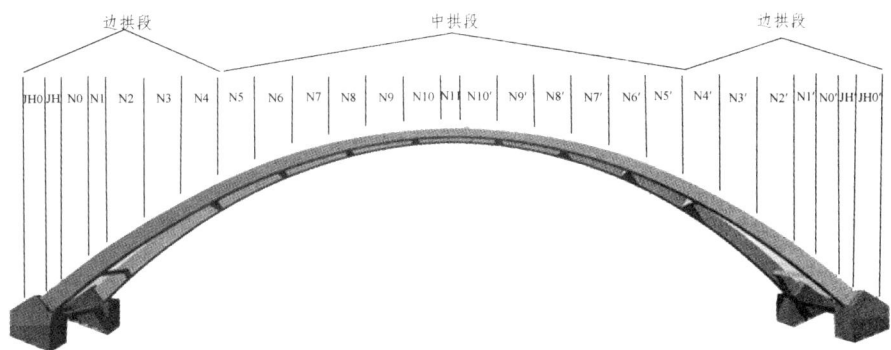

图 3-2 拱节段划分示意

表 3-1 主拱钢结构数量

节段编号	拱轴线长度/m	单个节段重量/t	吊装高度/m	构件数量	构件总质量/t
JH0	10.518	143.7	19.34	4	574.8
JH	10.375	148.8	24.78	4	595.2
N0	20.998	268.4	38.38	4	1 073.6
N1	12.717	156.1	46.23	4	624.4
N2	25.790	304.1	61.19	4	1 216.4
N3	24.693	273.7	74.17	4	1 094.8
N4	23.758	257.8	85.27	4	1 031.2
N5	22.974	244.1	94.58	4	976.4
N6	22.332	215.9	102.16	4	863.6
N7	21.824	187.3	108.09	4	749.2

续表

节段编号	拱轴线长度/m	单个节段重量/t	吊装高度/m	构件数量	构件总质量/t
N8	21.442	178.4	112.39	4	713.6
N9	21.181	158.0	115.12	4	632.0
N10	21.037	150.7	116.28	4	602.8
N11	10.900	71.7	116.33	2	143.4
横撑1		104.737		2	209.474
横撑2		72.221		2	144.442
横撑3		52.468		2	104.936
横撑4		42.516		2	85.032
肋间横梁		158.871		2	317.742

2. 支架以及提升系统

施工中的主要施工工序为边跨拱肋的少支架拼装、中跨拱肋的低位拼装及中跨拱肋的提升就位，为安全高效地进行拱肋钢箱的施工，将施工临时措施分为支架系统与提升系统，以下对这些临时措施进行介绍，图3-3给出了施工临时措施的布置。

（1）边拱段少支架多点支撑体系设计。

边拱段为主拱两侧JH0~N4、JH0'~N4'节段，跨径距离95.28 m，在N3~N4拱肋桥位下方设置多点支撑拱肋定位支架系统，分别在JH1段中部、N0段与N1段连接处、N1段与N2段连接处、N2段与N3段连接处、N3段与N4段连接处、N4段与合龙段连接处设置拱肋支撑点，支架系统主要由水中群桩、高桩承台、钢管支架组成，水中群桩采用群桩浮式平台抛锚固定配合冲击钻成桩，钢护筒全跟进施工。高桩承台为钢筋混凝土结构，搭设贝雷梁支撑体系形成作业平台绑扎钢筋浇筑混凝土，并预埋支架底节钢管，见图3-4。

图 3-3 施工支架及提升系统施工布置

图 3-4 边跨支架

（2）中段拱肋异型定位支架系统设计。

在 N5～N5' 节段下分别设置 $\phi 1\,520\times 16$ mm 钢管支架，其结构形式同边跨拼装支架，中拱段异型定位支架均在加工场拼装完成后，利用浮吊整体吊装至设计位置安装。为确保航道通行，将跨中支架设计成倒梯形，见图 3-5。

图 3-5 中跨支架

（3）柔性超高门式整体提升支架系统设计。

柔性超高门式整体提升支架系统在东西岸各设置 1 座，总高度为 87.5 m，宽 5.9 m，分为五个部分，第一部分为深水钢管混凝土桩基承台，

采用 $\phi1\,520$ mm 钢管混凝土桩入岩，桩顶浇筑 1.5 m 高承台；第二部分为超高提升门架支架系统，由工厂加工的定制杆件在现场进行组拼，降低高空焊接时间过长造成的安全风险；第三部分为立柱顶部 2 m×1.6 m 提升钢箱梁，钢箱梁在工厂整体制作后，按照塔吊吊装能力进行分割，确保满足精度要求的同时，降低高空作业风险；第四部分为整体提升系统，整体提升系统包含提升台座、16 台 500 t 液压千斤顶和 4 台液压泵站，提升台座根据拱肋底部形状设置。液压泵站接入 LSD 液压同步整体提升系统连接地面指挥中心，由指挥中心通过计算机发送指令控制液压泵站，实现网络化整体提升；第五部分为支架缆风系统，缆风系统由钢绞线组成，通过连接支架顶部再向东西两岸对称交叉张拉，端部锚固至地面锚固端，确保支架整体稳定性。柔性超高门式整体提升支架系统见图 3-6。

图 3-6　门式支架系统

（4）提升装置设计。

提升装置位于 N6（N6'）节段下方，共四个，抱箍由底板、横板、纵板、隔板及锚固端箱梁组成，底板安装时确保提升装置底板标高一致，与拱肋接触处焊缝满焊。顺桥向水平约束索单侧 9 束，共 18 束（备用水平约束索 4 束，共计 22 束），单个提升装置竖向提升吊点孔 4

个，四个吊点孔中心点与提升支架顶钢箱梁吊装孔中心点竖向坐标一致。提升装置每个锚固端设置 Q345C 加强钢板，钢板周边与提升装置接触部分均满焊。提升装置利用 BIM 建模，加工场根据 BIM 交底下料拼装，加工成型后，利用浮吊吊装至设计位置安装，见图 3-7。

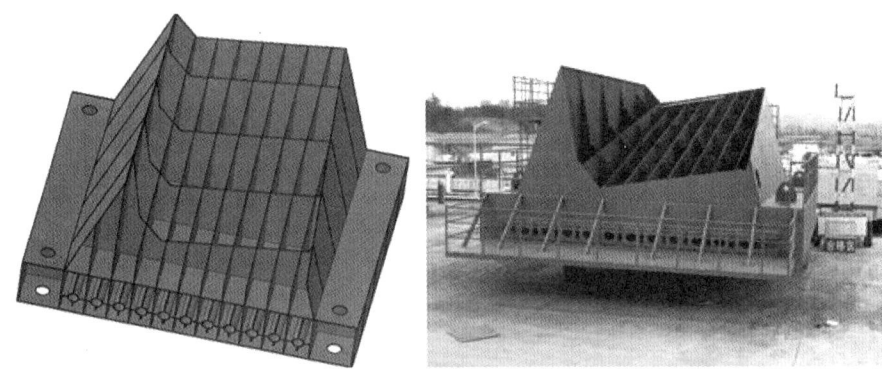

图 3-7　拱肋提升抱箍

（5）中拱段拱肋受力体系转换关键技术。

中拱段整体提升施工准备工作完成后，进行中拱段受力体系转换，通过水平约束索与竖向提升索横竖匹配、分级、同步、对称施加索力，使中拱段由低位拼装支架受力转换至提升支架系统受力，中段拱肋受力体系转换施工步骤如下：

第一步：水平约束索和竖向提升索安装完成后进行预紧，预紧时先张拉 16 束竖向提升索，单束索力值 50 t，总索力 800 t；后张拉 18 束水平约束索，单束索力值 30 t，总索力 540 t。

第二步：竖向提升索，单束索力施加至 100 t，总索力 1 600 t。

第三步：水平约束索，单束索力施加至 80 t，总索力 1 440 t。

第四步：竖向提升索，单束索力施加至 150 t，总索力 2 400 t。

第五步：水平约束索，单束索力施加至 120 t，总索力 2 160 t。

第六步：竖向提升索，单束索力施加至 200 t，总索力 3 200 t。

第七步：水平约束索，单束索力施加至 149.56 t，总索力 2 692 t。

第八步：竖向提升索，单束索力施加至 300 t，总索力 4 800 t。

第九步：竖向提升索，单束索力施加至 350 t，总索力 5 600 t。

第十步：拱肋与支架顶托架脱离后，竖向提升索张拉力加载至 5 885 t，中拱段试提升，试提升高度 5 cm，后依据测量数据利用竖向提升索和水平约束索进行中拱段线形调整。

3.2 施工主要流程

柳州市官塘大桥中拱段在设计桥位以下 67.27 m 搭设低位拼装支架，拼装支架根据柳江通航、行洪条件设计，确保施工期间柳江航道的正常通航及行洪。中拱段合龙完成后张拉临时水平约束索，采用门式提升支架+连续提升系统整体提升 67.27 m 后，660 t 浮吊依次吊装合龙段至设计桥位处，人工辅助就位，实现钢箱拱肋合龙。具体的施工流程如下：

1. 步骤一——施工拱座基础，安装钢混结合段拱肋

（1）在大桥两岸对拱肋基础进行施工，并预留钢拱箱拼装接口（图 3-8）。

（a）拱肋基础三维效果图　　（b）拱肋基础实际施工图

图 3-8　拱肋基础施工

（2）安装钢混结合段钢拱箱，并现浇混凝土，待混凝土达到设计强度后，张拉预应力钢筋（图 3-9）。

（a）钢混结合段三维效果图　　　　（b）钢混结合段实际施工图

图 3-9　拱脚钢混结合段施工

2．步骤二——边跨支架施工

（1）在两岸支架基础设计位置施工支架承台以及桩基。

（2）上部钢管支架在钢结构加工场分层整体拼装完成后，采用 660 t 浮吊分层整体吊装至设计桥位处安装（图 3-10）。

（a）边跨拱肋支架三维效果图　　　　（b）边跨拱肋支架实际施工图

图 3-10　边跨拱肋支架施工

3．步骤三——吊装边跨拱肋

（1）利用 2 台 500 t 浮吊吊装边跨拱肋段，现场就位焊接（图 3-11）。

（a）边跨拱肋施工三维效果图　　　　（b）边跨拱肋实际施工图

图 3-11　边跨拱肋施工

（2）安装肋间横梁，将上游拱肋与下游拱肋连接成整体。

4．步骤四——安装中拱段提升系统（图 3-12）。

（a）中拱段提升系统三维效果图　　　（b）中拱段提升系统实际施工图

图 3-12　中拱段提升系统施工

5．步骤五——中拱段临时支架施工（图 3-13）。

（a）中拱段支架三维效果图

（b）中拱段支架实际施工图

图 3-13 中拱段支架施工

6．步骤六——中拱钢箱施工

（1）节段安装前，在设计中拱段桥位处，往下游偏移 6.5 m，搭设拼装支架。拱肋节段在场内试拼合格后，水运至现场，在上下游码头分别将 N5~N7、N5'~N7'、N8~N10、N8'~N10' 组拼成整体节段，利用 2 台 500 t 浮吊抬吊至 N5 节段下临时横梁、拼装支架胎座上组拼成整体，最后吊装 N11 节段将中段拱肋安装成整体（图 3-14）。

（a）中拱箱三维效果图

（b）中拱箱实际施工图

图 3-14 中拱箱施工

（2）安装拱肋水平约束索（图3-15）。

(a)拱肋水平约束索三维效果图

(b)拱肋水平约束索实际施工图

图3-15 拱肋水平约束索施工

7. 步骤七——中拱肋整体提升

（1）中拱段拱肋整体提升过程中，开始提升时提升通道无横向活动支撑，如图3-16（a）所示。拱肋提升一段距离后，提升通道内连接1号活动支撑（DN630 mm钢管），如图3-16（b）所示。拱肋提升至高位后，提升通道内关闭2号活动支撑（DN630 mm钢管），如图3-16（c）所示。

（2）在完成拼装和张拉预应力过程后，整个中拱段由提升装置提升至预定的位置。

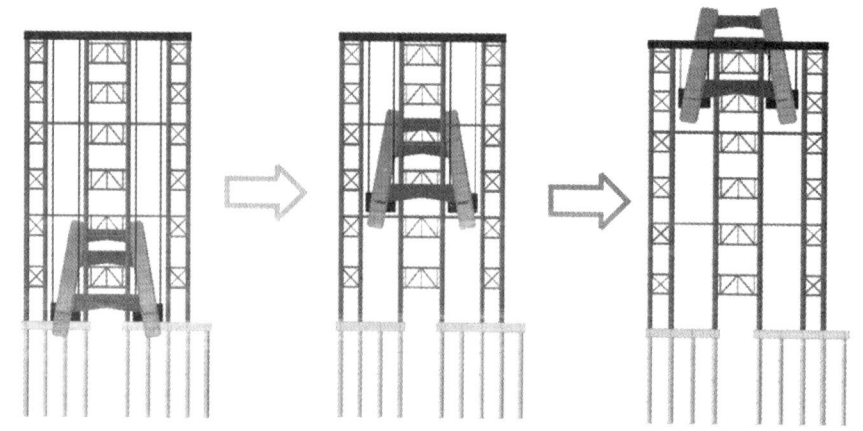

(a)低位提升系统正面图　　(b)中位提升系统正面图　　(c)高位提升系统正面图

图 3-16　拱肋提升系统示意图

8. 步骤八——安装合龙段,完成中拱段与边拱段的合龙

拱肋合龙时,每次合龙一个拱肋节段,按照顺时针方向依次安装合龙节段,且单侧拱肋上的两个合龙节段合龙完成后再进行另一侧拱肋上合龙节段的合龙。如图 3-17 所示,合龙顺序为:合龙段 1→合龙段 2→合龙段 3→合龙段 4。

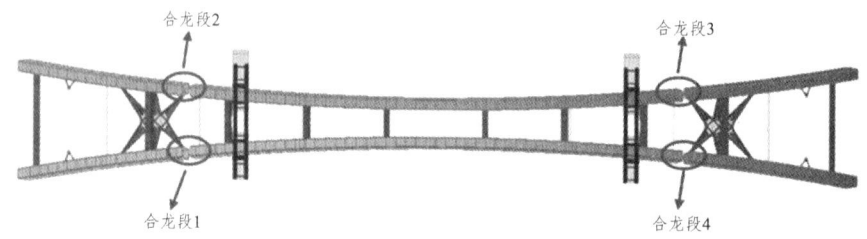

图 3-17　拱肋合龙段示意图

每一节拱肋合龙节段合龙施工时,采用大型浮吊把合龙节段起吊至预定位置。用长 35 cm,宽 15 cm,厚 2 cm 的钢板把合龙节段和边拱段、中拱段拱肋临时连接起来后,浮吊松勾,再焊接该节合龙段的环焊缝(图 3-18)。

（a）拱肋合龙段施工三维效果图　　（b）拱肋合龙段实际施工图

图 3-18　拱肋合龙段施工

3.3　施工关键环节

1. 中拱段整体提升

官塘大桥主桥全长 462 m，主拱计算跨径为 457 m，净跨径为 450 m，其中中拱段跨径距离 262 m，整体提升重量约 5 885 t。目前，尚未有如此大吨位的整体提升先例，同时也未有针对如此大吨位提升的相关研究。

首先，在官塘大桥中拱段整体提升过程中，施工的技术难点主要有以下方面：

（1）官塘大桥中拱段提升重量大：中拱段提升重量约 5 885 t，尚未有如此大吨位整体提升先例，在提升过程中存在诸多不确定性。

（2）官塘大桥中拱段跨径距离长：中拱段跨径距离 262 m，整体提升施工方法难度较大。

（3）官塘大桥提升高度高：中拱段提升高度 67.270 m，施工风险高。

（4）官塘大桥主拱肋线形为空间三维变化曲线，主拱肋中拱段受力较为复杂，其应力及位移均不明确。

（5）中拱段水平临时索对官塘大桥主拱肋中拱段提升过程中的影响程度不明确，理论计算很难精准地确定水平拉索力大小对结构的合适程度。

2. 拱肋合龙

此外,官塘大桥主拱肋为空间三维变化曲线,合龙时定位困难,温度变化会造成拱肋合龙口的不规则变形,对合龙过程影响大。合龙口示意如图 3-19 所示。拱肋合龙之前临时用连接板先将合龙段和边拱段、中拱段锁定,温度变化时,临时锁定措施受力复杂,其安全性控制难度增大。

图 3-19 合龙口示意

4 有限元基本理论介绍

对大跨度空间结构开展分析，一般采用有限元方法最为方便。有限元法是结构分析中最为可靠、常用的一种分析方法，该方法起源于1870年，在20世纪40年代得到了快速发展。随着计算机技术的发展，有限元得到了广泛的研究与应用。众多的商业有限元分析软件也大量出现，这些都极大地推动了有限元技术在结构分析中的应用。有限元法从弹性体的能量原理出发，寻求基本微分方程的近似解或数值解，其分析过程包括结构的离散化、单元分析、整体分析和应力计算等主要环节。单元分析的目的是建立单元位移模式，并通过单元刚度矩阵建立节点力与节点位移的关系。整体分析的目的是将离散化的结构再组装起来，并引入边界条件以便求解。求出位移后可以计算应变和应力等物理量，从而完成有限元分析。通过有限元分析得到的结构响应量，结合结构设计原理，可进行结构设计工作。有限元分析全过程见图4-1表示。

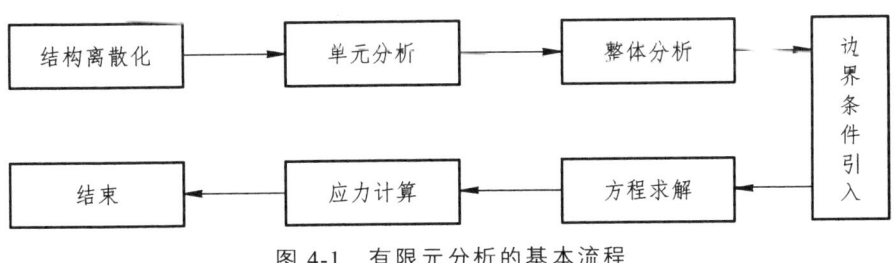

图 4-1 有限元分析的基本流程

4.1 单元位移模式

单元的位移模式用来描述单位内部不同坐标处的位移随着坐标的变

化规律，是坐标的函数。单元的位移模式是对单元受力后的变形规律的假设，显然，位移假设符合单元变形的实际情况，则通过该位移模式计算的结构响应的精度就越高。但考虑到单元实际受力情况的不同，单元位移模式的选取会有一定的差异。因此，单元位移模式的选取是否合理，直接关系到有限元计算结果的精度。但对于单元尺寸较大的情况，选择一个合适的全局位移模式并不容易，因此，有限元中比较有效的处理方式是将单元尺寸划分的尽可能小，这样，单元内部的位移变化情况不至于太过剧烈。此时，单元位移模式可设置为比较简单的一次函数，计算结果也可获得比较高的精度。一般而言，不同的单元类型有不同的单元位移模式，单元位移模式一般采用多项式描述。本节以二维单元为例说明插值函数的使用方法。

单元内部的位移值一般采用插值法得到，即在获得单元节点的位移值的前提下，通过某一插值函数获得单元内位移场的分布。对于二维单元，其内部的变形情况以内部点的 X、Y 坐标来描述，其单元位移模式见式（4-1）~式（4-3）。

$$u(x,y) = N_1 u_1 + N_2 u_2 + \cdots + N_n u_n = \sum_{i=1}^{n} N_i u_i \qquad (4\text{-}1)$$

$$v(x,y) = N_1 v_1 + N_2 v_2 + \cdots + N_n v_n = \sum_{i=1}^{n} N_i v_i \qquad (4\text{-}2)$$

或

$$\boldsymbol{u} = \begin{Bmatrix} u \\ v \end{Bmatrix} = \boldsymbol{N} \boldsymbol{a}^e \qquad (4\text{-}3)$$

式中，$\boldsymbol{a}^e = \begin{bmatrix} u_1 & v_1 & u_2 & v_2 & \cdots & u_n & v_n \end{bmatrix}^{\mathrm{T}}$ 表示节点自由度，n 是单元的节点个数，$\boldsymbol{N}$ 是二维函数矩阵，见式（4-4），N_i 称为形函数。

$$\boldsymbol{N} = \begin{bmatrix} N_1 & 0 & N_2 & \cdots & N_n & 0 \\ 0 & N_1 & 0 & \cdots & 0 & N_n \end{bmatrix} \qquad (4\text{-}4)$$

所选择的单元位移模式需要满足一定的要求，当单元的尺寸划分得足够小时，位移模式趋向精确的解，因此，单元位移模式要满足一定的收敛准则。根据单元的维数不同，可分为一维形函数、二维形函数和三维形函数,对于不同维度的单元,形函数根据计算的精度不同,可分为一次形函数、二次形函数和三次形函数。

4.2 单元刚度矩阵以及有限元方程

确定了单元的位移模式后,可根据几何方程对位移求导数,得到单元内各坐标点处的应变表示式。对于不同维度的有限元分析,其表达式也不尽相同,对于平面问题,单元位移模式可由式(4-3)得到,对式子进行求导,由平面单元的几何方程可得到应变,见式(4-5)。

$$\boldsymbol{\varepsilon} = \left\{ \begin{array}{c} \varepsilon_x \\ \varepsilon_y \\ \gamma_{xy} \end{array} \right\} = \left[\begin{array}{cc} \frac{\partial}{\partial x} & 0 \\ 0 & \frac{\partial}{\partial y} \\ \frac{\partial}{\partial y} & \frac{\partial}{\partial x} \end{array} \right] \left\{ \begin{array}{c} u \\ v \end{array} \right\} = \boldsymbol{B}\boldsymbol{a}^e \quad (4\text{-}5)$$

式中,$\boldsymbol{B}$ 表示单元的应变矩阵,具体形式为 $3\times 2n$ 的矩阵,矩阵的具体形式如式(4-6)所示。

$$\boldsymbol{B} = \left[\begin{array}{cc} \frac{\partial}{\partial x} & 0 \\ 0 & \frac{\partial}{\partial y} \\ \frac{\partial}{\partial y} & \frac{\partial}{\partial x} \end{array} \right] \left[\begin{array}{cccccc} N_1 & 0 & N_2 & 0 & \cdots & N_n & 0 \\ 0 & N_1 & 0 & N_2 & \cdots & 0 & N_n \end{array} \right] \quad (4\text{-}6)$$

在本文讨论的问题为线形问题的前提下,结合胡克定理,代入应力-应变关系,可得到式(4-7)。

$$\boldsymbol{\sigma} = \left\{ \begin{array}{c} \sigma_x \\ \sigma_y \\ \tau_{xy} \end{array} \right\} = \boldsymbol{D}\boldsymbol{\varepsilon} = \frac{E}{1-v^2} \left[\begin{array}{ccc} 1 & v & 0 \\ v & 1 & 0 \\ 0 & 0 & \frac{1-v}{2} \end{array} \right] \left\{ \begin{array}{c} \varepsilon_x \\ \varepsilon_y \\ \gamma_{xy} \end{array} \right\} = \boldsymbol{DB}\boldsymbol{a}^e = \boldsymbol{S}\boldsymbol{a}^e \quad (4\text{-}7)$$

式中,$\boldsymbol{S} = \boldsymbol{DB}$ 称为应力矩阵。通过式(4-7)与单元节点的位移,可以得出单元内任意一点的应变和应力。

假设某一单元 Ω_e 收到 $\boldsymbol{b} = \{b_1 \quad b_2 \quad b_3\}^T$ 的体力的作用，在边界 S_{ep} 上受到面力 $\boldsymbol{t} = \{t_1 \quad t_2 \quad t_3\}^T$ 的作用，则单元的总势能为[2]

$$\Pi_e = \frac{1}{2}\int_{\Omega_e}\boldsymbol{\varepsilon}^T\boldsymbol{D}\boldsymbol{\varepsilon}\,\mathrm{d}\Omega - \int_{\Omega_e}\boldsymbol{u}^T\boldsymbol{b}\,\mathrm{d}\Omega - \int_{S_{ep}}\boldsymbol{u}^T\boldsymbol{t}\,\mathrm{d}S \quad (4\text{-}8)$$

将式（4-5）~式（4-7）代入式（4-8）得[2]

$$\Pi_e = \frac{1}{2}\int_{\Omega_e}(\boldsymbol{B}\boldsymbol{a}^e)^T\boldsymbol{D}\boldsymbol{B}\boldsymbol{a}^e\,\mathrm{d}\Omega - \int_{\Omega_e}(\boldsymbol{N}\boldsymbol{a}^e)^T\boldsymbol{b}\,\mathrm{d}v - \int_{S_{ep}}(\boldsymbol{N}\boldsymbol{a}^e)^T\boldsymbol{t}\,\mathrm{d}S \quad (4\text{-}9)$$

结合最小势能原理，即由 $\dfrac{\partial \Pi_e}{\partial \boldsymbol{a}^e} = 0$ 得[2]

$$\int_{\Omega_e}\boldsymbol{B}^T\boldsymbol{D}\boldsymbol{B}\boldsymbol{a}^e\,\mathrm{d}\Omega - \int_{\Omega_e}\boldsymbol{N}^T\boldsymbol{b}\,\mathrm{d}\Omega - \int_{S_{ep}}\boldsymbol{N}^T\boldsymbol{t}\,\mathrm{d}S = 0 \quad (4\text{-}10)$$

考虑到 $\boldsymbol{a}^e$ 与单元受力相关而与坐标无关，可视为常数，将 $\boldsymbol{a}^e$ 提到积分号外面，则可得到单元的有限元方程为[2]

$$\boldsymbol{K}^e\boldsymbol{a}^e = \boldsymbol{F}^e + \boldsymbol{T}^e \quad (4\text{-}11)$$

式中，$\boldsymbol{K}^e = \int_{\Omega_e}\boldsymbol{B}^T\boldsymbol{D}\boldsymbol{B}\,\mathrm{d}\Omega$，$\boldsymbol{K}^e$ 称为单元刚度矩阵；$\int_{\Omega_e}\boldsymbol{N}^T\boldsymbol{b}\,\mathrm{d}\Omega = \boldsymbol{F}^e$，$\boldsymbol{F}^e$ 称为单元体力的等效节点载荷向量；$\int_{S_{ep}}\boldsymbol{N}^T\boldsymbol{t}\,\mathrm{d}S = \boldsymbol{T}^e$，$\boldsymbol{T}^e$ 称为单元面力的等效节点载荷向量。根据单位的维度不同，需选取不同的单元位移模式，则根据以上推导可以得到不同的单元刚度矩阵。

1. 梁单元

梁单元为结构分析中常用单元，本节给出了梁单元刚度矩阵的推导过程[1]。如图4-2所示的梁单元，其长度为 l，弹性模量为 E，横截面的惯性矩为 I_z（绕平行于 z 轴的中性轴）和 I_y（绕平行于 y 轴的中性轴），横截面的扭转惯性矩为 J。梁单元可承受轴力，绕 Z、Y 轴的弯矩及剪力，还可能承受扭矩的作用。

对于梁单元，由两个端节点组成，每一个节点的位移自由度有6个，即三个平动自由度与三个转动自由度，因此，一个梁单元共有12个自由度；在局部坐标系中，设单元节点位移列阵 $\boldsymbol{q}^e$ 和节点力列阵 $\boldsymbol{P}^e$ 如式（4-12）与式（4-13）所示。

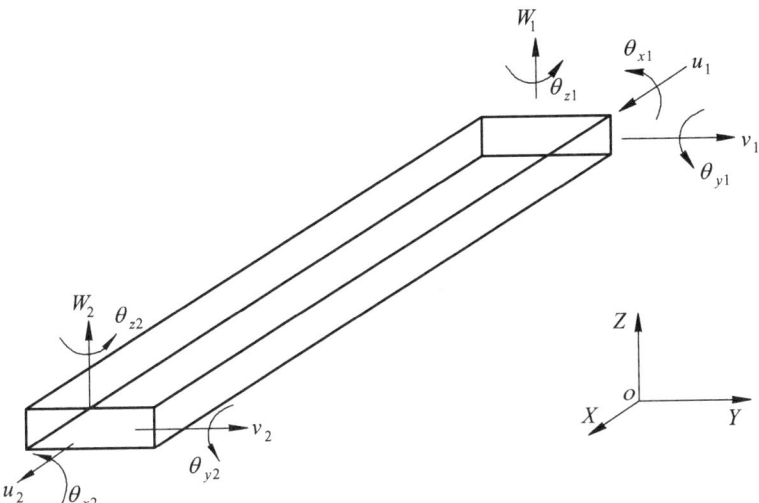

图 4-2 局部坐标系中的空间梁单元

$$\boldsymbol{q}^e_{(12\times 1)} = \begin{bmatrix} u_1 & v_1 & w_1 & \theta_{x1} & \theta_{y1} & \theta_{z1} & u_2 & v_2 & w_2 & \theta_{x2} & \theta_{y2} & \theta_{z2} \end{bmatrix}^{\mathrm{T}} \quad (4\text{-}12)$$

$$\boldsymbol{P}^e_{(12\times 1)} = \begin{bmatrix} P_{u1} & P_{v1} & P_{w1} & M_{x1} & M_{y1} & M_{z1} & P_{u2} & P_{v2} & P_{w2} & M_{x2} & M_{y2} & M_{z2} \end{bmatrix}^{\mathrm{T}} \quad (4\text{-}13)$$

将空间梁单元分解为杆单元与平面梁单元，先写出图 4-2 中的对应的杆单元以及平面梁单元的刚度矩阵，然后进行组合形成完整的三维梁单元的刚度矩阵。

假设图 4-2 中的梁单元仅发生沿杆件轴向的节点位移 (u_1, u_2)，则杆单元的刚度矩阵为

$$\boldsymbol{k}^e_{\substack{u_1 u_2 \\ (2\times 2)}} = \frac{EA}{l} \begin{bmatrix} 1 & -1 \\ -1 & 1 \end{bmatrix} \quad (4\text{-}14)$$

假设图 4-2 中的梁单元发生节点位移 (θ_{x1}, θ_{x2})，则可认为杆受扭转，可将扭转角视为拉伸杆的轴向位移，则可推导出与式（4-14）相似的刚度矩阵：

$$\boldsymbol{k}^e_{\substack{\theta_{x1} \theta_{x2} \\ (2\times 2)}} = \frac{GJ}{l} \begin{bmatrix} 1 & -1 \\ -1 & 1 \end{bmatrix} \quad (4\text{-}15)$$

其中，J 为横截面的扭转惯性矩，G 为剪切模量。

设图 4-2 中 Oxy 平面内，梁单元发生节点位移 $(v_1, \theta_{z1}, v_2, \theta_{z2})$，则可认为梁在 Oxy 平面内为纯弯曲变形，相应的刚度矩阵为

$$\boldsymbol{k}^e_{\substack{(oxy)\\(4\times 4)}} = \frac{EI_z}{l^3} \begin{bmatrix} 12 & 6l & -12 & 6l \\ 6l & 4l^2 & -6l & 2l^2 \\ -12 & -6l & 12 & -6l \\ 6l & 2l^2 & -6l & 4l^2 \end{bmatrix} \qquad (4\text{-}16)$$

其中 I_z 为绕平行于 z 轴的中性轴的惯性矩。

图 4-2 中梁单元在 Oxz 平面内发生节点位移 $(w_1, \theta_{y1}, w_2, \theta_{y2})$ 时，可得到与式（4-16）类似的刚度矩阵，由于位移发生的方向不同，因此刚度矩阵中节点位移对应的位置是不同的。

按照式（4-12）中所对应的节点位移的顺序，将式（4-14）～式（4-16）中矩阵的各个部分的元素按照节点编号依次放入空间梁单元的刚度矩阵中，则可得到局部坐标系中空间梁单元的刚度矩阵

$$\boldsymbol{K}^e_{(12\times 12)} = \begin{bmatrix}
\frac{EA}{l} & 0 & 0 & 0 & 0 & 0 & -\frac{EA}{l} & 0 & 0 & 0 & 0 & 0 \\
0 & \frac{12EI_z}{l^3} & 0 & 0 & 0 & \frac{6EI_z}{l^2} & 0 & -\frac{12EI_z}{l^3} & 0 & 0 & 0 & \frac{6EI_z}{l^2} \\
0 & 0 & \frac{12EI_y}{l^3} & 0 & -\frac{6EI_y}{l^2} & 0 & 0 & 0 & -\frac{12EI_y}{l^3} & 0 & -\frac{6EI_y}{l^2} & 0 \\
0 & 0 & 0 & \frac{GJ}{l} & 0 & 0 & 0 & 0 & 0 & -\frac{GJ}{l} & 0 & 0 \\
0 & 0 & -\frac{6EI_y}{l^2} & 0 & \frac{4EI_y}{l} & 0 & 0 & 0 & \frac{6EI_y}{l^2} & 0 & \frac{2EI_y}{l} & 0 \\
0 & \frac{6EI_z}{l^2} & 0 & 0 & 0 & \frac{4EI_z}{l} & 0 & -\frac{6EI_z}{l^2} & 0 & 0 & 0 & \frac{2EI_z}{l} \\
-\frac{EA}{l} & 0 & 0 & 0 & 0 & 0 & \frac{EA}{l} & 0 & 0 & 0 & 0 & 0 \\
0 & -\frac{12EI_z}{l^3} & 0 & 0 & 0 & -\frac{6EI_z}{l^2} & 0 & \frac{12EI_z}{l^3} & 0 & 0 & 0 & -\frac{6EI_z}{l^2} \\
0 & 0 & -\frac{12EI_y}{l^3} & 0 & \frac{6EI_y}{l^2} & 0 & 0 & 0 & \frac{12EI_y}{l^3} & 0 & \frac{6EI_y}{l^2} & 0 \\
0 & 0 & 0 & -\frac{GJ}{l} & 0 & 0 & 0 & 0 & 0 & \frac{GJ}{l} & 0 & 0 \\
0 & 0 & -\frac{6EI_y}{l^2} & 0 & \frac{2EI_y}{l} & 0 & 0 & 0 & \frac{6EI_y}{l^2} & 0 & \frac{4EI_y}{l} & 0 \\
0 & \frac{6EI_z}{l^2} & 0 & 0 & 0 & \frac{2EI_z}{l} & 0 & -\frac{6EI_z}{l^2} & 0 & 0 & 0 & \frac{4EI_z}{l}
\end{bmatrix} \qquad (4\text{-}17)$$

2. 三维单元的刚度矩阵

本节以 8 节点六面体单元说明，三维单元的刚度矩阵的组装过程[1]。如图 4-3 所示，单元由 8 节点组成，每个节点有 3 个自由度，即平动自由度。则整个单元具有 24 个自由度，单元的节点位移向量与节点力向量可写成

$$\underset{(24\times1)}{\boldsymbol{q}^e} = \begin{bmatrix} u_1 & v_1 & w_1 & \vdots & u_2 & v_2 & w_2 & \vdots & \cdots & \vdots & u_8 & v_8 & w_8 \end{bmatrix}^{\mathrm{T}} \quad (4\text{-}18)$$

$$\underset{(24\times1)}{\boldsymbol{P}^e} = \begin{bmatrix} P_{x1} & P_{y1} & P_{z1} & \vdots & P_{x2} & P_{y2} & P_{z2} & \vdots & \cdots & \vdots & P_{x8} & P_{y8} & P_{z8} \end{bmatrix}^{\mathrm{T}} \quad (4\text{-}19)$$

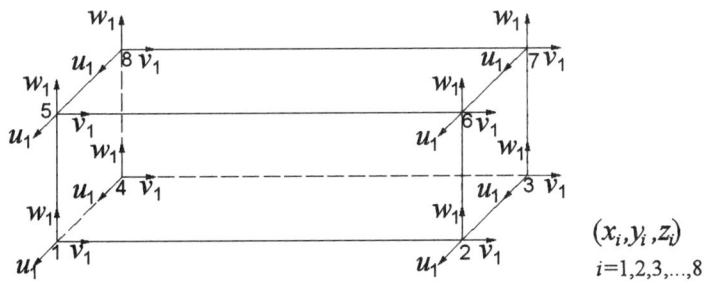

图 4-3　8 节点正六面体单元

考虑到该单元有 8 个节点，对每个方向的位移模式可以设定 8 个待定系数，则该单元的位移模式可假设为

$$\left. \begin{aligned} u(x,y,z) &= a_0 + a_1 x + a_2 y + a_3 z + a_4 xy + a_5 yz + a_6 zx + a_7 xyz \\ v(x,y,z) &= b_0 + b_1 x + b_2 y + b_3 z + b_4 xy + b_5 yz + b_6 zx + b_7 xyz \\ w(x,y,z) &= c_0 + c_1 x + c_2 y + c_3 z + c_4 xy + c_5 yz + c_6 zx + c_7 xyz \end{aligned} \right\} \quad (4\text{-}20)$$

假设节点位移已知，则式（4-20）中的待定系数 (a_i, b_i, c_i)，$i=0,1,2\cdots8$ 可由节点位移得出，将求得的系数代回式（4-20）中可得到该单元的形状函数矩阵，即

$$\underset{(3\times1)}{\boldsymbol{u}} = \begin{bmatrix} u \\ v \\ w \end{bmatrix} = \begin{bmatrix} N_1 & 0 & 0 & \vdots & N_2 & 0 & 0 & \vdots & \cdots & \vdots & N_8 & 0 & 0 \\ 0 & N_1 & 0 & \vdots & 0 & N_2 & 0 & \vdots & \cdots & \vdots & 0 & N_8 & 0 \\ 0 & 0 & N_1 & \vdots & 0 & 0 & N_2 & \vdots & \cdots & \vdots & 0 & 0 & N_8 \end{bmatrix} \cdot \boldsymbol{q}^e = \underset{(3\times24)}{\boldsymbol{N}} \cdot \underset{(24\times1)}{\boldsymbol{q}^e}$$

$$(4\text{-}21)$$

每个单元有 8 个节点,每个节点有 3 个自由度,则一个单元的节点位移多达 24 个,由节点条件直接确定位移模式中的待定系数和形状函数矩阵的方法,需要求解线性方程组,比较烦琐,可结合拉格朗日插值公式,利用单元的自然坐标直接写出形状函数矩阵。

在得到该单元的形状函数矩阵后,可按照本节介绍的方法,推导单元的几何矩阵、刚度矩阵、节点等效载荷矩阵以及刚度方程。

根据弹性力学平面问题的几何方程,可以得到单元应变的表达式为

$$\underset{(6\times1)}{\boldsymbol{\varepsilon}} = \underset{(6\times3)}{[\partial]}\underset{(3\times1)}{\boldsymbol{u}} = \underset{(6\times3)}{[\partial]}\underset{(3\times24)}{\boldsymbol{N}} \cdot \underset{(24\times1)}{\boldsymbol{q}^e} = \underset{(6\times24)}{\boldsymbol{B}} \cdot \underset{(24\times1)}{\boldsymbol{q}^e} \quad (4\text{-}22)$$

结合弹性力学中平面问题的物理方程,可得到单元的应力表达式,最后计算单元的势能,可以得到单元的刚度矩阵及等效节点载荷矩阵为

$$\underset{(24\times24)}{\boldsymbol{K}^e} = \int_{\Omega^e} \underset{(24\times6)}{\boldsymbol{B}^{\mathrm{T}}} \underset{(6\times6)}{\boldsymbol{D}} \underset{(6\times24)}{\boldsymbol{B}} \, \mathrm{d}\Omega \quad (4\text{-}23)$$

$$\underset{(24\times1)}{\boldsymbol{P}^e} = \int_{\Omega^e} \underset{(24\times3)}{\boldsymbol{N}^{\mathrm{T}}} \underset{(3\times1)}{\bar{\boldsymbol{b}}} \, \mathrm{d}\Omega + \int_{\Omega_p^e} \underset{(24\times3)}{\boldsymbol{N}^{\mathrm{T}}} \underset{(3\times1)}{\bar{\boldsymbol{p}}} \, \mathrm{d}A \quad (4\text{-}24)$$

将单元的势能对节点位移 $\boldsymbol{q}^e$ 取一阶极值,可得到单元的刚度方程

$$\underset{(24\times24)}{\boldsymbol{K}^e} \underset{(24\times1)}{\boldsymbol{q}^e} = \underset{(24\times1)}{\boldsymbol{P}^e} \quad (4\text{-}25)$$

4.3 总体单元刚度矩阵的组装

得到单元刚度矩阵后,需要对结构进行网格划分,并计算得到所有单元的刚度矩阵。根据单元编号,对单元刚度矩阵进行组装,得到结构总体刚度矩阵。

根据有限元理论,假设结构进行有限元模型单元划分后,有 np 个节点,ne 个单元,将单元位移按节点顺序进行排列,可以得到结构的节点位移向量

$$\boldsymbol{a} = \begin{bmatrix} u_1 & v_1 & u_2 & v_2 & \cdots & u_{np} & v_{np} \end{bmatrix}^{\mathrm{T}} \quad (4\text{-}26)$$

对所有单元的势能进行计算,并进行求和[2],可到(4-27)

$$\Pi = \sum_{e=1}^{ne} \Pi^e = \sum_{e=1}^{ne} \left[\frac{1}{2} \int_{\Omega_e} \boldsymbol{\varepsilon}^T \boldsymbol{D} \boldsymbol{\varepsilon} \mathrm{d}\Omega - \int_{\Omega_e} \boldsymbol{u}^T \boldsymbol{b} \mathrm{d}\Omega - \int_{S_{ep}} \boldsymbol{u}^T \boldsymbol{t} \mathrm{d}\boldsymbol{S} \right] \quad （4-27）$$

应用最小势能原理，可得到式（4-28）[2]

$$\boldsymbol{Ka} = \boldsymbol{F} + \boldsymbol{T} \quad （4-28）$$

式中，$\boldsymbol{K}$ 是整体刚度矩阵；$\boldsymbol{F}$ 和 $\boldsymbol{T}$ 分别是面力和体力的等效节点力。

$$\boldsymbol{K} = \sum_{e=1}^{ne} \boldsymbol{K}^e, \quad \boldsymbol{F} = \sum_{e=1}^{ne} \boldsymbol{F}^e, \quad \boldsymbol{T} = \sum_{e=1}^{ne} \boldsymbol{T}^e \quad （4-29）$$

由于结构内部的单元之间的面力从整体上看，属于作用力与反作用力，当面力的等效节点力对单元求和后，单元之间的作用力会互相抵消，只需要考虑整体结构边界上的内力所对应的等效节点力即可。

需要说明的是，在利用式（4-29）组装整体刚度矩阵时，需要将单元刚度矩阵进行转换至整体刚度矩阵，才能对刚度矩阵进行叠加。具体方法是将单元所有节点的自由度进行编号，根据自由度的总数定义总体刚度矩阵的维度，最后按照自由度的编号，将单元刚度矩阵对号入座，叠加至总体刚度矩阵中。

一般情况下，结构规模大小不变的情况下，节点自由度的数目越多，说明单元数目越多，此时有限元解答就越接近于真实解。在实际计算中应根据精度要求，确定是否采用较多的单元与节点，一般可通过加密有限元网格实现。

4.4 边界条件的引入及求解

在引入边界条件之前，整体刚度矩阵是奇异的，这表明有限元方程是不可解的，这和实际情况是一致的，现实的结构一般为不可变体系。如果要求解有限元方程，需要在考虑边界条件的情况下，对有限元方程组进行处理。边界条件的处理有许多方法，其中方程缩减法和充大数法是常用的方法。

在方程中引进正确的边界条件后，有限元方程变为具有唯一解的线性方程组,可用数值方法求解。大型线性方程组的解法主要有直接解法和迭代法等,读者可以参阅线性代数和其他有限元的书籍。

虽然实际工程中,大多数结构满足线性假定,可认为有限元方程组为线性方程组,求解比较简单。在线弹性力学中,有以下两个基本假定:① 材料的应力-应变关系是线性的,即假定材料符合虎克定律;② 应变-位移关系是线性的。第一个假定如果不满足称为材料非线性,第二个假定如果不满足则称之为几何非线性。现实情况中,许多结构计算问题都符合这些假定,因此线性方程组的求解方法在实际工程中得到了广泛的应用。

但是实际工程中也存在大量非线性问题,例如当钢材、混凝土等材料的应力超过钢材的比例极限后,应力-应变关系就转变成了非线性的,此时不满足上述假定一。例如大跨度桥梁结构中,由于结构比较柔,在荷载作用下会产生较大位移,此时应变-位移关系是非线性的,这些可称为非线性问题。

当材料应力-应变关系是非线性时,材料的弹性模量在不同的应变对应的并不是常数,因此刚度矩阵在计算过程中需要根据受力情况不同进行更新,且与应变和结构变形有关,则结构的整体平衡方程可表示为[3]

$$\{\Psi\} = [K(\delta)]\{\delta\} - \{P\} = 0 \tag{4-30}$$

求解上式中的非线性方程一般有增量法、迭代法与混合法三种方法。增量法首先将结构中的荷载分成若干等分,在求解某一荷载对应的结构响应时,假设结构的刚度矩阵为常数,且结构的刚度矩阵根据材料的应变-应力关系获得。迭代法在求解过程中,通过修正刚度矩阵,求得结构位移响应,然后根据结构位移求得结构的不平衡力,结合不平衡力逐步迭代求出结构真实位移。混合法同时采用了增量法和迭代法,先将结构上的荷载分成若干荷载步,然后对每个荷载步进行迭代计算,直至求解处所有荷载步结构响应。后续主要对增量法和迭代法进行介绍。

1. 增量法

采用增量法求解非线性有限元方程时,可将结构上作用的荷载分成若干荷载增量,荷载增量可相等也可不相等。在每次求解有限元方程时,可假设方程是线性的,此时可认为与有限元方程组对应的刚度矩阵$[K]$是常数,在不同的荷载增量中,刚度矩阵可以是不同的。每个荷载步施加一个荷载增量$\{\Delta P\}$,则可得到一个位移增量$\{\Delta \delta\}$,将每个荷载步计算所得的位移进行累加后即得到位移$\{\delta\}$。

增量法的基本思路是用一系列线性问题去逼近非线性问题,实质上是用分段线性的折线去代替非线性曲线,因此,增量法如果荷载增量步太大,则会带来比较大的误差。其计算过程如下[3]:

把结构上的荷载分为 m 个增量,则总荷载可表示为

$$\{P\} = \sum_{j=1}^{m}\{\Delta P_j\} \tag{4-31}$$

在施加第 i 个荷载增量后,荷载为

$$\{P_i\} = \sum_{j=1}^{i}\{\Delta P_j\} \tag{4-32}$$

每个荷载增量对应的结构位移增量$\{\Delta \delta_j\}$和力增量$\{\Delta \sigma_j\}$,则在施加第 i 个荷载增量后,结构位移和应力分别为

$$\{\delta_i\} = \sum_{j=1}^{i}\{\Delta \delta_j\} \tag{4-33}$$

$$\{\sigma_i\} = \sum_{j=1}^{i}\{\Delta \sigma_j\} \tag{4-34}$$

根据计算过程中,刚度选取的不同,可通过始点刚度法与中点刚度法[3]计算荷载增量$\{\Delta P_i\}$产生的位移增量$\{\Delta \delta_j\}$和应力增量$\{\Delta \sigma_j\}$。

2. 迭代法

在求解结构非线性有限元方程组时,可将结构荷载全部施加,此时根据采用结构线性刚度矩阵求解时,会产生结构的不平衡力,因此求得的结构位移并不是真实的结构位移解。此时,需要调整结构的响应位移,

使基本方程式（4-30）得到满足，调整结构位移一般可通过平衡力对应的结构位移与上一步求解得到的位移叠加得到。迭代法主要有直接迭代法、修正牛顿法[3]。

其中直接迭代法是先根据线性刚度矩阵求得一个初始位移近似解，然后根据材料的应变-应力关系求得初始位移解所对应的刚度矩阵，进而获得结构的第二次近似位移解，比较两次近似解的误差，如果误差满足要求，则迭代完毕，如不满足要求，则在进行下一次迭代，直至前后两次计算结果充分接近为止，其迭代过程见图4-4所示。

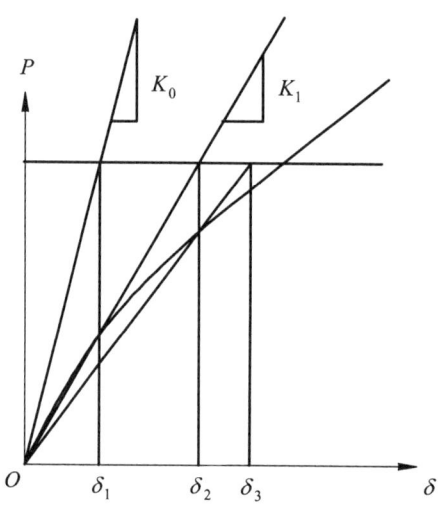

图 4-4　直接迭代法

对于大型有限元结构的求解问题，刚度矩阵并求逆是很费计算时间的。直接法求解刚度矩阵时，每次迭代都需要重新求解刚度矩阵的逆矩阵，而这个求解过程是十分耗费计算机资源与计算时间的。如果只在第1次迭代时建立刚度矩阵$[K_i^0]$并求出逆阵$[K_i^0]^{-1}$，在以后各次迭代中都用这个逆阵进行计算，那么第n步迭代公式成为[3]

$$\{\delta_{n+1}\} = \{\delta_n\} - [K_i^0]^{-1}\{\psi_n\} \tag{4-35}$$

则是需要在第1步计算中对K_i^0矩阵进行三角分解并存储起来，在以后各步迭代中只需按上式进行简单的回代即可。这种方法称为修正牛顿法，如图 4-5 所示。

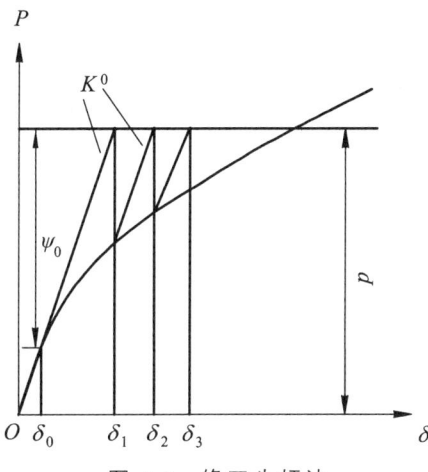

图 4-5　修正牛顿法

5 施工过程中拱肋与支架的力学行为研究

施工过程中，中拱采用整体提升方式进行施工，为方便并安全地进行中拱施工，需要对提升系统进行详细的论证与研究，提升系统主要承重结构为东西岸两侧的柔性超高门式整体提升支架，该支架总高度为 87.5 m，宽 5.9 m，主要由桩基、承台以及上部钢结构支架组成，支架在工厂分段制作，采用焊接拼装的方式进行组装。由于中拱肋提升重量为 5 885 t，重量居同类整体提升施工项目之首。因此，支架需要承担其顶部传来的较大轴力，这对本项目采用的柔性支架提出了极大的挑战。此外，由于支架高度较大，杆件组成复杂，支架整体刚度偏柔，施工中的施工误差可能会对支架的力学行为产生较大的影响。

支架的施工误差可能会引起支架失稳、强度破坏等后果，据统计，由于支架破坏导致的施工安全问题在施工所有事故中占比高达 18% 以上，并且会造成巨大的人员伤亡与财产损失。"11·24"丰城电厂施工平台倒塌事故，造成了现场 73 人遇难，2 人受伤的特重大事故[图 5-1(a)]。广州市东二环珠江黄埔大桥工地突然发生脚手架坍塌事故，造成施工人员 2 死 2 伤[图 5-1(b)]。

（a）11·24 丰城电厂施工平台倒塌　　（b）珠江黄埔大桥脚手架坍塌事故

图 5-1　支架倒塌事故现场

整体提升施工步骤决定了结构是逐渐由低位向高位提升的施工工序，在此过程中，竖向提升索与水平临时索之间存在偶联关系。随着提升高度的增加，竖向索与竖轴之间的夹角不断变化，同时水平临时索由于预应力损失随时间在变化，二者映射到拱肋上表现为内力的耦合关联，这一变化是一个逐渐调整到最终平衡的过程，如何模拟并反馈给工程建设，是至关重要的。

综上所述，开展对本工程所使用的柔性超高门式整体提升支架的力学行为研究，对保证本工程在施工过程中的安全性尤为重要。因此，本章开展了施工误差对支架的稳定性以及应力水平的影响，并对施工中拉索的倾角对拱肋的力学性能以及变形情况开展了研究。

5.1 有限元模型及计算工况

1. 支架结构尺寸

中拱段采用低位拼装，然后利用门式支架进行整体提升，提升重量为 5 885 t。如图 5-2～图 5-4 所示，提升支架为 87.5m 高的钢结构，钢管材料采用 Q235 级钢材，并由焊接拼装制成。柱顶钢箱梁采用 Q345 钢材，横联和钢管柱采用 Q235 钢材，承台及钢管内灌注混凝土采用 C30 混凝土材料。中拱提升支架主要由上部结构与下部结构组成，下部结构采用桩基础与承台，为增强结构的承载能力和提高刚度，上部结构承台以上 13.6 m 范围内，采用钢管混凝土，其余部分采用空心钢管。桩基础与承台在设计位置进行施工，上部结构采取工厂预制，现场拼装的方式进行施工。支架由立柱与横撑组成，立柱钢管直径为 1 520 mm，立柱钢管间共设置 6 道横撑，每道横撑分别由立柱横向钢管与斜向钢管组成，其中横向钢管直径为 630 mm，斜向钢管直径为 325 mm。

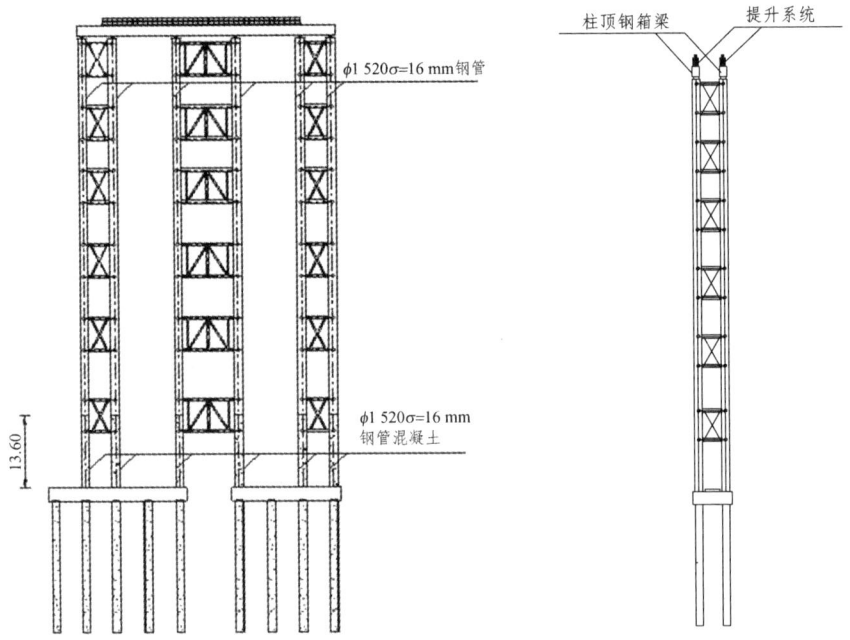

图 5-2 提升支架正面布置图　　图 5-3 提升支架立面布置图

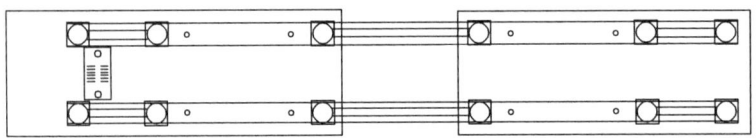

图 5-4 提升支架顶面布置图

2．有限元模型

本节使用的有限元模型见图 5-5 所示，模型采用有限元分析软件 MIDAS 建立，各构件采用梁单元模拟。对于构件之间的连接，假设连接节点为刚性，构件端点之间的连接采用共结点方式处理。根据工程经验，对桩基与土体之间的相互作用不予考虑，所得的计算结果偏于安全，便于实际工程应用。因此，在桩基底部采用固结边界条件，上部钢结构与承台间采用刚性连接,支架顶端与安装吊索的横梁之间采用弹性支撑连接,中拱肋提升支架的千斤顶放置于横梁上,根据中拱肋提升过程,横梁受到千斤顶的反力,反力大小与提升重量相当。为合理模拟支架在提升荷载作用下的受力行为,在图 5-6 所示支架横梁上通过施加集中力的方式进行模拟,施加位置位于千斤顶作用位置。结构承受的荷载主要考虑了自重、纵桥向风荷载、横桥向风荷载、整体升温和整体降温等。

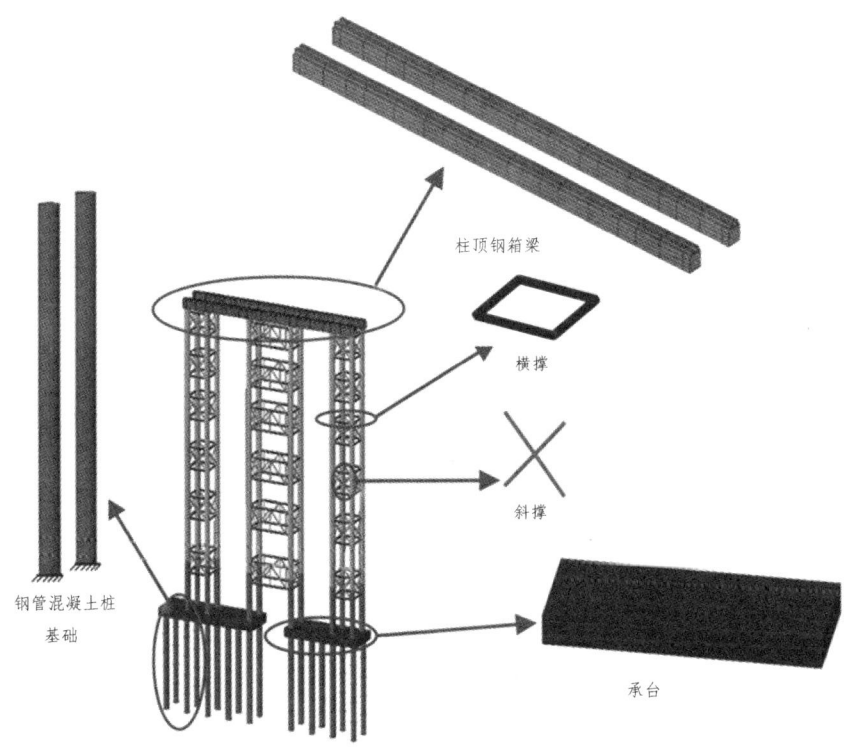

图 5-5　提升支架有限元模型

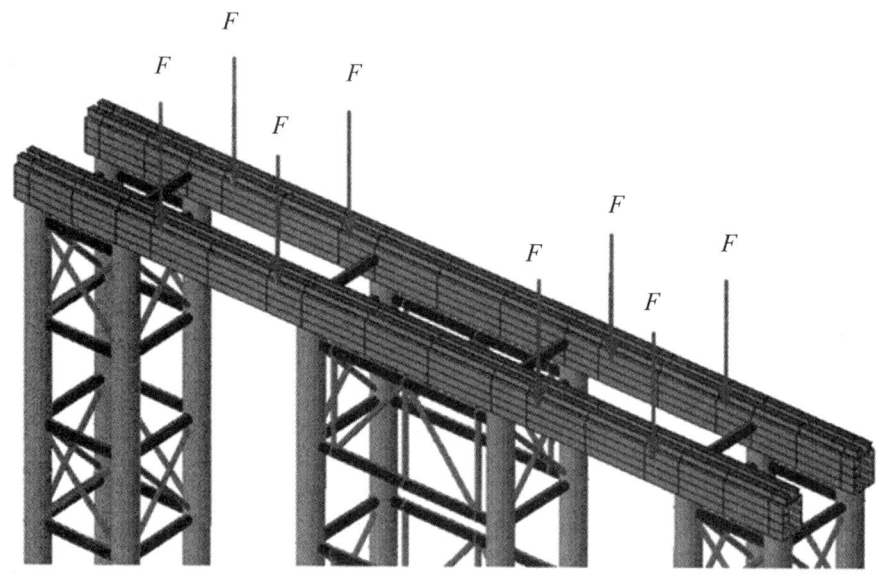

图 5-6 支架柱顶钢箱梁受力模拟

模型材料参数如表 5-1 所示。

表 5-1 有限元模型材料参数

结构名称	材料类型	抗压强度设计值/MPa	抗拉强度设计值/MPa	弹性模量/MPa	密度/(kg/m^3)
柱顶钢箱梁	Q345 钢材	310	310	2.06×10^5	7 850
横联	Q235 钢材	215	215	2.06×10^5	7 850
钢管柱	Q235 钢材	215	215	2.06×10^5	7 850
钢管灌筑注混凝土	C30 混凝土	14.3	1.43	3.0×10^4	2 360
承台	C30 混凝土	14.3	1.43	3.0×10^4	2 360

3. 拱肋提升支架施工误差模拟方式

在结构分析中，通常认为结构是理想的、完美无缺的构件。然而在工程实践中，结构由于自身材料特性、施工误差等因素，不可避免地存在一定的几何缺陷，而这些结构的几何缺陷必然影响结构的力学行为。在缺陷比较严重时，甚至会影响结构施工与承载能力。初始几何缺陷的模拟可以分为两个部分：缺陷峰值与缺陷分布。

（1）缺陷峰值。

对于初始缺陷峰值的取值方式，不同国家给出了不同的限值。我国行业标准《钢管混凝土结构设计与施工规程》（CECS28：2012）[4]规定钢管混凝土钢管组装纵向弯曲允许偏差为 $L/1\,000$；英国规范中规定的钢结构纵向弯曲允许偏差为 $L/500$；欧洲规范规定热轧钢的纵向弯曲允许偏差为 $L/300$，冷成型钢的纵向弯曲允许偏差为 $L/200$。本文所述提升支架高度为 87.5 m，按照我国规范规定，最大的弯曲允许偏差取值为 8.75 cm；按照国外规范，最大弯曲允许偏差取值为 43.75 cm。考虑本次支架高度较大，为了明确探究初始缺陷对于提升支架力学行为的影响，本文将初始缺陷峰值的取值范围进行扩大，分别取 40 cm、80 cm、120 cm、160 cm、200 cm 并进行模拟研究。

（2）缺陷分布。

缺陷分布的模拟可分为确定性缺陷分布模拟与随机缺陷分布模拟，确定性缺陷分布的主要模拟方法是一致缺陷模态法，随机缺陷分布的模拟方法是随机场模拟。其中，一致缺陷模态法的基本原理为是将确定的几何变形作为缺陷施加到完整结构上从而考虑缺陷的影响。这种模拟方式便于设置不同的缺陷分布并进行比较分析[5]。在各类屈曲分析文献中[6]，采用一致缺陷模态法模拟结构的初始缺陷时，通常将结构在特定荷载下的一阶阶屈曲模态作为缺陷分布形式，然后对结构施加一定的缺陷值。理论上，此种模拟结构初始缺陷的方式是按照最不利进行的。但针对实际工程而言，在钢管焊接过程中造成的初始缺陷分布形式有较大的随机性。当采用不同的初始缺陷分布模式时，结构的一阶屈曲模态有可能会发生变化，故采用该种模拟初始缺陷分布的方法是不完善的。这种模拟方式虽然无法考虑缺陷分布的随机性，但这种方法应用简单，能够定性的研究缺陷分布对结构的影响，因此本书仍然采用一致缺陷模态法分析缺陷的影响。本书所述的提升支架，其结构为延横桥向的并排四根钢管柱，结构横桥向刚度较大，纵桥向刚度较小，结构更倾向于沿纵桥向屈曲，故初始缺陷的分布形态主要是沿纵桥向的。为了探究不同形式的初始缺陷分布在不同的缺陷峰值下对结构的稳定性和承载力的影响，拟选择如图 5-7 所示 a、b、c、d、e、f 型六种沿纵桥向的初始缺陷分布形式来进行模拟分析（图 5-7 所示初始缺陷分布按照三角函数分布规律）。

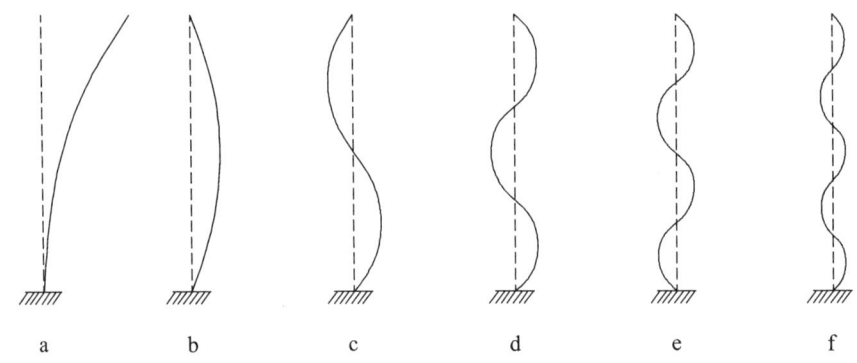

图 5-7 提升支架初始缺陷分布示意图

以上六种类型的缺陷分布模式是按照三角函数规律分布，a、b、c、d、e、f 六种缺陷分布模式分别对应表 5-2 所示的六个三角函数式。

表 5-2 缺陷分布模式函数表达式

缺陷分布类型	a	b	c	d	e	f
函数表达式	$y=A\left(\cos\dfrac{\pi x}{2H}-1\right)$	$y=A\sin\dfrac{\pi x}{H}$	$y=A\sin\dfrac{2\pi x}{H}$	$y=A\sin\dfrac{3\pi x}{H}$	$y=A\sin\dfrac{4\pi x}{H}$	$y=A\sin\dfrac{5\pi x}{H}$

注：上表式中 A 代表缺陷峰值，H 代表支架高度，x 代表支架某一位置上高度。

结合选取的五种初始缺陷峰值，可将模拟分析归为如表 5-3 所示的工况。

表 5-3 初始缺陷模拟工况汇总

峰值		40 cm	80 cm	120 cm	160 cm	200 cm
分布形式	a	L-a-40	L-a-80	L-a-120	L-a-160	L-a-200
	b	L-b-40	L-b-80	L-b-120	L-b-160	L-b-200
	c	L-c-40	L-c-80	L-c-120	L-c-160	L-c-200
	d	L-d-40	L-d-80	L-d-120	L-d-160	L-d-200
	e	L-e-40	L-e-80	L-e-120	L-e-160	L-e-200
	f	L-f-40	L-f-80	L-f-120	L-f-160	L-f-200

注：L-N-A 表示初始缺陷分布形式为 N 型，初始缺陷峰值为 A 的工况。

5.2 施工误差对支架力学行为影响研究

1. 屈曲分析基本理论

稳定问题通常可分为五类：第一类是结构体内的几何稳定；第二类是结构受外部约束后的稳定，即约束的充分性，在结构受到充分的外部约束后可能的刚体位移或瞬变；第三类是体内的几何稳定且外部约束充分的结构的弹性或弹塑性屈曲；第四类是倾覆；第五类是结构可能发生的松弛。这五个问题构成了广义稳定问题[7]。

在结构稳定分析中主要研究的是不平衡现象，也就是研究结构的运动，是不同于结构强度分析的。在工程结构中有多种屈曲现象，如柱子在竖向荷载作用下，框架、柱壳和拱在竖向和水平荷载作用下可能出现的屈曲；双曲抛物面冷却塔的屈曲；块体的倾覆。这些结构形式不同，但屈曲的原因相同，即屈曲都是由轴向压力引起的，或者说屈曲通常出现在以薄膜应力为主的区域。对于具有相似的结构和荷载特征的连续壳或网壳，屈曲是其可能破坏类型之一。

在工程实践计算中，利用有限元计算结构稳定问题，通常采用两种稳定分析计算方法：线形屈曲分析和非线性屈曲分析。线性屈曲分析即特征值屈曲分析，应用线性屈曲理论可以求出外荷载 F 作用下的屈曲荷载特征值：

$$(\boldsymbol{K} + \lambda \boldsymbol{S})\delta = 0$$

式中，$\boldsymbol{K}$ 为结构的刚度矩阵；$\boldsymbol{S}$ 为初应力刚度矩阵；λ 为特征值；δ 为屈曲模态。

从理论上来说，如果该方程属于 n 阶线性方程组，那么 n 有若干特征值，但是该方程如果应用到工程问题的讨论过程中，只有最小的稳定安全系数才具有实际意义。将该最小稳定系数设置为 λ_{cr}，那么就可以计算出临界荷载为 $\lambda_{cr}F$。特征值屈曲计算是理想弹性结构的理论屈曲强度，虽然不能代表实际屈曲，但其屈曲模态对于判断支架的失稳形式有了很好的指导。

实际工程中的线性屈曲现象是很少的，因为结构的平衡状态总是在变形后的位置上,从加载一开始就出现了几何非线性的特征。线性分析方法往往会高估结构的稳定承载力。为了在结构变形后的构形上建立平衡方程并考虑初始缺陷对理论屈曲的影响,需对结构进行非线性屈曲分析。结构的非线性分析包括几何非线性和材料非线性。本文中对提升支架的稳定性进行参数分析,主要考虑了不同的支架初始缺陷,目的在于研究提升支架在大吨位提升下的变形屈曲规律,采用了线性特征值屈曲分析方法。

2. 施工误差对屈曲系数影响规律

通过线性特征值屈曲分析可以确定结构在特定荷载下失稳的临界荷载,通过计算屈曲系数值,即可反映出模型的稳定性强弱,也可确定出结构失稳破坏的安全余量。

本节建立了提升支架的有限元模型,模型中考虑的荷载见表5-4。

表 5-4 提升支架稳定分析荷载类型

序号	荷载	类型
1	自重	常量
2	吊点拉力	常量
3	风荷载	变量
4	整体升温	变量
5	整体降温	变量

根据所建立的有限元模型,得出了不同工况下各模型的屈曲系数,结果汇总于表5-5。

表 5-5 结构不同缺陷分布与峰值屈曲系数表

峰值		40 cm	80 cm	120 cm	160 cm	200 cm
分布形式	a	464	463.3	462.6	461.9	461.2
	b	459.4	454.3	449.6	445.0	439.9
	c	448.9	426.0	408.9	393.3	378.9
	d	461.2	447.9	438.9	429.3	419.5
	e	487.7	444.1	412.1	385.2	362.2
	f	489.4	470.3	445.8	384.2	327.3

图 5-8～图 5-13 给出了不同缺陷分布形式和不同的缺陷峰值下的屈曲系数。分析不同缺陷分布的缺陷峰值-屈曲系数图,从图表中可以看出在六种缺陷分布形式模型中的屈曲系数都是随缺陷峰值增大而减小的。但不同缺陷分布类型下支架屈曲系数对于缺陷峰值的敏感程度不同,主要表现为不同缺陷分布模型屈曲系数的曲线斜率不同。

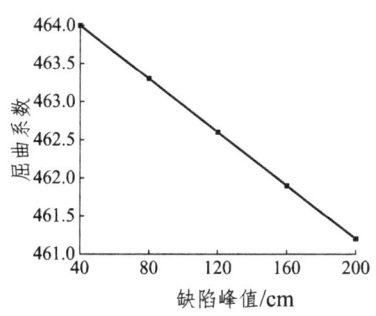

图 5-8　a 型缺陷分布屈曲系数图

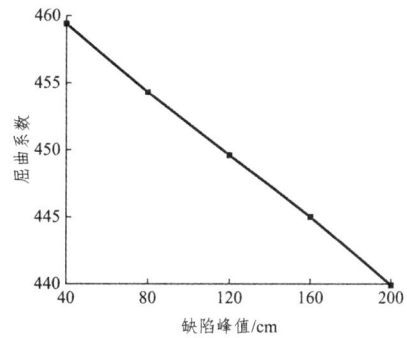

图 5-9　b 型缺陷分布屈曲系数图

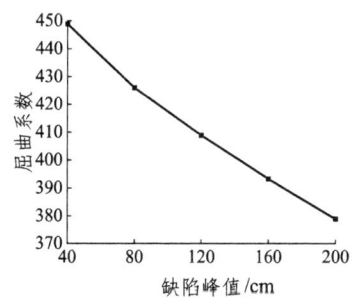

图 5-10　c 型缺陷分布屈曲系数图

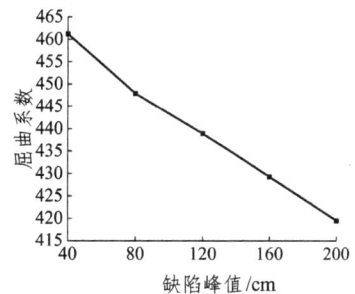

图 5-11　d 型缺陷分布屈曲系数图

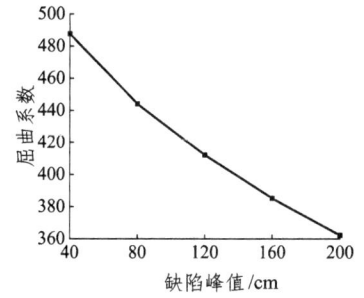

图 5-12　e 型缺陷分布屈曲系数图

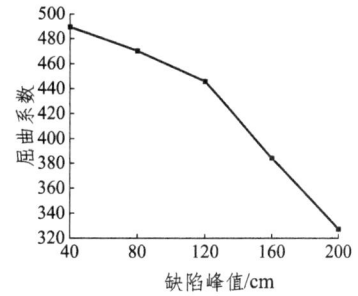

图 5-13　f 型缺陷分布屈曲系数图

对于 a 型缺陷分布模式，缺陷峰值每增大 40 cm，屈曲系数约下降 0.7；对于 b 型缺陷分布模式，缺陷峰值每增大 40 cm，屈曲系数约下降 5。因此，在 a、b 型缺陷分布模式中，屈曲系数受缺陷峰值影响较小，屈曲系数随缺陷峰值的变化也基本呈线性变化。对于 c 型缺陷分布模式，屈曲系数减小速度大于 b 型的，其缺陷峰值由 40 cm 增加到 80 cm 时，屈曲系数下降了 23，当缺陷峰值从 160 cm 增加到 200 cm 时，屈曲系数下降了 14，说明屈曲系数随缺陷峰值的减小是趋缓的，缺陷峰值-屈曲系数曲线呈现出了一定的非线性。对于 d 型缺陷分布模型，屈曲系数随缺陷峰值的变化量较 c 型均匀，缺陷峰值每增大 40 cm，屈曲系数约减小 10，当缺陷峰值增加到 200 cm 时，屈曲系数为 420，大于 c 型缺陷分布模型的 379。因此，在缺陷分布模式对支架稳定性的影响上，d 型缺陷分布模式比 c 型更安全。对于 e 型缺陷分布模型，屈曲系数随缺陷峰值的变化量要明显比 c 型、d 型更大，说明缺陷峰值对屈曲系数的不利影响变得更加明显，对应的图 5-12 曲线也呈现出了非线性，即屈曲系数随缺陷峰值增大而减小并逐渐趋缓。但当缺陷峰值为 40 cm 时，e 型缺陷分布模型的屈曲系数约为 487.7，大于 a 型、b 型、c 型、d 型对应的屈曲系数，同时还大于支架无缺陷情况下的 469.2，说明 e 型缺陷分布模型在缺陷峰值较小时支架稳定性较高。但当缺陷峰值逐渐增大到 200 cm 时，e 型缺陷分布模型的屈曲系数快速下降到 362，说明在该缺陷分布模式下，缺陷峰值的变化对支架稳定性影响较大。对于 f 型缺陷分布模型，屈曲系数曲线呈现出了明显的非线性，但与 c 型、e 型不同，f 型的屈曲系数减小量是不断增大的，且在缺陷峰值大于 120 cm 时屈曲系数的变化量有了突变。缺陷峰值从 120 cm 增大到 200 cm，屈曲系数从 446 迅速下降到 327。当缺陷峰值为 40 cm 时，屈曲系数为 489.4，即当缺陷峰值较小时，f 型缺陷分布模型的屈曲系数较大，这与 e 型缺陷分布模型在缺陷峰值较小情况下的规律是相似的。说明在缺陷峰值较小的情况下，e、f 型缺陷分布模式的支架稳定性较高。由图 5-7 可知，e、f 型缺陷分布模式下结构的线形较其他分布模式有更多的"波形"，说明缺陷峰值较小时，采用多波形的缺陷分布模式模拟支架缺陷是偏保守的。

将不同缺陷分布模式的屈曲系数绘制于同一折线图，如图 5-14 所示,从中可以发现,在本文研究范围内,a型缺陷分布模式下缺陷峰值对屈曲系数影响较小,这种缺陷分布模式对应的实际工程情况可能是焊接拼装产生的纵桥向缺陷值均在结构中轴线的同一侧。b型、d型缺陷分布对于屈曲系数的影响是线性的,影响相对也较小,而对于c型、e型、f型缺陷分布模式,屈曲系数曲线呈现出非线性,且图中线段较陡,屈曲系数随缺陷峰值增大下降较快。特别地,d型缺陷折线图在120 cm缺陷峰值点之后改变了折线的斜率,屈曲系数曲线下降得更快。

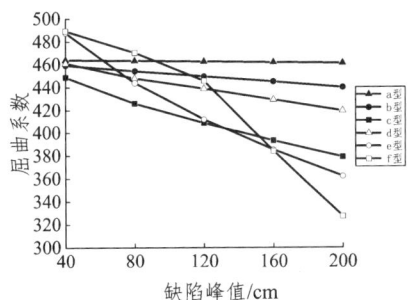

图 5-14　不同缺陷分布模式-屈曲系数汇总

从图 5-14 可以看出,不同缺陷分布模式模型在 120 cm 缺陷峰值点之后,屈曲系数随着缺陷峰值增大而减小的速度开始加快,可以考虑将 120 cm 作为支架缺陷峰值的最大限值。将同一偏差下不同缺陷分布模式的屈曲系数绘制于同一图表进行对比分析,如图 5-15～图 5-19 所示。

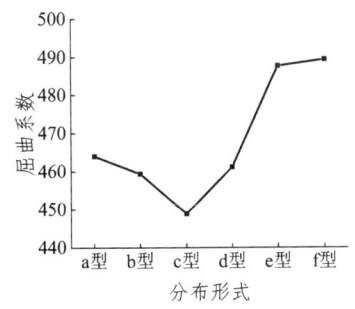

图 5-15　40 cm 缺陷峰值缺陷分布-屈曲系数

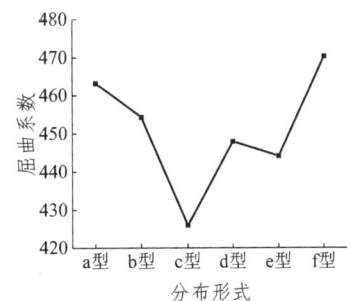

图 5-16　80 cm 缺陷峰值缺陷分布-屈曲系数

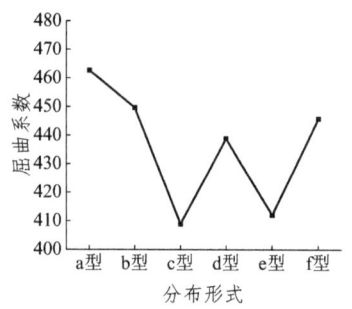

图 5-17　120 cm 缺陷峰值缺陷分布-屈曲系数　　图 5-18　160 cm 缺陷峰值缺陷分布-屈曲系数

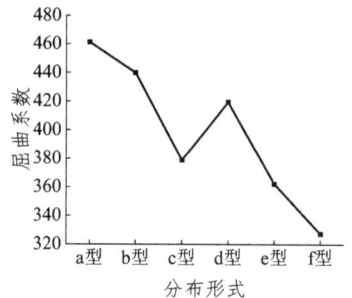

图 5-19　200 cm 缺陷峰值缺陷分布-屈曲系数

从图 5-15～图 5-19 中可以看出，当缺陷峰值小于 120 cm 时，屈曲系数变化与不同缺陷分布模式之间没有呈现出规律性。继续加大缺陷峰值，则屈曲系数随缺陷分布模式变化开始呈现出规律性，从总体趋势可以看出，缺陷峰值较大时，e 型、f 型缺陷分布模式的屈曲系数值有大幅下降。因此，若支架缺陷分布模式难以控制时，可通过控制支架缺陷峰值来保证支架稳定性。

3．施工误差对结构应力的影响规律

提升支架规模庞大，构造有一定的复杂性，施工误差也存在不确定性，这使得结构力学行为复杂多变。利用有限元模型寻找出结构受力的不利位置，并通过控制施工误差来控制结构最大应力，使其不超过材料容许应力。

（1）施工误差对结构最大应力区域的影响。

利用有限元模型进行计算，探究初始缺陷对提升支架结构最大应力位置的影响。如图 5-20 ~ 图 5-25 所示，计算得出不同缺陷分布模式下不同支架应力最大位置随缺陷峰值变化。

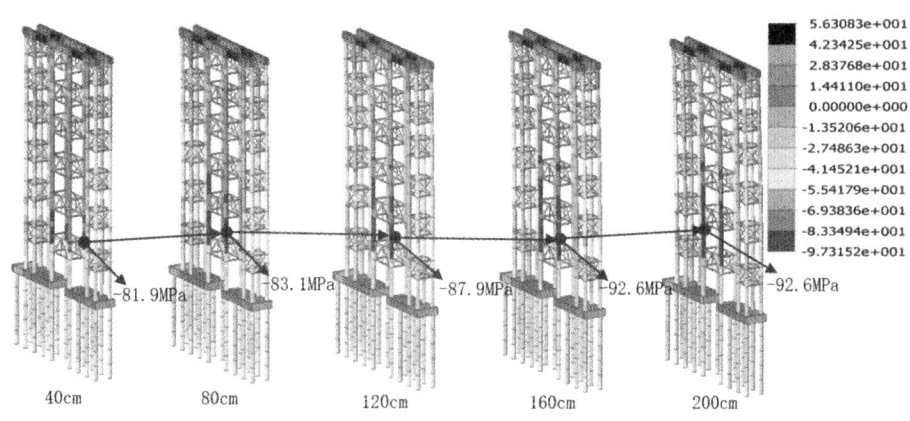

图 5-20　a 型缺陷分布模式支架最大应力位置

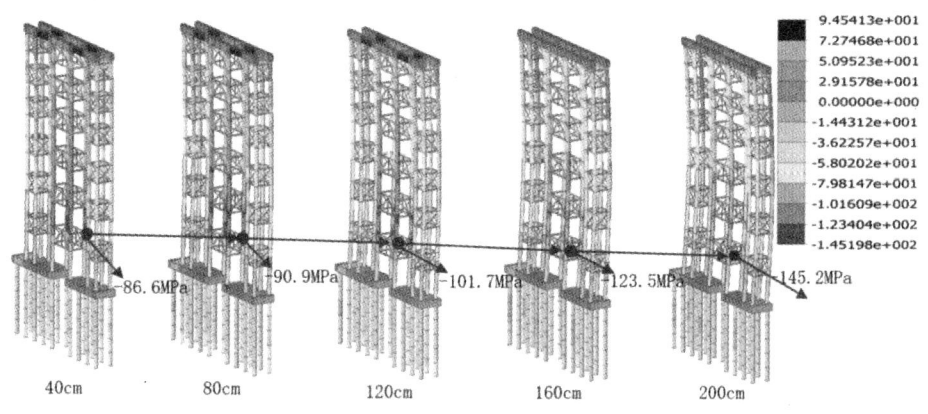

图 5-21　b 型缺陷分布模式支架最大应力位置

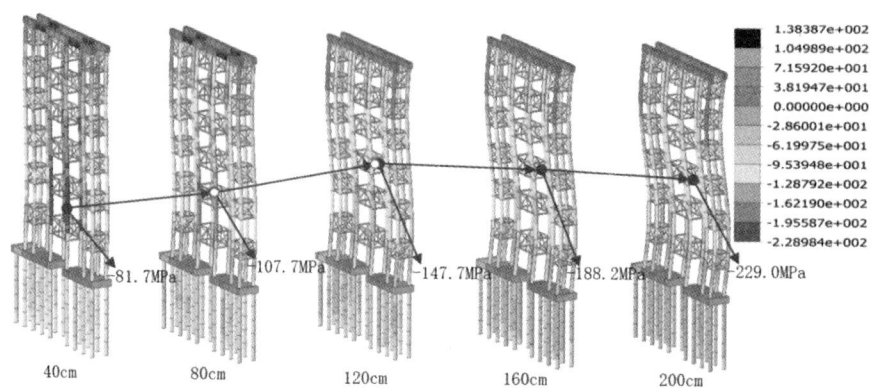

图 5-22 c 型缺陷分布模式支架最大应力位置

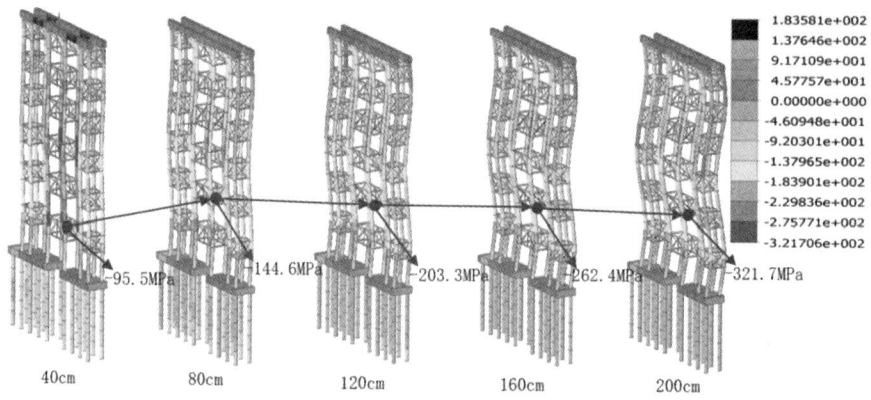

图 5-23 d 型缺陷分布模式支架最大应力位置

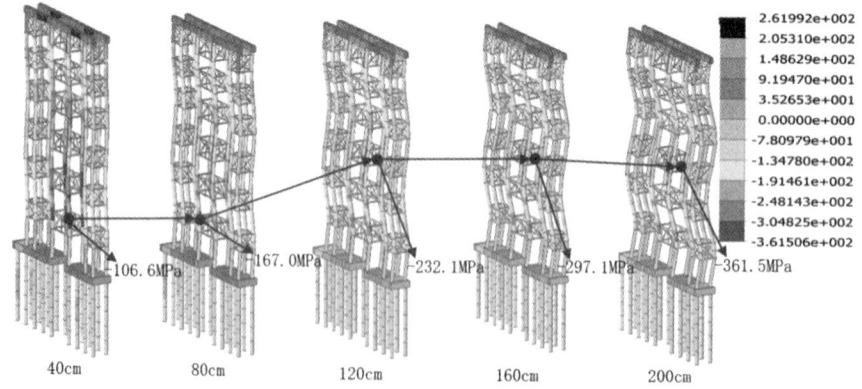

图 5-24 e 型缺陷分布模式支架最大应力位置

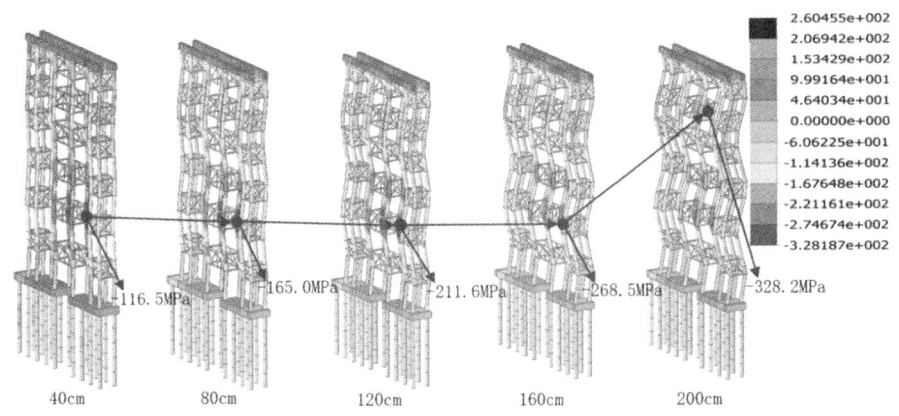

图 5-25 f 型缺陷分布模式支架最大应力位置

由图 5-20、图 5-21 可以看出，a 型、b 型缺陷分布模式下，提升支架最大应力位置几乎都出现在中间支柱的中部靠下位置，且随着缺陷峰值的不断增大，支架最大应力位置变化较小，但最大应力的范围在不断扩大，缺陷峰值的不断增大对支架有明显的不利效应。由图 5-22~图 5-25 可以看出，对于 c、d、e、f 型缺陷分布模式下的支架，当缺陷峰值较小时，如当缺陷峰值为 40cm 时，支架的最大应力总是出现在中间支柱的中部靠下位置处。随着缺陷峰值的不断增大，最大应力的位置开始转移到在中间支柱中部靠下和中部靠上的横向联结处。结合模型应力图和支架的线形可以看出，处于应力最大位置的横向联结总是在支架线形弯曲曲率最大处，这是因为较大弯曲导致支架受力更加不利。对比 a、b 型缺陷分布可知，c、d、e、f 型的缺陷分布更为复杂，所以提升支架的缺陷分布越复杂，对支架横向联结系的需求越高。总结以上规律，对支架中间支柱靠下部位是应力最不利位置，应对其进行加强。对于实际工程，随机性较大，支架缺陷分布难以控制，则应控制提升支架的缺陷峰值，并且应特别注意横向联结系的加强，合理选择横向联结系的布置形式。

（2）结构应力结果。

汇总出在各类型缺陷分布及缺陷峰值下支架最大拉应力、压应力数值，定量分析施工误差对结构应力的影响，应力结果见表 5-6 和表 5-7，应力结果变化曲线如图 5-26~图 5-37 所示。

表 5-6　不同缺陷分布形式、缺陷峰值结构最大拉应力　　单位：MPa

缺陷峰值		40 cm	80 cm	120 cm	160 cm	200 cm
分布形式	a	54.1	54.6	55.2	56.4	56.3
	b	54.3	55.2	62.9	76.8	94.5
	c	54.3	59.9	86.1	112.3	138.4
	d	54.2	79.4	114.6	149.4	183.6
	e	61	113	163.8	213.5	262
	f	71	120.4	167.4	212.2	260.5

表 5-7　不同缺陷分布形式、缺陷峰值结构最大压应力　　单位：MPa

缺陷峰值		40 cm	80 cm	120 cm	160 cm	200 cm
分布形式	a	-81.9	-83.1	-87.9	-92.6	-97.3
	b	-86.6	-90.9	-101.7	-123.5	-145.2
	c	-81.7	-107.7	-147.7	-188.2	-229
	d	-95.5	-144.6	-203.3	-262.4	-321.7
	e	-106.6	-167	-232.1	-297.1	-361.5
	f	-116.5	-165	-211.6	-268.5	-328.2

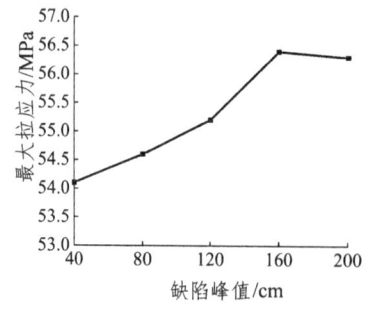

图 5-26　a 型缺陷分布最大拉应力

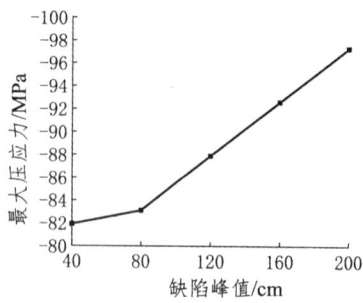

图 5-27　a 型缺陷分布最大压应力

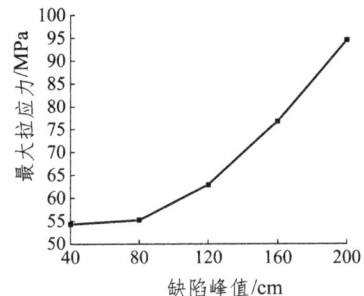

图 5-28 b 型缺陷分布最大拉应力

图 5-29 b 型缺陷分布最大压应力

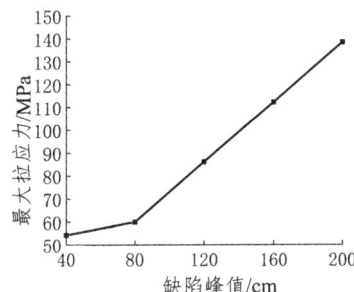
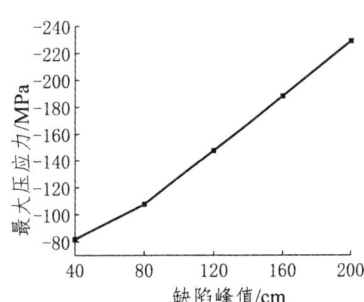

图 5-30 c 型缺陷分布最大拉应力

图 5-31 c 型缺陷分布最大压应力

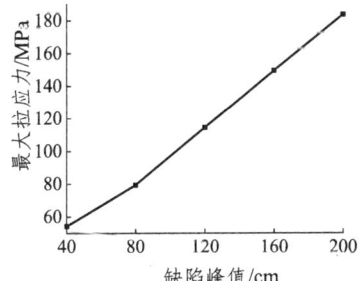
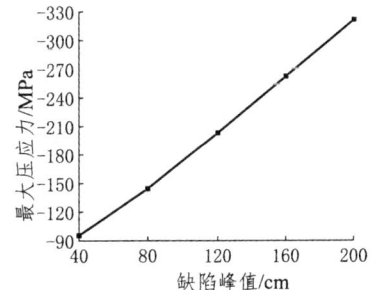

图 5-32 d 型缺陷分布最大拉应力

图 5-33 d 型缺陷分布最大压应力

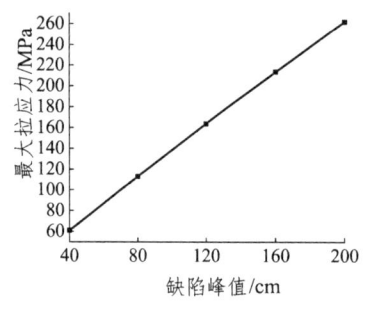 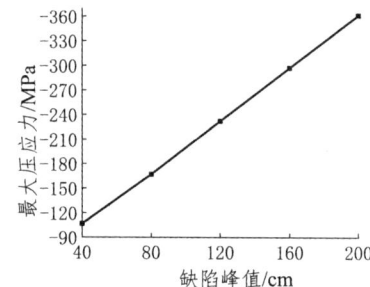

图 5-34　e 型缺陷分布最大拉应力　　图 5-35　e 型缺陷分布最大压应力

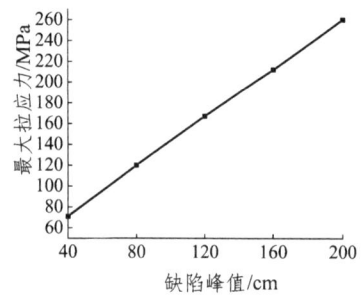 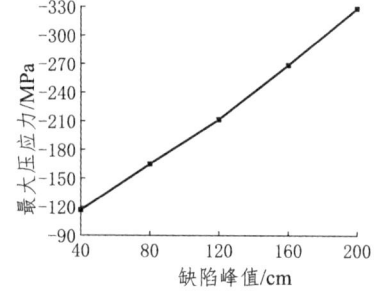

图 5-36　f 型缺陷分布最大拉应力　　图 5-37　f 型缺陷分布最大压应力

分析以上不同类型缺陷分布的缺陷峰值-最大应力图,发现各个类型缺陷分布模型的最大拉应力随缺陷峰值变化都呈增大趋势。对于 a 型缺陷分布模型,缺陷峰值由 40 cm 增大到 200 cm 时,最大拉应力增大至 57.3 MPa,变化量不足 5 MPa,变化不明显。其最大压应力随缺陷峰值的变化是线性的,缺陷峰值每增大 40 cm,最大压应力增加 7 MPa。当缺陷峰值为 200 cm 时最大压应力为 -117.7 MPa,在强度应力范围内。结合前节已知,a 型缺陷分布模型中缺陷峰值对于屈曲系数和最大应力位置影响不大,可以得出结论:对于 a 型缺陷分布模型,其缺陷峰值变化对支架力学行为的影响较小。

对于 b 型缺陷分布模型,最大拉应力与最大压应力随缺陷峰值的增大都是非线性的,缺陷峰值越大,应力的增长速度越快,图中曲线逐渐变陡。当缺陷峰值由 40 cm 增大到 200 cm 时,最大拉应力由 54.3 MPa 增大至 94.5 MPa,增幅达到 174%。最大压应力从 -86.6 MPa 变化至 -145.2 MPa,增幅达到 168%,应力变化量接近一倍,这说明缺陷峰值对支架应力有较大影响。同时,观察其他类型缺陷分布模型的缺陷峰值-

最大应力图可以发现,c、d型缺陷分布模型最大应力随缺陷峰值的变化,在缺陷峰值较小时呈现非线性,当缺陷峰值较大时则呈现出线性增长,而e、f型缺陷分布模型最大应力随缺陷峰值变化整体上是呈线性的。

此外,不同类型缺陷分布模型的最大应力随缺陷峰值的增长也是不同的。通过分析表5-6和表5-7发现,在缺陷峰值较小的情况下,如缺陷峰值为40 cm时,a、b、c、d型缺陷分布模型的最大拉应力基本相等。当缺陷峰值达到120 cm时,d、e、f型缺陷分布模型的最大压应力分别达到了 -203.3 MPa、-232.1 MPa、-211.6 MPa,已经接近支架材料Q235钢材的屈服强度235 MPa。当缺陷峰值达到160 cm时,d、e、f型缺陷分布模型的最大压应力均超过Q235钢材的屈服强度235 MPa。

将不同缺陷分布模型的缺陷峰值-最大压应力折线图绘制于同一图表并观察,如图5-38所示。从中可以看出,e型缺陷分布模式支架的应力值随缺陷峰值的增长速度最快,当缺陷峰值达到120 cm时,对应e型缺陷分布模型的压应力最大约为 -232.1 MPa。保守起见,可考虑将100 cm作为支架缺陷峰值的最大限值。

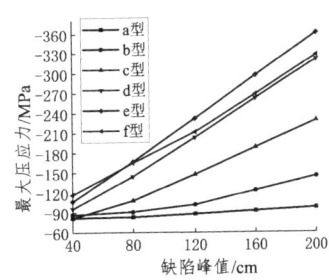

图5-38 不同缺陷分布模型缺陷峰值-最大压应力图

同一缺陷峰值不同缺陷分布模式下结构的拉、压应力结果如图5-39~图5-48所示。

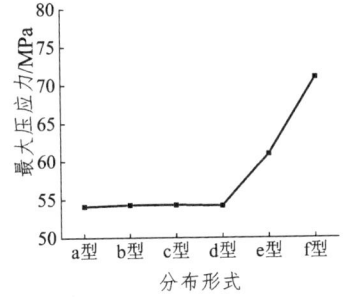 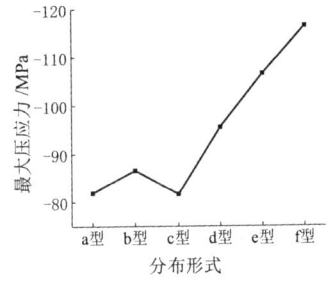

图5-39 40 cm峰值下缺陷分布——最大拉应力   图5-40 40 cm峰值下缺陷分布——最大压应力

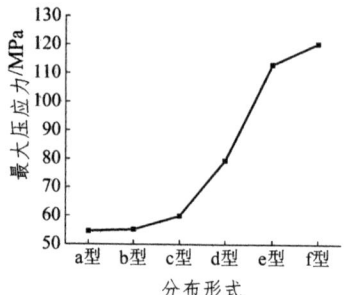

图 5-41　80 cm 峰值下缺陷分布——最大拉应力

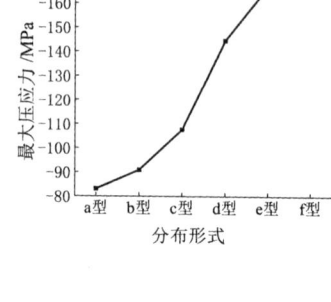

图 5-42　80 cm 峰值下缺陷分布——最大压应力

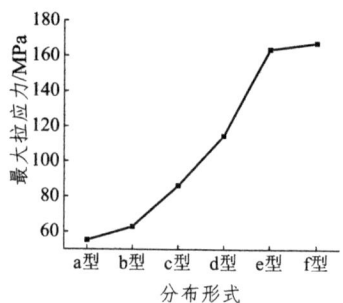

图 5-43　120 cm 峰值下缺陷分布——最大拉应力

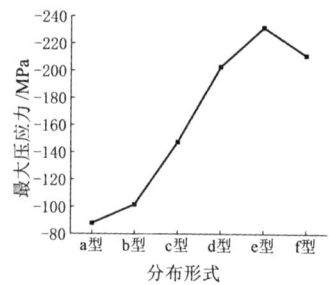

图 5-44　120 cm 峰值下缺陷分布——最大压应力

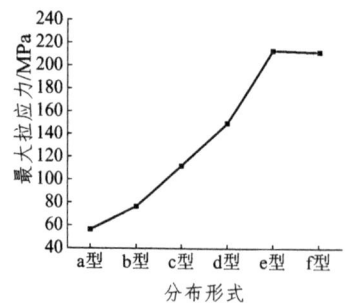

图 5-45　160 cm 峰值下缺陷分布——最大拉应力

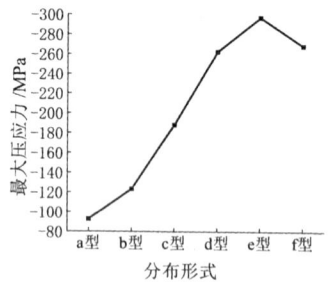

图 5-46　160 cm 峰值下缺陷分布——最大压应力

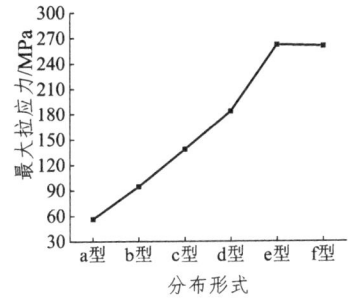 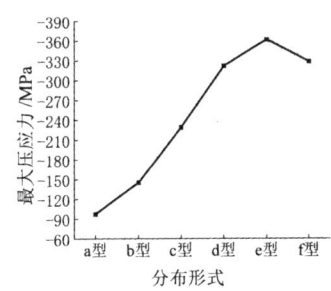

图 5-47　200 cm 峰值下缺陷分布
　　　　——最大拉应力

图 5-48　200 cm 峰值下缺陷分布
　　　　——最大压应力

从图 5-39~图 5-48 的曲线可以看出，在不同缺陷峰值下，当缺陷分布模式变得复杂，支架结构的应力开始不断增大。但在 40 cm 缺陷峰值时，a、b、c 型缺陷分布模式下支架的最大拉、压应力值变化不大，这说明缺陷峰值较小时，缺陷分布模式对支架应力的影响是有限的。同时发现，随着缺陷峰值的不断增大，缺陷分布模式对支架应力的影响变得越来越显著，应力变化量越来越大。例如，缺陷峰值为 80 cm 时，支架 a 型缺陷分布对应的最大拉、压应力分别约为 55 MPa 和 -80 MPa；f 型缺陷分布对应的最大拉、压应力分别约为 120 MPa 和 -165 MPa。当缺陷峰值变为 160 cm 时，a 型缺陷分布对应的最大拉、压应力分别约为 55 MPa 和 -260 MPa；f 型缺陷分布对应的最大拉、压应力分别约为 220 MPa 和 -165 MPa。结合图 5-7 缺陷分布模式的线形可以知道，支架缺陷分布模式越复杂，对支架的应力越不利。即随着缺陷峰值的增大，缺陷分布模式对支架应力的影响变得更加显著。相反，通过控制缺陷峰值的大小，可以削弱缺陷分布模式的影响，而实际中缺陷分布模式表现出随机性，难以控制。因此，在实际工程中可考虑对缺陷峰值大小进行控制来保证支架的安全。

综合支架稳定性分析，应对支架的缺陷峰值进行控制。将缺陷峰值控制在一定的范围内，即可忽略缺陷分布模式对支架强度和稳定性的影响。

4. 小　结

在实际工程中，支架误差的出现具有随机性，支架在误差下的缺陷分布也是随机的。因此，控制支架施工误差中的缺陷分布形式是不现实的。但在施工中，支架缺陷峰值大小是可以控制的。且从以上研究发现，只要控制支架缺陷峰值小于某一限值就能保证支架稳定性和降低结构应力水平。结合工程实际的可操作性，建议最大缺陷峰值不超过高度的 1/100。同时，在以上分析中可知，当缺陷峰值较大时，最大应力总是出现在支架横向联结上，故在施工临时结构的设计中应特别注意横向联结的结构加强。事实上，支架除了纵桥向存在施工误差，在焊接拼装过程中，横桥向也不可避免的会产生施工误差。因此，对具体桥梁施工支架的缺陷误差应具体分析来确定，而本章的分析仅仅是从纵桥向进行定量分析和讨论。

5.3 提升拉索与拱肋的相互耦合研究

整体提升工艺采用提升支架通过拉索将拱肋整体提升，提升过程中，提升拉索的竖向角度会不断发生变化，这种变化将导致竖向提升索施加给拱肋的荷载发生变化；同时，提升索施加于拱肋上的荷载导致拱肋发生变化，这种变化导致水平临时索的伸缩量变化，反过来又会影响拱肋的内力和变形，进而也影响竖向提升索的内力大小。因此，随着提升高度的增加，竖向提升拉索与水平临时索及拱肋之间的变形和内力是耦合的。这种耦合效应会随着提升高度位置的不同而发生变化，具有随高度变化的效应。而拱肋的合龙段拼装要求有一定的精度，这就需要对拱肋的整个提升过程进行控制，研究拱肋在提升过程中的变形规律，从而达到对合龙精度进行控制的目的。

对于合龙精度的控制，主要体现为对拱脚处位移的控制。由于拱肋拱脚附近受到抱箍约束和横撑的加劲作用，其横桥向的拱脚位移较小，对合龙精度影响可以忽略，主要考虑主拱肋纵桥向的变形。基于对拱肋力学规律的认识，若拱脚有合理的水平推力，则整个拱肋的受力性能良好。而在拱肋整体提升过程中，若不在拱脚设置临时拉索使拱肋形成自平衡体系，拱脚将无纵桥向约束，且拱脚不受水平推力。此时，拱脚将产生纵桥向的位移。因此，在拱肋的提升过程中，应在拱脚设置预应力拉索来给拱脚提供水平推力，从而控制拱脚位移。而竖向提升索随提升高度变化导致水平拉索变形也将影响拱肋合龙口的位置变化,因此,研究拱肋提升索角度变化与水平临时索的耦合效应对合龙精度也有重要意义。

尽管如此,由于施工荷载的随机性、制造误差、支架受力变形、临时拉索设置不当以及拉索预应力损失等因素影响,仍然会导致拱脚位移的附加变形,附加变形与结构受力变形相叠加,导致变形进一步加剧。这种变化下,原本理论上垂直的竖向提升拉索将会产生一定的倾角,使其对拱肋产生水平分力,这个水平分力又将作用于拱肋,从而影响拱脚位移的大小,如图 5-49 所示。在整个提升过程中,随着提升高度的增加,竖向拉索长度是不断变短的,这就意味着竖向拉索的角度在提升过程中是不断变化的。相应的,竖向拉索倾角导致其对拱肋的水平分力也是不断变化的。这就形成了拉索与拱肋在提升全过程中的相互耦合作用。

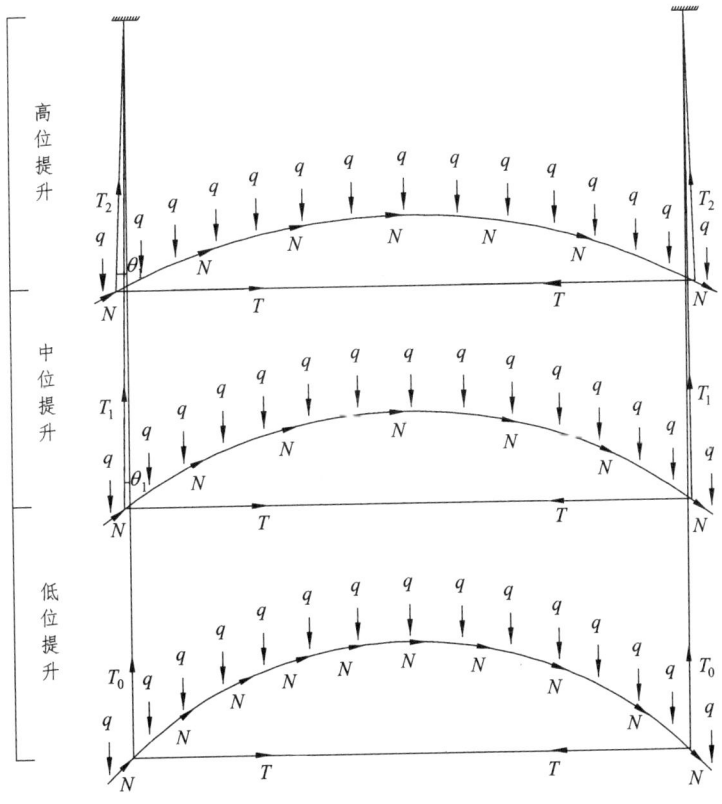

图 5-49　拉索提升角度变化示意图

1. 拱肋拉索对拱肋线形及拉索角度的影响规律

在施工阶段的提升过程中,拱肋处于受力不利状态,拱结构的优势并不能发挥,因此需要在拱脚设置临时拉索使拱肋形成自平衡体系。拉索索力的大小对拱脚位移有着重要的影响,工程中拱脚临时拉索索力设置按照理论计算结合工程经验确定。而在实际工程中,临时索索力大小受到不同因素的影响,可能增大也可能会减小。因此,为了研究临时拉索索力大小对竖向提升索倾角及拱肋线形的影响规律,在原结构的基础上对横向拉索索力进行正负幅度调整,索力调整范围为 −30% ~ 30%。同时,提升高度不同,竖向拉索角度不同,为了考虑这一影响,分别研究了低位、中位、高位三个提升高度下拱脚位移情况。位移计算结果如表 5-8 ~ 表 5-10 所示。

表 5-8 高位提升索力变化——位移计算结果

索力变化	位移值						竖向拉索上端点位移	竖向拉索下端点位移	拉索角度
	D_x	D_y	D_z	R_x	R_y	R_z			
−30%	−13.06	0.41	1.62	−0.02	0.24	−0.02	−2.06	−11.58	0.31
−25%	−11.89	0.42	0.52	−0.02	0.21	−0.02	−2.39	−10.60	0.27
−20%	−10.71	0.44	−0.58	−0.02	0.19	−0.02	−2.73	−9.62	0.23
−15%	−9.53	0.46	−1.68	−0.02	0.16	−0.02	−3.07	−8.64	0.18
−10%	−8.36	0.48	−2.78	−0.02	0.14	−0.02	−3.40	−7.66	0.14
−5%	−7.18	0.50	−3.87	−0.02	0.11	−0.02	−3.74	−6.67	0.10
0%	−5.99	0.51	−4.97	−0.02	0.09	−0.02	−4.06	−5.68	0.05
5%	−4.81	0.53	−6.06	−0.02	0.06	−0.02	−4.41	−4.70	0.01
10%	−3.62	0.55	−7.15	−0.02	0.04	−0.02	−4.75	−3.71	−0.03
15%	−2.44	0.57	−8.25	−0.02	0.01	−0.02	−5.08	−2.72	−0.08
20%	−1.25	0.59	−9.34	−0.02	−0.01	−0.02	−5.42	−1.73	−0.12
25%	−0.06	0.60	−10.43	−0.02	−0.04	−0.02	−5.76	−0.74	−0.16
30%	1.13	0.62	−11.52	−0.02	−0.06	−0.02	−6.09	0.25	−0.21

注:D_x、D_z、D_y 分别为拱脚纵桥向、横桥向、竖向位移,单位为"cm";R_x、R_y、R_z 为相应方向上的转角位移,单位为"°"。其中 D_x 值"−"代表延跨中向拱脚方向位移,D_y"−"代表延拱肋中轴线向外方向位移。D_z 值"−"表示朝水平面向下方向位移。竖向拉索上、下端点位移取为节点纵桥向位移,单位"cm"。拉索角度为竖向拉索纵桥向倾斜角度,取延跨中向拱脚方向倾斜为"+",单位为"°"。本节图表符号均依照此约定,不再赘述。

表 5-9 中位提升索力变化——位移计算结果

索力变化	拱脚位移						竖向拉索上端点位移	竖向拉索下端点位移	拉索角度
	D_x	D_y	D_z	R_x	R_y	R_z			
-30%	-13.61	0.15	-5.27	-0.02	0.25	-0.02	-0.09	-12.03	0.19
-25%	-12.41	0.19	-6.41	-0.02	0.23	-0.02	-0.28	-11.03	0.17
-20%	-11.21	0.22	-7.55	-0.02	0.20	-0.02	-0.46	-10.03	0.15
-15%	-10.01	0.26	-8.69	-0.02	0.18	-0.02	-0.65	-9.03	0.13
-10%	-8.80	0.30	-9.82	-0.02	0.15	-0.02	-0.84	-8.02	0.11
-5%	-7.59	0.33	-10.96	-0.02	0.12	-0.02	-1.03	-7.02	0.09
0%	-6.61	0.28	-12.85	-0.02	0.09	-0.02	-1.21	-6.01	0.08
5%	-5.17	0.41	-13.24	-0.02	0.07	-0.02	-1.40	-5.00	0.06
10%	-3.96	0.45	-14.37	-0.02	0.05	-0.02	-1.59	-3.99	0.04
15%	-2.74	0.48	-15.51	-0.02	0.02	-0.02	-1.78	-2.98	0.02
20%	-1.53	0.52	-16.65	-0.02	0.00	-0.02	-1.96	-1.97	0.00
25%	-0.31	0.56	-17.78	-0.02	-0.03	-0.02	-2.15	-0.96	-0.02
30%	0.91	0.60	-18.92	-0.02	-0.06	-0.02	-2.34	0.06	-0.04

表 5-10 低位提升索力变化——位移计算结果

索力变化	拱脚位移						竖向拉索上端点位移	竖向拉索下端点位移	拉索角度
	D_x	D_y	D_z	R_x	R_y	R_z			
-30%	-13.84	-0.26	-19.13	-0.02	0.26	-0.02	0.79	-12.21	0.10
-25%	-12.62	-0.19	-20.29	-0.02	0.23	-0.02	0.69	-11.20	0.09
-20%	-11.40	-0.11	-21.45	-0.02	0.21	-0.02	0.59	-10.18	0.08
-15%	-10.18	-0.04	-22.61	-0.02	0.18	-0.02	0.49	-9.16	0.08
-10%	-8.96	0.04	-23.77	-0.02	0.16	-0.02	0.39	-8.15	0.07
-5%	-7.73	0.11	-24.93	-0.02	0.13	-0.02	0.28	-7.13	0.06
0%	-6.51	0.18	-26.09	-0.02	0.10	-0.02	0.18	-6.11	0.05

续表

索力变化	拱脚位移						竖向拉索上端点位移	竖向拉索下端点位移	拉索角度
	D_x	D_y	D_z	R_x	R_y	R_z			
5%	-5.28	0.26	-27.25	-0.02	0.08	-0.02	0.08	-5.08	0.04
10%	-4.05	0.33	-28.41	-0.02	0.05	-0.02	-0.02	-4.06	0.03
15%	-2.82	0.41	-29.57	-0.02	0.02	-0.02	-0.12	-3.04	0.02
20%	-1.58	0.48	-30.73	-0.02	0.00	-0.02	-0.22	-2.01	0.01
25%	-0.35	0.56	-31.89	-0.02	-0.03	-0.02	-0.33	-0.98	0.01
30%	0.89	0.63	-33.05	-0.02	-0.05	-0.02	-0.43	0.04	0.00

从表 5-8 ~ 表 5-10 中计算结果可以看出，横向拉索的索力变化对拱脚的位移、竖向拉索角度有较大影响。其中，影响最大的是平动位移，而对于转角位移的影响较小，可以忽略不计。

为了更清楚的探究提升过程中，临时拉索索力对竖向提升拉索倾角与拱肋线形力学耦合作用的影响规律，分别将不同提升高度下索力变化对应的 D_x、D_y、D_z 位移，竖向拉索上、下端点位移以及拉索倾角绘制于图表中进行分析，结果如图 5-50 ~ 图 5-52 所示。

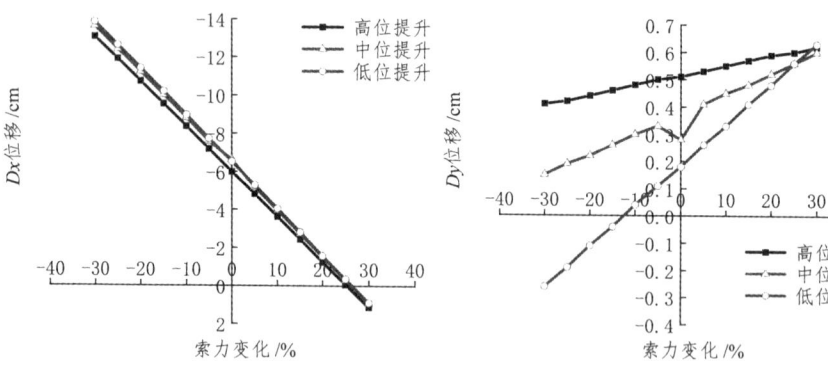

图 5-50 不同提升阶段索力变化——D_x 位移

图 5-51 不同提升阶段索力变化——D_y 位移

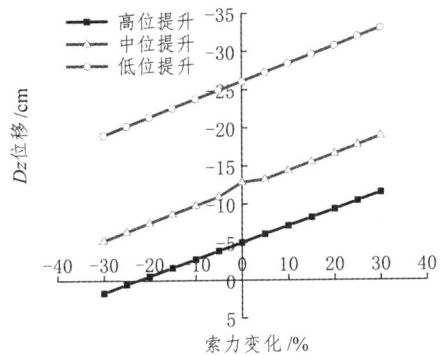

图 5-52　不同提升阶段索力变化——D_z 位移

从图 5-50~图 5-52 可以看出,拱脚三个方向的平动位移随横向拉索索力的变化几乎是呈线性变化的。从图 5-50 可以看出,在三个不同提升阶段下,拱脚纵桥向位移随索力变化曲线几乎是重合的。这说明在不同的提升阶段,临时拉索的索力变化均对拱脚纵桥向位移影响较小。从图 5-51 可以看出,拱脚横桥向位移随临时拉索索力的增大而呈线性增大趋势,但在不同的提升阶段,索力大小对拱脚横桥向位移的影响不同。高位提升阶段的曲线斜率要比低位提升的小,即随着提升高度的增加,横桥向位移受索力变化影响渐小。在当前研究的索力变化范围内,拱脚横桥向位移较小,三个提升阶段的横桥向位移绝对值都不超过 1 cm,这是由于横向约束对拱脚横桥向位移有较大的限制。从图 5-52 可以看出,在横向拉索索力变化范围内,随着索力的增大,拱脚竖向位移不断增大,拱脚竖向位移随索力大小呈线性增大变化,这与拱脚纵桥向变化规律是相反的,符合拱脚在临时拉索作用下的位移趋势。对比不同提升阶段竖向位移随索力变化的曲线可以看出,在不同的提升阶段曲线的斜率相同,这说明水平拉索索力变化对拱脚竖向位移的影响在不同的提升阶段规律一致。从图中还可以看出,拱脚的竖向位移在高位提升阶段比在低位提升阶段整体上要小 80% 左右。这说明不同的提升高度对拱脚竖向位移有很大的影响。

为了分析临时拉索索力以及提升高度对拉索倾角的影响,绘制不同提升阶段竖向拉索上、下端点纵桥向位移以及纵桥向倾角随索力变化曲线如图 5-53~图 5-55 所示。

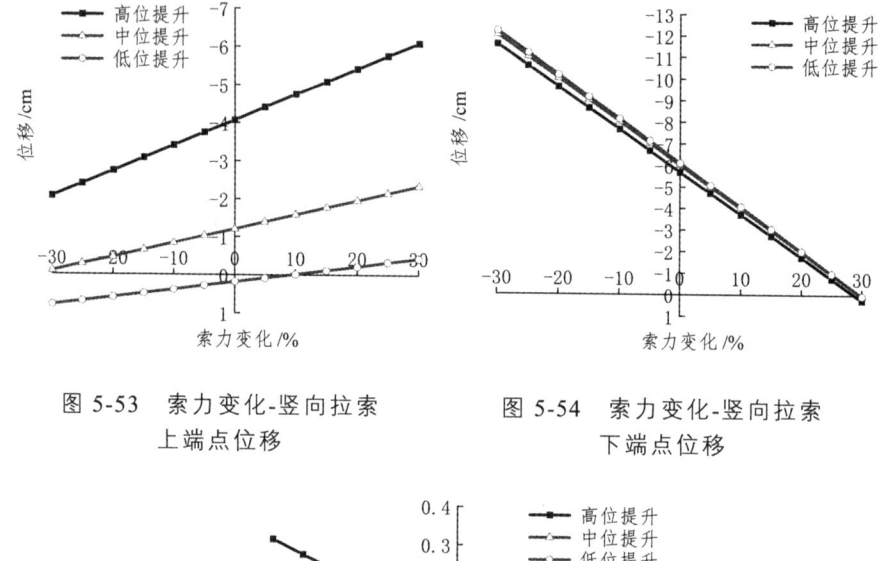

图 5-53　索力变化-竖向拉索上端点位移

图 5-54　索力变化-竖向拉索下端点位移

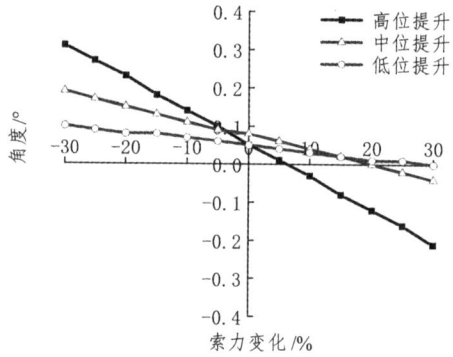

图 5-55　索力变化-竖向拉索倾角

从图 5-53 可知，随着索力的增加，在不同提升阶段下，拉索上端点的纵桥向位移是不断增大的，且从图中可以看出，高位提升的纵桥向位移要远大于低位提升。而拉索上端点的纵桥向位移即支架纵桥向变形量，其值取决于支架纵桥向刚度（将在下一节进行讨论），即拉索角度、拱肋、支架三者之间是相互影响的力学耦合关系。图 5-54 是竖向拉索下端点纵桥向位移随横向拉索索力变化曲线，拉索下端点位移取决于拱脚位移变化。因此，可以看到图 5-54 与图 5-50 较为相似，其规律也是随着索力增大，位移不断减小，且位移受不同提升阶段影响较小。

从图 5-55 可以看出，在不同的提升阶段，随着索力的增大，拉索角度是不断减小的。对于高位提升阶段，当横向拉索索力大于 5% 时，拉索角度开始由正转负，即拉索倾斜方向发生了变化。图中显示，高位提升阶段拉索角度随索力变化的曲线斜率要大于低位提升。说明提升高度对拉索角度随索力变化有一定影响。从图中还可以看出，每个提升阶段都有使拉索角度为 0 的对应索力。对于高位提升，该值约为原结构索力增大 5%；对于中、低位提升，该值约为原结构索力增大 20%。在同一索力下，不同提升阶段拉索角度之间的差值也是不同的。当索力变化为 ±30% 时，可以看出不同提升阶段之间拉索角度的差值最大。当索力变化为 0% 时，不同提升阶段之间索力差值较小，即在该索力下，提升高度对竖向拉索角度影响较小。因此，在支架变形、竖向拉索倾角、拱肋变形三者的相互作用下，存在一个索力值，能够使得提升全过程中拉索角度变化量达到最小。

结合图 5-53～图 5-55 分析，由于横向拉索索力变化的直接影响对象是拱肋线形，可以说是拱肋变形、拉索角度、支架变形、提升高度这四者在提升全过程中相互耦合作用。由于拉索角度是受拉索长度影响的，从上述分析的拱肋纵桥向变形受提升高度影响较小可知，拱肋纵桥向变形受提升过程拉索角度变化的影响很小。为了简化分析，可以近似不把拱肋变形作为参与耦合作用的因素考虑。则拱脚在提升初始时刻的纵桥向初始位移使得拉索有一个初始倾角，由于拱肋变形近似不参与耦合作用，这个初始位移在提升全过程中近似看作不变。初始倾角导致竖向拉索有水平分力，从而导致支架顶端有朝拉索倾斜方向的纵桥向位移，拉索倾角在支架顶部的变形作用下减小，进而水平分力减小，拉索与支架达到一个力学的耦合平衡状态。随着拉索变短，倾角增大，造成支架顶部的位移增量，拉索与支架的相互耦合作用使二者再次达到新的力学平衡。这便是整个提升过程的耦合机理。

此外，从以上分析及图 5-52 可以知道，不同的提升阶段对拱脚纵桥向和横桥向位移的影响很有限，但对于竖向位移的影响较为明显。经计算分析，其原因有两个：一是在拱肋自重作用下，拉索会产生一定的应变，因此拉索的伸长量与拉索长度呈正比，低位提升阶段拉索长度最大,此时拉索的伸长量也最大,相应的拱脚竖向位移也较大;二是当竖向拉索较短时,其倾角较大,会产生较大水平力,从而导致支架弯曲变形较大,尽管支架与竖向拉索的耦合作用能减小拉索倾角,但其代价是支架顶部的变形加大,相应的支架顶部竖向位移增大,导致整体提升系统竖向位移增大。总的来说,在低位提升阶段原因一为主要影响,在高位提升阶段原因二为主要影响,在提升过程中,二者影响权重是一个动态变化过程。由于拱脚的竖向位移可以通过调节提升系统进行克服,因此不再进行重点研究,主要关注拱脚纵桥向位移。

通过本节的研究分析,支架变形与竖向拉索角度的耦合作用在整个提升过程中表现得最为突出,因此在下一节对支架刚度的影响进行重点研究。

2. 支架刚度对拱肋线形及拉索角度的影响规律

在拱肋整体提升过程中,竖向拉索水平分力、支架初始缺陷等都可能使提升支架在承载时受弯变形,支架受弯变形后柱顶会产生侧向位移,从而影响竖向拉索倾角。提升支架的弯曲程度取决于受力支架刚度的大小,因此有必要对支架刚度在提升过程中对拱肋线形及拉索角度的影响进行研究。

通过有限元计算,原提升支架结构在纵桥向、横桥向、竖向三个方向上的刚度 SD_x、SD_y、SD_z 分别为 6 000 kN/m、18 770 kN/m、1 212 851 kN/m。

为了研究支架刚度在提升过程中对拱肋变形的影响,拟采用有限元模型中的弹性连接模型来模拟支架刚度,通过改变模型参数来达到对刚度影响的量化分析。由于原支架结构本身刚度较大,不便于探究刚度对拱脚变形的影响规律,因此对弹性连接模型的刚度参数进行调整,调整后纵桥向、横桥向、竖向三个方向上的刚度如表 5-11 所示。

表 5-11 模拟支架刚度

刚度名称	SD_x	SD_y	SD_z
刚度值	823 kN/m	2 096 kN/m	67 500 kN/m

在上表刚度值的基础上进行调整,调整范围为 -40% ~ 40%。拱肋是通过抱箍与提升支架竖向拉索相连的,因此横桥向受到抱箍的约束,相应的支架横桥向刚度对拱肋线形影响也较小。故仅对纵桥向刚度和竖向刚度进行变量分析,横桥向刚度保持不变。

计算模型考虑了纵桥向刚度变化、竖向刚度变化两种情况,对不同提升阶段拱脚及竖向拉索上、下端点位移进行了计算,计算结果如表 5-12 和表 5-13 所示。

表 5-12 纵桥向刚度变化-位移计算结果

提升阶段	刚度变化	D_x	D_y	D_z	R_x	R_y	R_z	竖向拉索上端点位移	竖向拉索下端点位移	拉索角度
高位提升	-40%	-6.31	0.34	-8.48	-0.02	0.10	-0.02	-4.92	-5.95	0.03
	-20%	-6.28	0.34	-8.49	-0.02	0.10	-0.02	-3.44	-5.92	0.08
	0	-6.27	0.34	-8.49	-0.02	0.10	-0.02	-2.89	-5.92	0.10
	20%	-6.26	0.34	-8.50	-0.02	0.10	-0.02	-2.48	-5.91	0.11
	40%	-6.26	0.34	-8.50	-0.02	0.10	-0.02	-2.18	-5.90	0.12
中位提升	-40%	-6.48	0.35	-15.69	-0.02	0.10	-0.02	-3.09	-6.09	0.05
	-20%	-6.47	0.35	-15.69	-0.02	0.10	-0.02	-2.42	-6.08	0.06
	0	-6.47	0.35	-15.69	-0.02	0.10	-0.02	-1.98	-6.08	0.06
	20%	-6.46	0.35	-15.70	-0.02	0.10	-0.02	-1.68	-6.08	0.07
	40%	-6.46	0.35	-15.70	-0.02	0.10	-0.02	-1.46	-6.07	0.07
低位提升	-40%	-6.53	0.37	-29.68	-0.02	0.10	0.02	-1.97	-6.13	0.03
	-20%	-6.53	0.37	-29.68	-0.02	0.10	-0.02	-1.51	-6.12	0.04
	0	-6.53	0.37	-29.68	-0.02	0.10	-0.02	-1.23	-6.12	0.04
	20%	-6.53	0.37	-29.68	-0.02	0.10	-0.02	-1.03	-6.12	0.04
	40%	-6.53	0.37	-29.68	-0.02	0.10	-0.02	-0.89	-6.12	0.04

表 5-13　竖向刚度变化-位移计算结果

提升阶段	刚度变化	D_x	D_y	D_z	R_x	R_y	R_z	竖向拉索上端点位移	竖向拉索下端点位移	拉索角度
高位提升	-40%	-6.31	0.34	-12.67	-0.02	0.10	-0.02	-3.43	-5.95	0.08
	-20%	-6.29	0.34	-10.06	-0.02	0.10	-0.02	-3.13	-5.93	0.09
	0	-6.27	0.34	-8.49	-0.02	0.10	-0.02	-2.89	-5.92	0.10
	20%	-6.26	0.34	-7.46	-0.02	0.10	-0.02	-2.70	-5.90	0.11
	40%	-6.25	0.34	-6.72	-0.02	0.09	-0.02	-2.54	-5.89	0.11
中位提升	-40%	-6.46	0.35	-15.70	-0.02	0.10	-0.02	-1.46	-6.07	0.07
	-20%	-6.47	0.35	-17.28	-0.02	0.10	-0.02	-2.04	-6.08	0.06
	0	-6.47	0.35	-15.69	-0.02	0.10	-0.02	-1.98	-6.08	0.06
	20%	-6.46	0.35	-14.64	-0.02	0.10	-0.02	-1.94	-6.07	0.06
	40%	-6.46	0.35	-13.89	-0.02	0.10	-0.02	-1.90	-6.07	0.07
低位提升	-40%	-6.54	0.38	-33.94	-0.02	0.10	-0.02	-1.26	-6.13	0.04
	-20%	-6.53	0.38	-31.28	-0.02	0.10	-0.02	-1.24	-6.13	0.04
	0	-6.53	0.37	-29.68	-0.02	0.10	-0.02	-1.23	-6.12	0.04
	20%	-6.53	0.37	-28.62	-0.02	0.10	-0.02	-1.22	-6.12	0.04
	40%	-6.53	0.37	-27.86	-0.02	0.10	-0.02	-1.21	-6.12	0.04

从以上计算结果可以看出，支架纵桥向和竖向刚度变化对于拱脚转角位移几乎没有影响。在三个平动位移中，横桥向位移数值较其他两个方向小很多。此外，支架纵桥向和竖向刚度变化对于拱脚纵桥向的位移影响较小，对拱脚竖向位移的影响较大。

因此，针对不同的刚度变化，将不同提升阶段的拱脚纵桥向、竖向位移，拉索上、下端点位移，拉索角度绘制成图表进行分析，如图 5-56 ~ 图 5-65 所示。

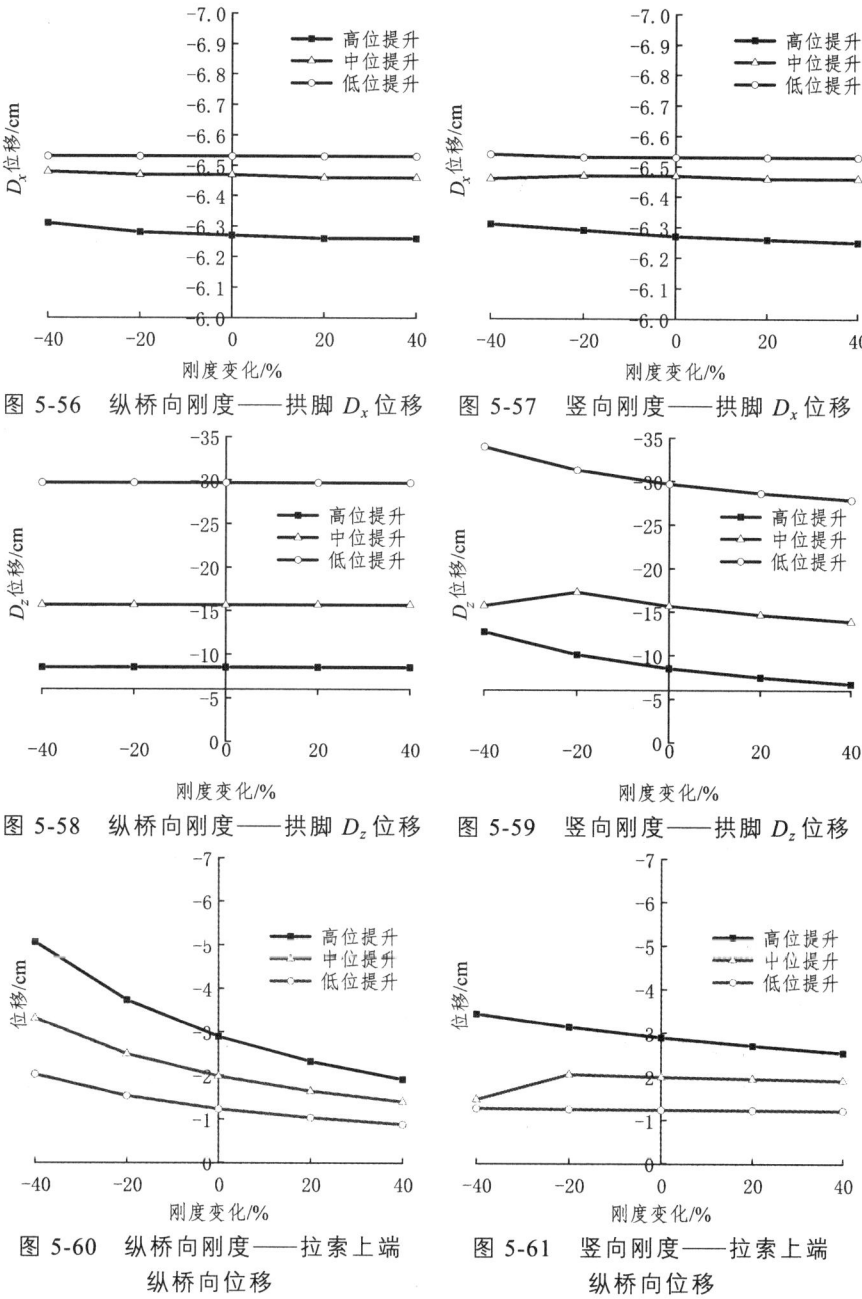

图 5-56 纵桥向刚度——拱脚 D_x 位移

图 5-57 竖向刚度——拱脚 D_x 位移

图 5-58 纵桥向刚度——拱脚 D_z 位移

图 5-59 竖向刚度——拱脚 D_z 位移

图 5-60 纵桥向刚度——拉索上端纵桥向位移

图 5-61 竖向刚度——拉索上端纵桥向位移

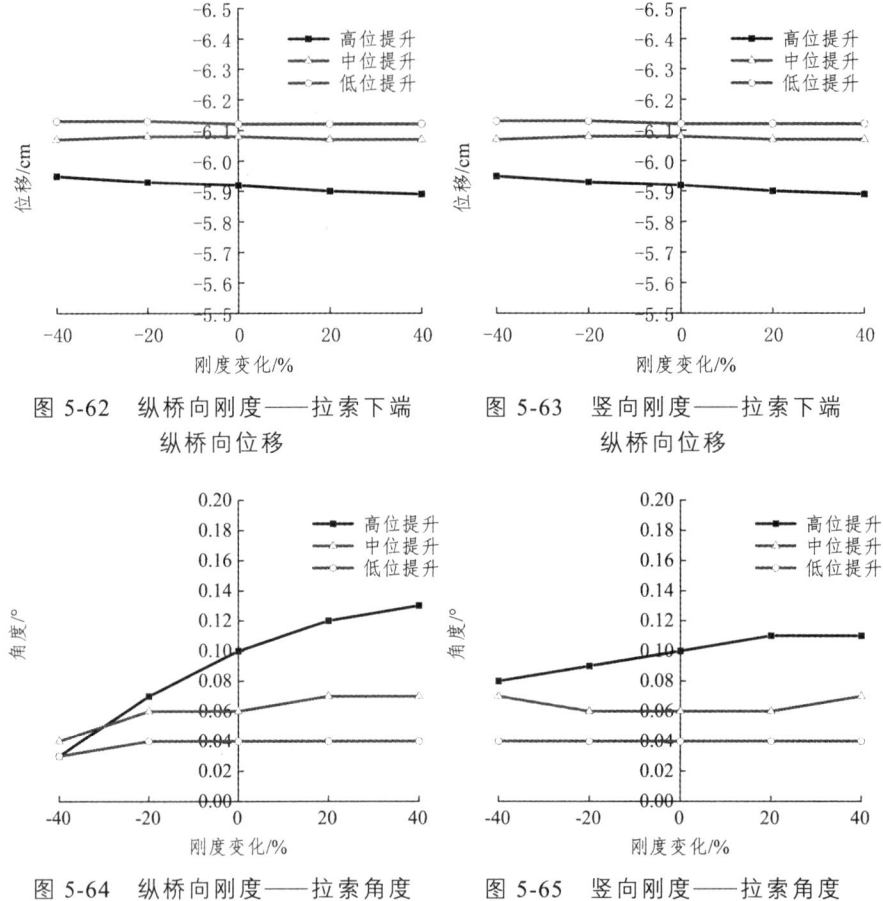

图 5-62 纵桥向刚度——拉索下端纵桥向位移

图 5-63 竖向刚度——拉索下端纵桥向位移

图 5-64 纵桥向刚度——拉索角度

图 5-65 竖向刚度——拉索角度

从图 5-56、图 5-57 可以看出,支架纵桥向和竖向刚度变化对拱脚纵桥向位移没有明显的影响。提升高度对拱脚纵桥向位移的影响也不大,影响范围在 0.3 cm 以内,这与前一节计算结果是一致的。支架刚度是影响支架受力变形的因素之一,而支架变形又与拉索角度耦合作用。由此,说明支架变形及拉索倾角对拱肋纵桥向变形影响不明显,因此前文将拱肋纵桥向位移在提升过程中近似看作定值的假设是合理的。

从图 5-58、图 5-59 可以看出支架纵桥向刚度变化对拱脚竖向位移变化没有影响,支架竖向刚度变化对拱脚竖向位移有一定的影响。从上一节计算分析可知,影响拱脚竖向位移的因素一共有两个:拉索伸长和支架变形。其中,支架变形是与支架刚度相关的。

从图 5-60~图 5-61 可以看出支架纵桥向和竖向刚度变化对支架上端点纵桥向位移有一定的影响，对于下端点纵桥向位移影响较小。这是因为支架上端点纵桥向位移取决于支架变形，下端点纵桥向位移取决于拱脚变形，由前文已知拱脚纵桥向变形在提升过程中几乎不变。对比图 5-62 与图 5-63 发现，提升高度对拉索上、下端点的影响刚好相反，在上一节的耦合机理分析中提到，拱肋在提升初期会产生一个初始的纵桥向位移，而这个位移在提升过程中几乎保持不变，这个初始位移是产生拉索倾角的主要原因。拉索倾角产生的水平分力作用于支架顶部，使其产生变形；同样也作用于拱肋，产生拱肋变形。这就导致随着提升高度增大，拉索倾角趋大，支架顶部纵桥向位移变大，拱脚纵桥向位移减小（减小量很小，在本文耦合分析中近似看作不变）。

从图 5-64、图 5-65 可以看出纵桥向刚度变化对拉索角度的影响要比竖向刚度变化带来的影响大。还可以看出提升高度越大，刚度对拉索角度的影响越明显，这是因为拉索变短放大了支架顶部变形对拉索倾角变化的影响。从图 5-64 可以看出，当纵桥向刚度变化 -40% 时，高位提升和低位提升的拉索角度数值相等（计算结果仅保留两位小数）。这是因为竖向拉索与支架的耦合作用是减小拉索角度的，当支架的刚度较小时，支架在拉索水平分力的作用下其变形可以基本克服拉索倾角。

3. 小　结

通过以上分析可以得出以下结论，在整个提升过程中，拱肋的纵桥向位移受竖向拉索角度和支架变形影响较小，其纵桥向位移可通过改变横向拉索索力进行调整。因此，拱肋纵桥向变形可近似的看作仅影响拉索初始角度，而在整个提升过程中拱肋纵桥向变形维持不变，仅考虑支架与竖向拉索的耦合作用。影响竖向拉索与支架耦合平衡的因素是拉索长度和支架刚度，提升高度越大，拉索倾角越大，当最终拉索与支架达到耦合平衡后，拉索角度的大小还与支架的刚度有关。

综上所述，只要拱肋横向拉索索力设置合理，并保证支架在受力安全的前提下具有一定的柔度，以克服竖向拉索倾角造成的对拱肋线形的微小影响，即可保证较高的拱肋合拢拼装精度。

6 施工过程中拱肋临时提升支架优化研究

拱肋在整体提升过程中，需要高度大，刚度高，且能保证施工安全的临时提升支架。施工过程中需要借助临时支架将拱肋提升至一定高度，因此，临时支架的高度动则上百米，在施工临时结构中的造价较高，且提升吨位可达数千吨，提升过程中的安全风险也较大。为保证施工临时提升支架在受力性能与造价两者之间达到平衡，有必要对拱肋临时提升支架进行优化，从而达到保证施工安全的前提下，尽量节省造价。

拱肋提升支架的安全性主要体现在支架强度、稳定性两个方面。强度问题是指结构在稳定平衡状态下，由外荷载引起的某截面的最大应力是否超过材料的极限强度，结构应力的计算是研究结构强度问题的关键内容之一。极限强度的取值取决于材料的特性[8]，在本工程中，主要取决于钢材与混凝土的设计强度。对于材料而言，当结构采取的材料确定后，材料的设计强度为一确定值，因此，在有限元分析中，通过求解提升支架在荷载作用下的最大拉应力和最大压应力来反映其强度。

稳定问题是指结构在外荷载作用下保持原有平衡状态的能力。换言之，就是要找出外荷载与结构内部抗力间的不稳定平衡状态，并设法避免进入该状态，这是结构的刚度问题。在有限元分析中，稳定问题可以通过特征值屈曲分析求得屈曲系数来体现，虽然特征值屈曲计算的是理想弹性结构的理论屈曲强度，不能完全代表实际屈曲，但是其屈曲模态为判断结构的失稳形式提供了比较大的参考价值。官塘大桥的临时提升支架高度达 87.5 m，且提升吨位 5 885 t，其稳定性问题尤为突出。

因此，本章以拱肋临时提升支架的强度、稳定性以及造价为优化目标，分析了以上指标随立柱钢管混凝土高度、立柱钢管外径、立柱钢管壁厚、立柱横撑形式、立柱横撑间距的变化规律，并对这些影响参数进行了敏感性分析，最后通过优化算法，讨论了提升支架的设计参数的最优值。

6.1 结构参数对设计目标的影响分析

结构优化的主要目标是找出一组合适的参数，通过这些参数设计的结构在结构的安全性（强度、稳定性）与结构造价之间达到一个优化平衡，在保证结构安全的同时，节省造价。由于结构设计中的控制参数较多，如果在全面考虑这些参数的前提下，对结构进行优化设计，会导致拟合代理模型的变量过多，模型的维数增加，需要的结构样本也会急剧增加。由于维度的增加，会一定程度上降低代理模型的拟合精度；由于变量维度的增加，需要的结构样本数增加会导致调用有限元模型求解的次数增加。在急剧增加优化工作量的同时，对于结构优化的精度也没有较大的改善。因此，在进行结构优化前，首先需要根据设计经验对结构各个参数进行筛分，以确定设计目标的主要影响因素，在此基础上，通过数学分析方法研究设计目标随这些参数的变化规律，从而选择对设计目标有明显影响的参数进行优化设计。

结合支架的结构形式、设计材料、承受荷载等情况，本节选取了以下几个结构参数，并在后续的研究中讨论这些参数对结构的强度、稳定性以及造价的影响规律。考虑的主要参数如下：

（1）立柱钢管内灌注混凝土的高度；
（2）立柱钢管的外径；
（3）立柱钢管的壁厚；
（4）立柱横撑的形式；
（5）立柱横撑的间距。

为充分体现以上参数对设计目标的影响，有限元模型中保证结构所受荷载不变，通过变化结构参数，从而研究设计目标受结构设计参数的影响规律。本文中提升支架承受的主要荷载有：结构自重、钢拱箱提升荷载以及横桥向和纵桥向的风荷载。考虑到提升支架为临时结构，设计中仅考虑结构在这些设计荷载的标准值作用下产生的效应。在稳定性计算中，提升支架自重以及钢拱箱自重视为常量，风荷载视为变量，从而计算结构的屈曲系数。支架结构上施加的荷载以及稳定性分析中的分析类型见表6-1。

表6-1 提升支架外荷载

序 号	荷 载	类 型
1	提升支架自重	常量
2	钢拱箱自重	常量
3	风荷载	变量

1. 立柱钢管混凝土高度影响分析

为研究立柱钢管混凝土高度对结构应力、结构稳定性系数以及造价的影响规律，本节以钢管混凝土高度为变量，保持其他因素不变，建立了数值模型，并对计算结果进行了分析。根据立柱钢管混凝土的不同，本节选取的工况见表6-2。

表6-2 计算工况

工 况	C1	C2	C3	C4	C5	C6	C7
钢管混凝土高度/m	0	4.5	9	13.6	18	22.5	27

（1）应力分析。

根据不同工况下的有限元模型计算结果，得到了临时提升支架的最大拉应力和最大压应力随立柱钢管混凝土的高度的变化图，见图6-1和图6-2所示，图中拉应力为正，压应力为负。

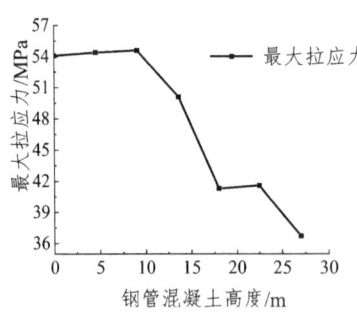 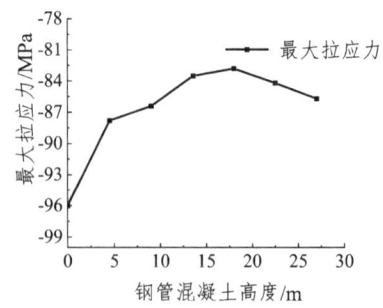

图6-1 不同混凝土高度下的最大拉应力　　图6-2 不同混凝土高度下的最大压应力

由图 6-1 可知，随着钢管内灌注混凝土的高度的增大，其最大拉应力呈阶梯状减小的趋势。当混凝土高度为 0~9 m 时，提升支架的最大拉应力变化不显著；当混凝土高度为 9~18 m 时，提升支架最大拉应力的减小速率先小后大，混凝土高度为 18 m 时的支架比混凝土高度为 9 m 时的支架的最大拉应力减小 13.3 MPa，下降幅度约为 24.4%；当混凝土高度为 18~22.5 m 时，提升支架的最大拉应力再次呈现小幅增长；当混凝土高度为 22.5~27 m 时，提升支架的最大拉应力开始呈现减小的趋势，混凝土高度为 27 m 时的支架比混凝土高度为 22.5 m 时的支架的最大拉应力减小 4.6 MPa，下降幅度约为 11.1%。总体上看，随着钢管混凝土高度的增加，钢管的拉应力是逐渐减小的，说明采用钢管混凝土的区段越多，结构越安全。

由图 6-2 可知，随着钢管内灌注混凝土的高度的增大，其最大压应力呈现先减小后增大的趋势。当混凝土高度为 0~18 m 时，提升支架的最大压应力逐渐减小，且减小速率总体变缓，与混凝土高度为 0 m 时相比，混凝土高度为 18 m 时的支架最大压应力减小 13.2 MPa，下降幅度约为 13.8%；当混凝土高度为 18~27 m 时，混凝土高度 18 m 处压应力出现拐点，提升支架的最大压应力开始增加，与混凝土高度为 18 m 时相比，混凝土高度为 27 m 时的支架最大压应力增加 2.9 MPa，增长幅度约为 3.5%。由此可见，当钢管立柱内混凝土高度为 0~18 m 时，混凝土高度增加可有效地减小支架最大压应力，当高度超过 18 m 时，混凝土高度增加反而会使结构压应力逐渐增加。以上现象说明，盲目增大钢管混凝土高度会增加钢管的最大压应力，对于结构安全不一定有利。

综合支架的拉应力与压应力计算结果，钢管混凝土高度不同时，支架的最大压应力要大于支架的最大拉应力，因此，支架的安全性由支架的最大压应力控制，综合以上考虑，钢管混凝土高度取值在 13.6~22.5 m 比较合适。

（2）稳定性分析。

屈曲分析中结构上施加的荷载见表 6-1，根据弹性屈曲失稳理论计算不同钢管混凝土高度下的弹性屈曲系数，如图 6-3 所示。

由图 6-3 可知，随着混凝土高度的增加，屈曲系数呈现先增加后减小再增加的趋势。当混凝土高度为 0~13.6 m 时，随着钢管混凝土高度的增加，屈曲系数逐渐增高，在混凝土高度为 0~4.5 m 时，屈曲系数增长较快；当混凝土高度为 13.6~22.5 m 时，屈曲系数逐渐减小，但需要注意的是仍然高于不设置钢管混凝土时的情况，由前述应力分析可知，当混凝土高度为 13.6~18 m 时，支架的最大压应力

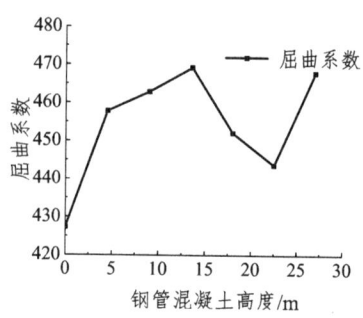

图 6-3 不同混凝土柱高下的一阶屈曲系数

减小得比较缓慢，且混凝土高度大于 18 m 后，其最大压应力反而呈不断增加，因此，这与结构的屈曲系数不增加反而减小有一定的联系；当混凝土高度为 22.5~27 m 时，由于最大拉应力迅速减小，且减小的速率高于最大压应力增加的速率，因此，支架的屈曲系数又开始逐渐增加。虽然设置钢管混凝土后，对于结构的稳定性总体上是有利的，但稳定性系数增幅并不大，增幅为 9%，且不设置钢管混凝土时，支架的稳定性系数也是足够大的。

（3）造价分析。

根据官塘桥提升施工所用的材料，提升支架所用 Q235 钢管预算单价约为 4 629.31 元/吨，C30 混凝土预算单价约为 300 元/立方米，可得不同立柱钢管混凝土高度下的总造价如图 6-4 所示。

由图 6-4 可知，随着钢管内灌注混凝土高度的增加，提升支架的总造价呈线性增加，曲线与纵坐标的交点为支架完全采用钢管时的造价，增加部分为钢管中增加的混凝土造价。

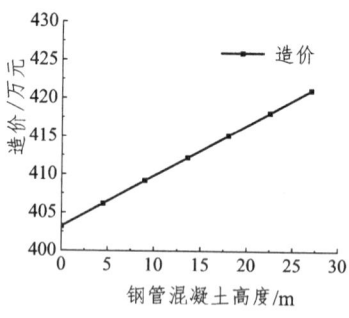

图 6-4 不同混凝土柱高下的总造价

2．立柱钢管外径影响分析

为研究立柱钢管外径对应力、屈曲系数以及造价的影响规律，本节

以钢管外径为变量，保持其他因素不变，建立了数值模型，并对计算结果进行了分析。根据立柱钢管外径的不同，本节选取的工况见表6-3。

表6-3 计算工况

工 况	C1	C2	C3	C4	C5	C6	C7
钢管外径/m	1	1.16	1.32	1.52	1.7	1.85	2

（1）应力分析。

根据数值模拟结果，得到了各工况下，提升支架的最大拉应力和最大压应力，分别如图6-5和图6-6所示。

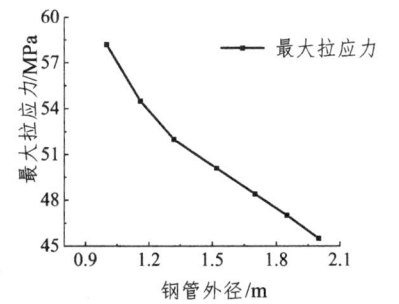 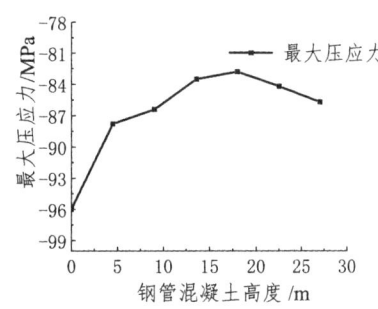

图6-5 不同钢管外径下的最大拉应力　　图6-6 不同钢管外径下的最大压应力

由图6-5可知，随着钢管外径的增大，其最大拉应力总体呈现逐渐减小的趋势，且减小速率逐渐下降。当钢管外径为1~1.52 m时，提升支架的最大拉应力减小得较快，钢管外径为1.52 m的支架比钢管外径为1 m的支架的最大拉应力小8.1 MPa，下降幅度约为13.9%；当钢管外径为1.52~2 m时，提升支架的最大压应力减小得较慢，钢管外径为2 m的支架比钢管外径为1.52 m的支架的最大拉应力小4.6 MPa，下降幅度约为9.2%。由此可见，当钢管外径大于1.52 m后，钢管外径的增加对提升支架的最大拉应力减小的影响程度逐渐减小。

由图6-6可知，随着钢管外径的增大，其最大压应力同样呈现逐渐减小的趋势，且减小速率明显趋于平缓。当钢管外径为1~1.32 m时，提升支架的最大压应力减小得较快，钢管外径为1.32 m的支架比钢管外径为1 m的支架的最大压应力小33.5 MPa，下降幅度约为26.3%；当钢管外径为 1.32~1.7 m 时,提升支架的最大压应力减小得较慢,钢管外径为 1.7 m 的支架比钢管外径为 1.32 m 的支架的最大压应力小 17.5 MPa,下降幅度约为 18.6%;当钢管外径为 1.7~2 m 时,提升支架的最大压应力减小得最慢,钢管外径为 2 m 的支架比钢管外径为 1.7 m 的支架的最大压应力小 7.4 MPa,下降幅度约为 9.7%。

(2)稳定性分析。

屈曲分析中结构上施加的荷载见表 6-1,根据弹性屈曲失稳理论计算不同钢管外径下的弹性屈曲系数,如图 6-7 所示。

由图 6-7 可知,随着钢管外径的增加,提升支架系统的一阶屈曲系数逐渐增大。当钢管外径为 1~1.32 m 时,屈曲系数增长得十分迅速,钢管外径为 1.32 m 的屈曲系数比钢管外径为 1 m 的屈曲系数增加约 87.8%;当钢管外径为 1.32~2 m 时,屈曲系数缓慢增长且增长速率逐渐减小,钢管外径为 2 m 的屈曲系数比钢管外径为 1.32 m 的屈曲系数增加约 26.4%。

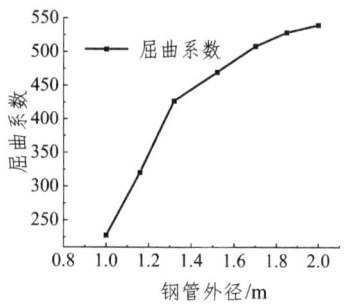

图 6-7 不同钢管外径下的一阶屈曲系数

(3)造价分析。

根据官塘桥提升施工所用的材料,提升支架所用 Q235 钢管预算单价约为 4 629.31 元/吨,C30 混凝土预算单价约为 300 元/立方米。计算了总造价随着钢管外径的增加的变化图,如图 6-8 所示。

由图 6-8 可知,随着钢管外径的增加,提升支架的总造价呈线性增加。且根据前面分析,支架的稳定性对钢管的外径变化比较敏感,要保证提升支架有较好的稳定性,必须采用外径较大的钢管,但若钢管外径过大,待工程结束后钢管重复利用率较低,会导致材料成本大幅度增加。因此,需综合考虑材料的造价以及结构安全性,合理选取最佳钢管外径。

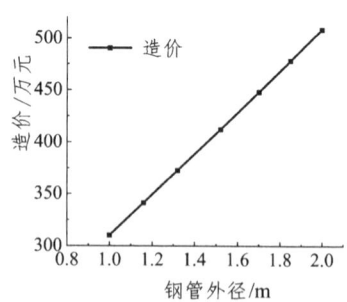

图 6-8 不同钢管外径下的总造价

3. 立柱钢管壁厚影响分析

（1）应力分析。

基于前面的分析结论，选取钢管内灌注混凝土的高度为 13.6 m，钢管外径为 1.52 m，研究不同钢管壁厚对提升支架应力的影响规律，各工况所取参数见表 6-4。不同钢管壁厚下支架的最大拉应力和最大压应力如图 6-9 和图 6-10 所示。

表 6-4　计算工况

工　况	C1	C2	C3	C4	C5	C6	C7
钢管壁厚/mm	10	12	14	16	18	20	22

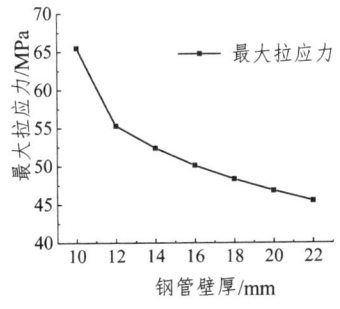 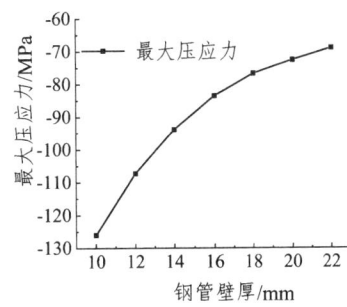

图 6-9　不同钢管壁厚下的最大拉应力　图 6-10　不同钢管壁厚下的最大压应力

由图 6-9 可知，随着钢管壁厚的增加，钢管混凝土支架的最大拉应力呈逐渐减小的趋势，且减小速率逐渐趋于平缓。钢管壁厚为 10 mm、12 mm、14 mm、16 mm、18 mm、20 mm 和 22 mm 的钢管对应的支架的最大拉应力分别为 65.5 MPa、55.3 MPa、52.4 MPa、50.1 MPa、48.3 MPa、46.8 MPa 和 45.5 MPa。当钢管壁厚为 10～12 mm 时，提升支架的最大拉应力随钢管壁厚增加而减小的速率较大，此区间内最大拉应力减小 10.0 MPa，降幅约 15.6%；当钢管壁厚为 12～22 mm 时，提升支架的最大拉应力随钢管壁厚增加而减小的速率逐渐减小。

由图 6-10 可知，随着钢管壁厚的增加，钢管混凝土支架的最大压应力同样呈逐渐减小的趋势。钢管壁厚为 10 mm、12 mm、14 mm、16 mm、18 mm、20 mm 和 22 mm 的钢管对应的支架的最大压应力分别为

126 MPa、107 MPa、93.8 MPa、83.5 MPa、76.7 MPa、72.6 MPa 和 68.9 MPa。当钢管壁厚为 10～16 mm 时，提升支架的最大压应力随钢管壁厚增加而减小的速率较大，此区间内最大压应力减小 42.5 MPa，降幅约 33.7%；当钢管壁厚为 16～22 mm 时，提升支架的最大压应力随钢管壁厚增加而减小的速率逐渐减小，此区间内最大压应力减小 14.6 MPa，降幅约 17.5%。

（2）稳定性分析。

根据前述七种钢管壁厚，结合数值模型，得到支架的一阶屈曲系数如图 6-11 所示。

由图 6-11 可知，随着钢管壁厚的增加，支架提升系统的一阶屈曲系数逐渐增大，这与支架最大拉应力随钢管壁厚增加而变化的趋势十分相似。当钢管壁厚为 10～12 mm 时，屈曲系数增长较快，钢管壁厚为 12 mm 的屈曲系数比钢管壁厚为 10 mm 的屈曲系数增加约 12.6%；当钢管壁厚为 12～22 mm 时，屈曲系数呈线性缓慢增长，钢管壁厚 22 mm 的屈曲系数比钢管壁厚为 12 mm 的屈曲系数增加约 5.2%。

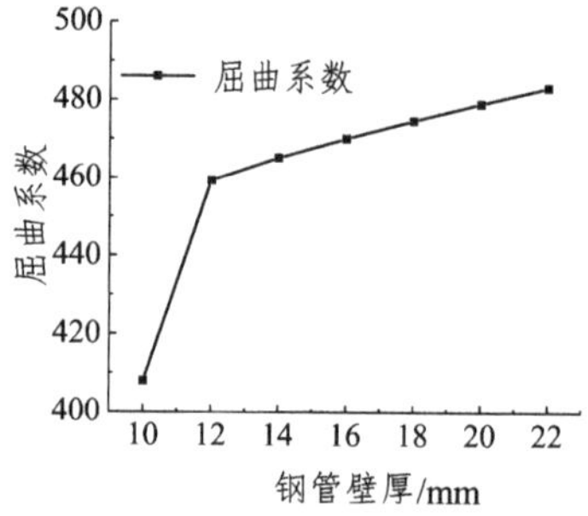

图 6-11 不同钢管壁厚下的一阶屈曲系数

（3）造价分析。

根据官塘桥的实际情况，Q235 钢管预算单价约为 4 629.31 元/吨，C30 混凝土预算单价约为 300 元/立方米，根据不同钢管壁厚下计算的结构支架的总造价如图 6-12 所示。

由图 6-12 可知，随着钢管壁厚的增加，提升支架的总造价也是呈线性增加，且钢管壁厚每增加 2 mm，支架的总造价增加约 35 万元。

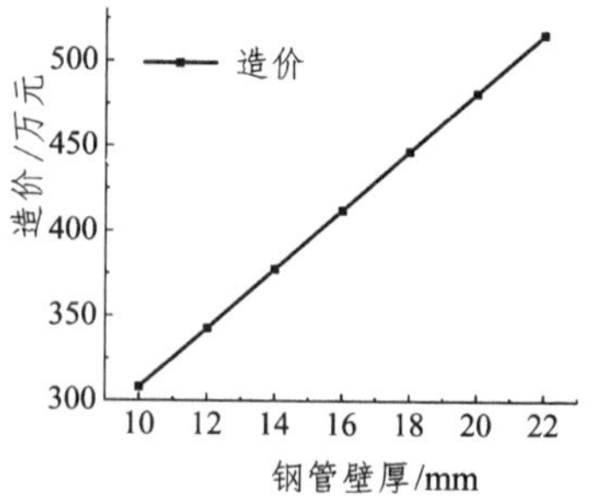

图 6-12 不同钢管壁厚下的总造价

4．立柱横撑形式的影响分析

在实际工程中，支架常采用的横撑形式主要有"X"形横撑、"K"

形横撑和"米"字形横撑,而其中又以"X"形横撑和"K"形横撑最受工程设计人员的青睐。因此本节研究了这两种横撑形式对支架的应力、稳定性以及造价的影响,横撑布置型式见图6-13。

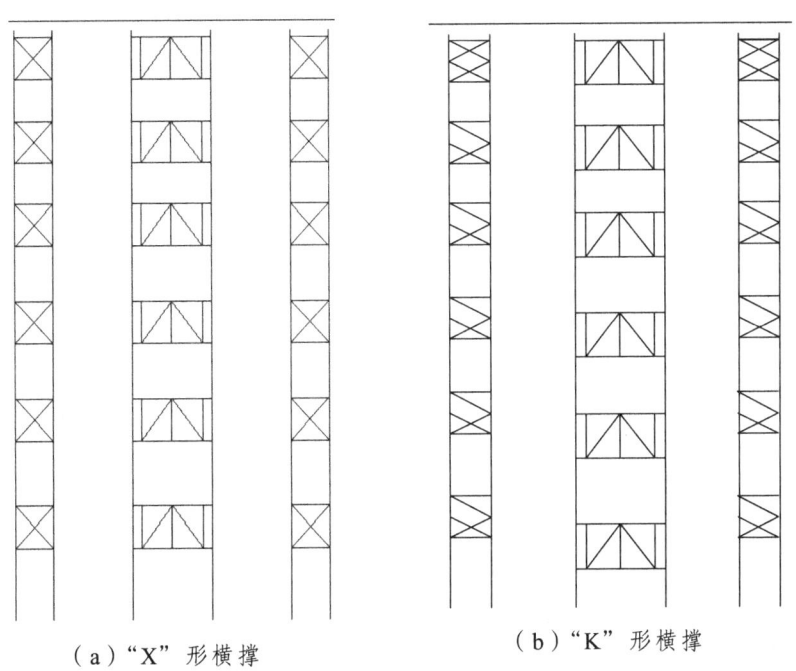

（a）"X"形横撑　　　　　（b）"K"形横撑

图6-13　横撑型式

（1）应力分析。

根据两种不同横撑形式建立了有限元模型,并计算了支架各组成构件的应力,两种横撑形式下支架的最大拉应力和最大压应力见表6-5所示。

表6-5　"X"形和"K"形横撑的最大/最小应力　　单位：MPa

横撑形式	最大拉应力	最大压应力
"X"形	64.9	-83.5
"K"形	66.4	-83.7

注：拉应力为正,压应力为负。

由表 6-5 可知，在"X"形横撑和"K"形横撑这两种横撑形式下，支架系统的最大拉应力和最大压应力比较接近，"K"形横撑的最大拉应力和最大压应力都要比"X"形横撑略大，但变化幅度很小，因此，采用不同的横撑形式对支架的应力计算结果的影响较小。

（2）稳定性分析。

根据所建立的有限元模型，计算了两种横撑形式下的一阶屈曲系数，如表 6-6 所示。

表 6-6　"X"形和"K"形横撑的一阶屈曲系数

横撑形式	"X"形横撑	"K"形横撑
屈曲系数	470.2	622.5

由表 6-6 可知，当采用"K"形横撑时，临时提升支架的稳定性大幅度提高，"K"形横撑比"X"形横撑的一阶屈曲系数大 32.4% 左右，说明横撑的结构形式对支架的稳定性影响较大，实际工程中应该通过优化横撑的形式来保证结构的稳定性。

（3）造价分析。

对支架的两种横撑形式下结构的工程量进行了计算，得到两种横撑形式下提升支架的总造价，见表 6-7。

表 6-7　不同横撑型式下提升支架的总造价

横撑形式	"X"形横撑	"K"形横撑
总造价/万元	412.2	404.5

由表 6-7 可以发现，"K"形横撑的总造价比"X"形横撑节省 7.7 万元，"K"形横撑为"X"形横撑造价的 98%，支架的总造价的不同主要由于横撑的工程量的影响所致，将"X"形横撑替换为"K"形横撑后，纵联的钢管用量减小 1.9%。

综合上述分析，采用"K"形横撑后提升支架的强度变化不大，而结构稳定性更强且造价更低，因此，在此类提升支架中，采用"K"形横撑为一种较好的方案。

5. 立柱横撑间距的影响分析

在保持横撑高度为 6 m 的前提下，改变横撑与横撑之间的竖向间距 d，d 的取值为 5 m、6 m、7 m、8 m 和 9 m 这五种工况，横撑布置示意图如图 6-14 所示。

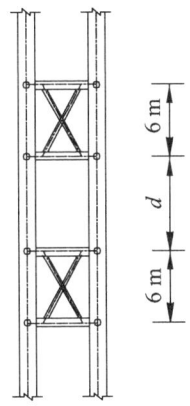

图 6-14　横撑间距示意图

（1）应力分析。

根据数值模拟得出结果，提取了钢管混凝土提升支架的最大拉应力和最大压应力，如图 6-15 和图 6-16 所示。

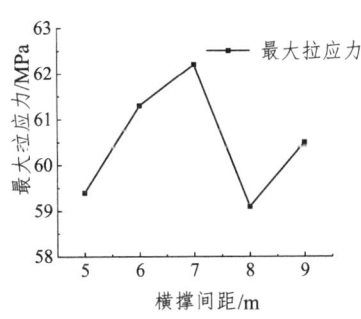

图 6-15　不同横撑间距下的最大拉应力

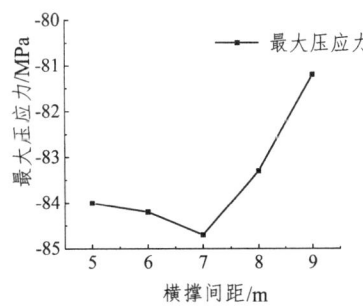

图 6-16　不同横撑间距下的最大压应力

由图 6-15 可知，在不同横撑间距下，提升支架系统的最大拉应力呈现先增加后减小再增加的趋势。当横撑间距为 5～7 m 时，最大拉应力逐渐增加；当横撑间距为 7～8 m 时，最大拉应力转为减小；当横撑间距为 8~9 m 时,最大拉应力与横撑间距为 5~6 m 时相比再次增加,且 9 m 横撑间距对应的最大拉应力仍然比横撑间距为 7 m 时的小。但从拉应力的数值大小上来看,随着横撑间距的变化,提升支架系统的最大拉应力并无明显的变化,最大变化率也仅为 5% 左右。

由图 6-16 可知,随着横撑间距增加,提升支架的最大压应力大致呈现先增大后减小的趋势。当横撑间距为 5~7 m 时,最大压应力逐渐增加,5 m 与 7 m 的横撑间距下,最大压应力增加 0.7 MPa;当横撑间距为 7~9 m 时,最大压应力逐渐减小,7 m 与 9 m 的横撑间距下,最大压应力减小 3.5 MPa,减小幅度约为 4%。从整体上来看,提升支架系统的最大压应力对横撑间距的变化并不敏感。

(2) 稳定性分析。

在前述横撑间距为 5 m、6 m、7 m、8 m 和 9 m 这五种工况下,根据数值模拟得到不同横撑间距下的一阶屈曲系数,如图 6-17 所示。

由图 6-17 可知,在不同横撑间距下,提升支架系统的一阶屈曲系数呈现先减小后增加再减小的趋势。当横撑间距为 5~7 m 时,屈曲系数先逐渐减小,其中横撑间距为 5~6 m 时,屈曲系数减小较快,横撑间距为 6~7 m 时,屈曲系数减小较慢;当横撑间距为 7~8 m 时,屈曲系数迅速增加;当横撑间距为 8~9 m 时,屈曲系数以与横撑间距为 6~7 m 时大致相同的增长速率再次增加,且增加后的屈曲系数仍比横撑

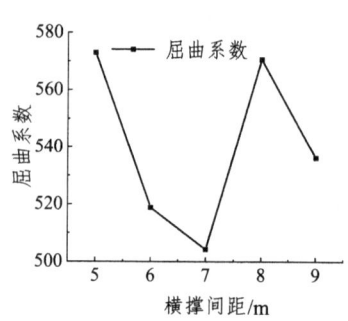

图 6-17 不同横撑间距下的一阶屈曲系数

间距为 6~7 m 时的大。从图 6-17 中不难发现,结构的一阶屈曲系数随横撑间距的变化规律与最大拉应力的变化规律十分相似,由此可以看出,结构的拉应力变化与稳定性变化相反。

(3) 造价分析。

根据不同横撑间距下,计算了提升支架的工程量,临时支架的总造价如图 6-18 所示。

由图 6-18 可知，当横撑间距为 5 m 时，横撑的个数为 7 道，相应地，其造价最高；当横撑间距为 6 m 和 7 m 时，横撑个数为 6 道，这两种情况下的造价一样，比横撑间距为 5 m 时减少约 20.2 万元，降幅约 4.6%；当横撑间距为 8 m 和 9 m 时，横撑个数为 5 道，这两种情况下的造价是一致的，相比横撑间距为 5 m 时减少约 40.8 万元，降幅约 9.3%。

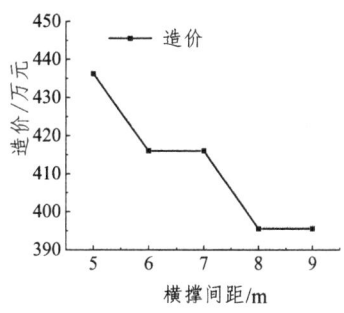

图 6-18　不同横撑间距下的总造价

综合上述分析，当横撑间距为 8 m 左右时，提升支架系统的最大压应力和最大拉应力均能保持在较低水平，而且结构稳定性较高，同时工程的总造价最低。

6.2　设计参数的敏感性分析

在本书 6.1 节中，分析了各个设计参数变化情况下，设计目标的变化趋势。但分析中无法体现各设计变量对设计目标的相对影响程度。为研究各设计变量对设计目标的相对影响规律，常采用的研究方法是敏感性分析，参数敏感性分析可了解结构响应对各设计参数变化的敏感程度。

目前，国内对于结构参数敏感性的分析方法主要有单一参数调整法、梯度分析法。单一参数调整法[9]是在有限元模型中分别给定单一参数的变化幅度（一般在 3%～10%），其他所有参数均保持不变，进行结构计算分析，计算出结构响应的变化大小，然后根据影响程度确定敏感参数和不敏感参数。但单一参数调整法仅仅分析了一定变化幅度下设计参数对结构响应的影响程度，并没有将结构响应的变化幅度与设计参数的变化幅度联系到一起，而且需要多次修改有限元模型进行分析计算，因此具有较大的局限性。

梯度分析法通过研究目标函数 $\psi(X,Y)$ 在最优点 (X,Y) 处对设计参数 X 的梯度值来进行结构参数敏感性分析。该方法假定控制目标函数为 $Z = \Psi(X,Y)$，分析某设计参数 X_k 对控制目标的影响敏感性时，可令 X_k

在其基准值一定范围内发生变动，而其余参数取基准值不变，对目标函数和约束函数求偏导，即可得到各设计参数的梯度值。虽然梯度分析法将结构响应的变化幅度与设计参数的变化幅度联系到一起，得到了设计参数对于结构参数的敏感因子及敏感百分比，可以更有效的表示结构响应对设计参数的敏感性程度。但是与单一参数调整法一样，需要多次调整参数对有限元模型进行计算，同样也具有局限性。

为兼顾分析效率以及分析精度，本文先采用响应面方程拟合结构变量与结构响应量之间的函数关系，然后采用梯度算法求解结构响应量对各变量的敏感程度。

响应面法（Response Surface Methodology，RSM）[10]的基本思想是通过有限次的试验来回归拟合一个响应函数 Z 与若干个基本变量 $(X_1, X_2, \cdots, X_n)$ 之间的解析表达式 $\overline{Z} = \overline{f}(X_1, X_2, \cdots, X_n)$，用它来代替实际中不能明确表达的真实结构响应函数 $Z = f(X_1, X_2, \cdots, X_n)$。RSM 构建结构响应与设计参数之间的关系，可以直接利用现已广泛应用的有限元分析程序，通过拟合的二次曲面来近似模拟真实结构响应曲面，具有较高的效率，一般都能满足实际工程的精度要求。

本文采用包含二次平方项但不包含二次交叉项的多项式构造响应面方程，即

$$\overline{f}(X) = a + \sum_{i=1}^{n} b_i X_i + \sum_{i=1}^{n} c_i X_i^2 \tag{6-1}$$

式中，$X_i (i=1,2,\cdots,n)$ 为设计变量；$a, b_i, c_i (i=1,2,\cdots,n)$ 为待定因子。

式（6-1）中由于不包含各设计变量的二次交叉项，在设计参数数量相同的情况下，待定因子较少，因而构造结构响应方程所需的样本数更少，特别是当设计变量 X_i 数量众多的情况下，求解时间大大缩短，效率更高。

在求得响应面方程之后，通过敏感度反映目标函数 $\overline{f}(X)$ 对设计变量 X_i 的变化梯度，若 $\overline{f}(X)$ 可导，各参数的一阶敏感度 $S(X_i)$ 在连续系统里可表示为

$$S_{X_i} = \left(\frac{|\Delta \overline{f}(X)|}{\overline{f}(X)} \right) \bigg/ \left(\frac{|\Delta X_i|}{X_i} \right) = |\overline{f}'(X_i)| \frac{X_i}{\overline{f}(X)} \tag{6-2}$$

而设计参数 X_i 的敏感百分比 γ_{X_i} 为

$$\gamma_{X_i} = \frac{|S_{X_i}|}{\sum_{i=1}^{n}|S_{X_i}|} \times 100\% \quad (6-3)$$

根据变量变化情况和作用范围,敏感性分析可分为局部敏感性分析和全局敏感性分析,前者只检验单个变量变化对目标函数的影响程度;后者则检验多个变量共同变化时对目标函数产生的总影响[11]。

本节仅讨论参数的局部敏感性,局部敏感性分析是每次分析中只有被研究的参数在一定范围内变化,其他参数固定不变,研究参数对系统输出影响的分析方法。该分析方法通过输出对输入的微分,或者单个输入变量引起的输出变化作为敏感性指标.通常局部敏感性分析计算设计空间中固定点周围的输入输出关系时,具有较高的准确性[12]。

针对提升支架系统的结构参数敏感性分析的流程如图 6-19 所示。

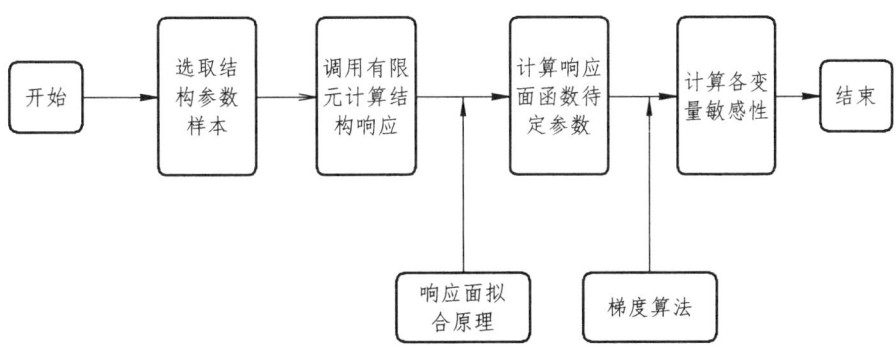

图 6-19 敏感性分析流程图

根据参数分析结果,立柱横撑形式和横撑间距均可得出用于工程的结果,且不便于量化,因此,本文只考虑立柱钢管混凝土高度 X_1、立柱钢管外径 X_2、立柱钢管壁厚 X_3 这三个参数对支架力学响应量的影响,并选取七组水平作为拟合响应面方程的样本,选取变量见表 6-8。

表 6-8　响应面方程计算参数

编号	混凝土高度/m	钢管外径/mm	钢管壁厚/mm
1	0	1 520	16
2	13.6	1 520	16
3	27	1 520	16
4	13.6	1 000	16
5	13.6	2 000	16
6	13.6	1 520	10
7	13.6	1 520	22

响应面结合梯度算法计算变量敏感性的具体步骤如下：

（1）根据建立的有限元模型，将选取的样本带入进行计算，求得关于结构最大拉应力、最大压应力、屈曲系数，并根据选取的样本计算支架的工程造价。

（2）根据求得的结构参数样本与结构响应量样本，基于响应面方程拟合基本原理，可以得出最大拉应力、最大压应力、屈曲系数以及工程造价的响应面方程 $\bar{f}(X)$。

（3）选取一定数量的样本，结合有限元模型计算结构的响应量，并将参数代入（2）中得到的响应面方程 $\bar{f}(X)$ 中，结合响应面方程得到结构的响应量，并将两者计算结果进行对比分析，检验响应面方程的拟合效果。

（4）利用式（6-2）对响应面方程 $\bar{f}(X)$ 求偏导，分别得到关于对 X_1、X_2 和 X_3 的偏导函数。

（5）将表 6-9 中的设计参数代入（4）中求得的偏导函数，分别得到目标函数在样本点处对 X_1、X_2 和 X_3 的敏感度，最后通过式（6-3）求得各参数的敏感百分比。

表 6-9　敏感度计算参数

编号	混凝土高度/m	钢管外径/mm	钢管壁厚/mm
1	0	1 520	16
2	4.5	1 520	16
3	9	1 520	16
4	13.6	1 520	16
5	18	1 520	16
6	22.5	1 520	16
7	27	1 520	16
8	13.6	1 000	16
9	13.6	1 160	16
10	13.6	1 320	16
11	13.6	1 700	16
12	13.6	1 850	16
13	13.6	2 000	16
14	13.6	1 520	10
15	13.6	1 520	12
16	13.6	1 520	14
17	13.6	1 520	18
18	13.6	1 520	20
19	13.6	1 520	22

1．应力敏感性分析

（1）最大拉应力敏感性分析。

根据响应面法的基本原理，可得结构最大拉应力的响应面方程，即

$$\overline{f}_1(X) = 151.954 + 0.061 X_1 - 0.031 X_2 - 6.467 X_3 - 0.026 X_1^2 + 5.994 \times 10^{-6} X_2^2 + 0.150 X_3^2 \quad (6\text{-}4)$$

将检验样本数据代入式（6-4）响应面方程中，并与有限元模型计算的响应值进行对比，见表6-10。

表6-10 最大拉应力响应面方程校验结果

编号	混凝土高度/m	钢管外径/mm	钢管壁厚/mm	有限元计算值	响应面计算值	比值
1	4.5	1 520	16	54.4	53.85	0.99
2	9	1 520	16	54.6	52.54	0.96
3	18	1 520	16	41.3	46.74	1.13
4	22.5	1 520	16	41.6	42.25	1.02
5	13.6	1 160	16	54.5	55.36	1.02
6	13.6	1 320	16	52	52.83	1.02
7	13.6	1 700	16	48.4	48.05	0.99
8	13.6	1 850	16	47	46.64	0.99
9	13.6	1 520	12	55.3	59.17	1.07
10	13.6	1 520	14	52.4	54.03	1.03
11	13.6	1 520	18	48.3	47.37	0.98
12	13.6	1 520	20	46.8	45.83	0.98

由表6-10可知，最大拉应力的响应面计算值与有限元计算值之比的范围在0.96~1.13，除了第3组的误差超过13%，其他组的误差均在10%以内，由此可见，通过本文拟合的响应面方程可以较好地获得结构最大拉应力与各参数之间的函数关系。

为研究设计目标对各设计参数的敏感性，结合式（6-4）定义设计目标关于设计参数 X_1、X_2 和 X_3 的敏感度函数，见式（6-5）~式（6-7）。

$$\left|\overline{f_1'}(X_1)\right|\frac{X_1}{\overline{f_1}(X)}=\left|0.061-0.052X_1\right|\frac{X_1}{\overline{f_1}(X)} \quad (6-5)$$

$$\left|\overline{f_1'}(X_2)\right|\frac{X_2}{\overline{f_1}(X)}=\left|-0.031+1.199\times10^{-5}X_2\right|\frac{X_2}{\overline{f_1}(X)} \quad (6-6)$$

$$\left|\overline{f_1'}(X_3)\right|\frac{X_3}{\overline{f_1}(X)}=\left|-6.467+0.3X_3\right|\frac{X_3}{\overline{f_1}(X)} \quad (6\text{-}7)$$

将表 6-9 中的 19 组数据代入式（6-5）~式（6-7），分别得到目标函数关于 X_1、X_2 和 X_3 的敏感度。通过公式计算得到不同设计参数时，结构最大拉应力对各设计参数的敏感百分比，如图 6-20 ~ 图 6-22 所示。

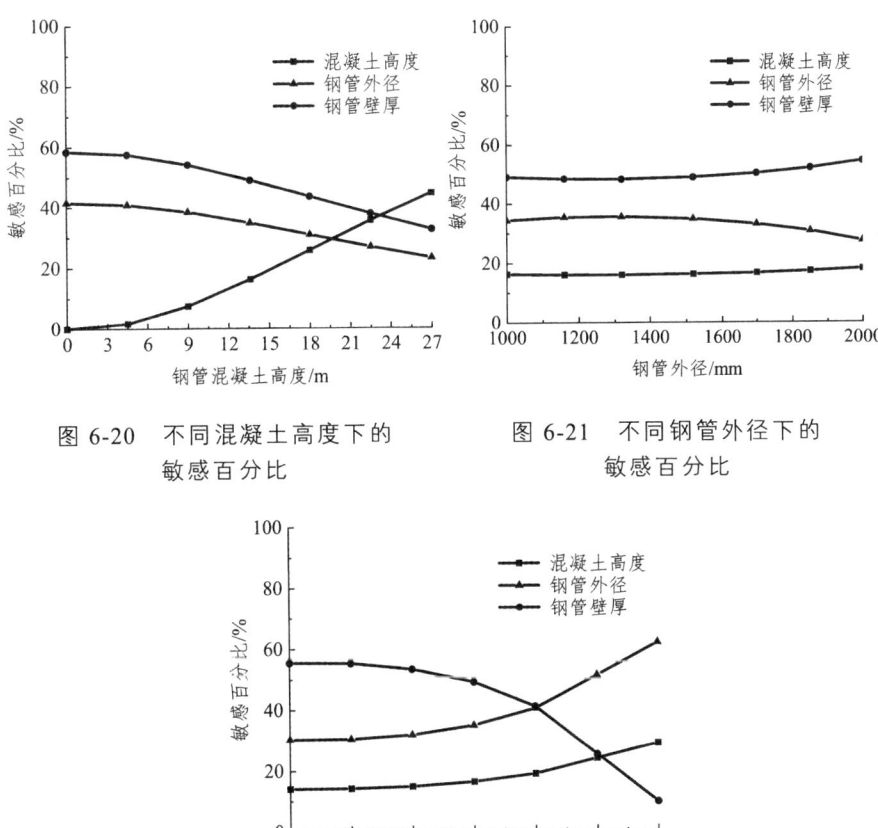

图 6-20　不同混凝土高度下的敏感百分比

图 6-21　不同钢管外径下的敏感百分比

图 6-22　不同钢管壁厚下的敏感百分比

由图 6-20 可以看出，随着混凝土高度增加，设计目标对混凝土高度的敏感百分比逐渐增加，对钢管壁厚和钢管外径的敏感百分比逐渐减小。

混凝土高度在 0~5 m，随着混凝土高度的增加，三者的敏感百分比增减幅度较小，且钢管壁厚和钢管外径的敏感百分比远大于混凝土高度敏感百分比；混凝土高度在 5 m 以后，随混凝土高度的增加，三者的敏感百分比增减幅度显著上升，混凝土高度在 5~23 m 范围内，钢管外径和钢管壁厚的敏感百分比分别由 40% 和 56% 下降到 30% 和 42%，且比混凝土高度的敏感百分比要高；当混凝土高度达到 23 m 以后，其敏感百分比显著提高，由 37% 上升到 44%，且与钢管外径和壁厚的敏感性百分比差距逐渐增大。

由图 6-21 可以看出，随着钢管外径的改变，设计参数的敏感度百分比变化较小，敏感性百分比从大到小依次为：钢管壁厚，钢管外径，混凝土高度。当钢管外径在 1 000~1 500 mm 时，随着钢管外径的增加，三个参数的敏感百分比几乎保持不变，分别为 16%、35%、49%；当钢管外径超过 1 500 mm 时，三个设计参数的敏感百分比变化较小，混凝土高度和钢管壁厚的敏感百分比分别由 16%、49% 增加到 18%、55%，而钢管外径的敏感百分比由 35% 下降到 27%。

由图 6-22 可以看出，当钢管壁厚逐渐增加时，其敏感百分比显著减小，混凝土高度的敏感百分比和钢管外径敏感百分比逐渐增加。钢管壁厚在 10~15 mm 时，随着管壁的加厚，三个设计参数的敏感百分比变化幅度较小，三者的敏感百分比由大到小依次为钢管壁厚、钢管外径和混凝土高度；钢管管壁在 15~22 mm 时，随着钢管壁厚的增加，三者的敏感百分比变化幅度显著上升，钢管壁厚的敏感百分比由 52% 下降到 10%，而混凝土高度和钢管外径的敏感百分比分别由 15%、33% 上升到 29%、62%，且钢管外径的敏感百分比变化较大。

（2）最大压应力敏感性分析。

根据响应面法的基本原理，可得结构最大压应力的响应面方程，即

$$\overline{f}_2(X) = -482.964 + 1.645X_1 + 0.222X_2 + 17.158X_3 - 0.040X_1^2 - 5.46 \times 10^{-5} X_2^2 - 0.388X_3^2 \tag{6-8}$$

将检验样本数据代入式（6-8），并与有限元计算结果进行对比，结果见表 6-11。

表 6-11 最大压应力响应面方程校验结果

编号	混凝土高度/m	钢管外径/mm	钢管壁厚/mm	有限元计算值	响应面计算值	比值
1	4.5	1 520	16	−87.8	−90.22	1.03
2	9	1 520	16	−86.4	−86.07	1.00
3	18	1 520	16	−82.8	−82.63	1.00
4	22.5	1 520	16	−84.2	−83.35	0.99
5	13.6	1 160	16	−108.7	−110.82	1.02
6	13.6	1 320	16	−94	−96.93	1.03
7	13.6	1 700	16	−76.5	−75.15	0.98
8	13.6	1 850	16	−72.7	−70.90	0.98
9	13.6	1 520	12	−107.3	−108.73	1.01
10	13.6	1 520	14	−93.8	−94.57	1.01
11	13.6	1 520	18	−76.7	−75.53	0.98
12	13.6	1 520	20	−72.6	−70.67	0.97

由表 6-11 可知，结构最大压应力的响应面计算值与有限元计算值之比的范围为 0.97~1.03，误差均在 3% 以内，由此可见，通过本文拟合的响应面方程可以很好地得出结构的最大压应力与各设计参数之间的关系。

结合式（6-8）计算设计参数 X_1、X_2 和 X_3 的敏感度函数，见式（6-9）~式（6-11）。

$$\left|\overline{f}_2'(X_1)\right|\frac{X_1}{\overline{f}_1(X)}=\left|1.465-0.080X_1\right|\frac{X_1}{\overline{f}_1(X)} \tag{6-9}$$

$$\left|\overline{f}_2'(X_2)\right|\frac{X_2}{\overline{f}_2(X)}=\left|0.222-1.092\times10^{-4}X_2\right|\frac{X_2}{\overline{f}_2(X)} \tag{6-10}$$

$$\left|\overline{f}_2'(X_3)\right|\frac{X_3}{\overline{f}_2(X)}=\left|17.158-0.775X_3\right|\frac{X_3}{\overline{f}_2(X)} \tag{6-11}$$

将表 6-9 中的 19 组数据代入式（6-9）~式（6-11），分别得到目标函数关于 X_1、X_2 和 X_3 的敏感度，结构最大拉应力对各设计参数的敏感百分比见图 6-23~图 6-25。

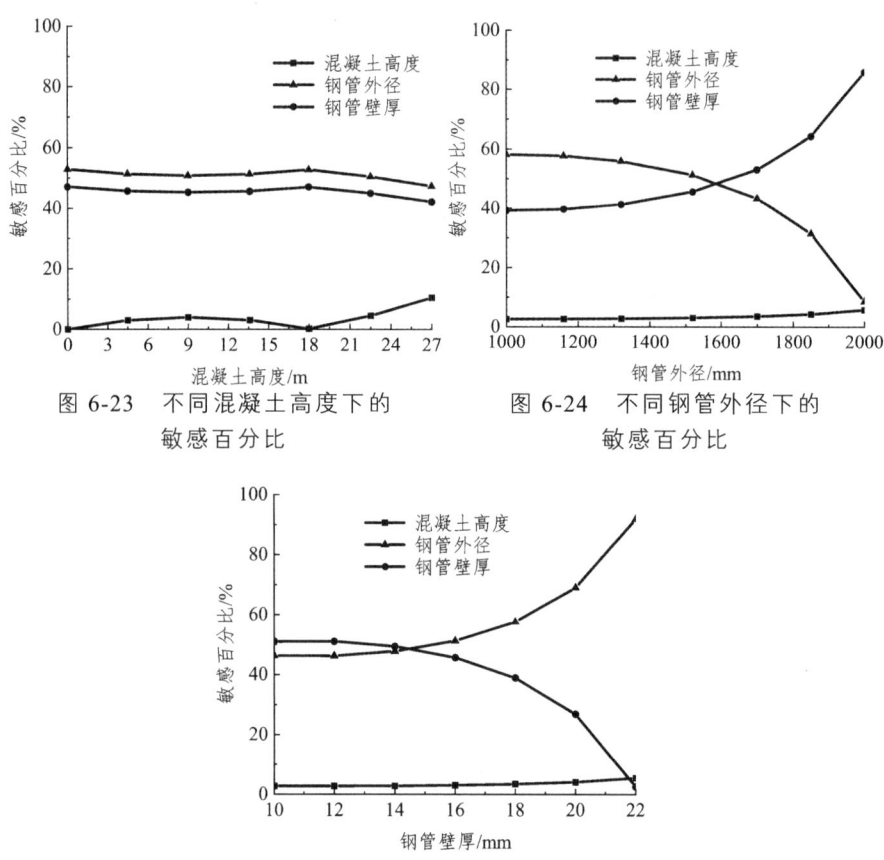

图 6-23 不同混凝土高度下的敏感百分比

图 6-24 不同钢管外径下的敏感百分比

图 6-25 不同钢管壁厚下的敏感百分比

由图 6-23 可以看出，随着混凝土高度增加，钢管外径和钢管壁厚的敏感性百分比变化较小，混凝土高度的敏感性百分比有一定变化，其中钢管外径和钢管壁厚的敏感性百分比占比最大，分别为 51% 和 46% 左右；而钢管混凝土高度的敏感性百分比占比最小，为 3% 左右。结构最大压应力敏感性较高的参数主要是钢管外径和钢管壁厚，钢管混凝土高度最低。

由图 6-24 可以看出，随着钢管外径的增加，钢管混凝土高度对结构最大压应力的影响很低，仅占 3% 的比例；钢管外径敏感百分比逐渐降低，钢管壁厚的敏感性百分比逐渐增加，随着钢管外径的增加，钢管外径的敏感百分比由 58% 降到 9%，而钢管壁厚的百分比由 39% 上升到 86%。

由图 6-25 可以看出，当钢管壁厚逐渐增加时，钢管混凝土高度对结构最大压应力的影响很低，仅占3%的比例；随着钢管壁厚的增加，钢管外径对结构最大压应力的影响逐步增加，当钢管壁厚在10~15 mm时，其敏感性百分比在46%左右，当钢管壁厚在15~22 mm时，其敏感性百分比由48%增加至92%；钢管壁厚对结构最大压应力的影响逐渐下降，其敏感百分比由51%下降到3%。

3．稳定性敏感性分析

根据响应面法的基本原理，可得结构屈曲系数的响应面方程，即

$$\overline{f}_3(X) = -1028.325 + 4.682X_1 + 1.263X_2 + 27.199X_3 - 0.118X_1^2 - 3.168 \times 10^{-4} X_2^2 - 0.654X_3^2 \quad (6-12)$$

将剩下的十二组数据代入式（6-12），得到了响应面计算值，并与有限元计算值进行对比，见表6-12。

表6-12 屈曲系数响应面方程校验结果

编号	混凝土高度/m	钢管外径/mm	钢管壁厚/mm	有限元计算值	响应面计算值	比值
1	4.5	1 520	16	457.78	445.98	0.97
2	9	1 520	16	462.81	459.89	0.99
3	18	1 520	16	452.10	473.41	1.05
4	22.5	1 520	16	443.70	473.02	1.07
5	13.6	1 160	16	320.56	320.17	1.00
6	13.6	1 320	16	427.33	396.54	0.93
7	13.6	1 700	16	508.82	512.90	1.01
8	13.6	1 850	16	528.97	533.64	1.01
9	13.6	1 520	12	459.31	433.61	0.94
10	13.6	1 520	14	465.18	454.01	0.98
11	13.6	1 520	18	474.80	479.13	1.01
12	13.6	1 520	20	479.16	483.84	1.01

由表6-12可知，结构屈曲系数的响应面计算值与有限元计算值之比的范围为0.93~1.07，误差均在7%以内，由此可见，本文得出的响应面方程可以较好地拟合出结构的屈曲系数与各参数之间的关系。

利用式（6-12）得到推导了参数 X_1、X_2 和 X_3 的敏感度函数，见式（6-13）~式（6-15）。

$$\left|\overline{f}_3'(X_1)\right|\frac{X_1}{\overline{f}_3(X)}=\left|4.682-0.236X_1\right|\frac{X_1}{\overline{f}_3(X)} \qquad (6-13)$$

$$\left|\overline{f}_3'(X_2)\right|\frac{X_2}{\overline{f}_3(X)}=\left|1.263-6.337\times10^{-4}X_2\right|\frac{X_2}{\overline{f}_3(X)} \qquad (6-14)$$

$$\left|\overline{f}_3'(X_3)\right|\frac{X_3}{\overline{f}_3(X)}=\left|27.199-1.308X_3\right|\frac{X_3}{\overline{f}_3(X)} \qquad (6-15)$$

将表 6-9 中的 19 组数据代入式（6-13）~式（6-15）分别得到目标函数关于 X_1、X_2 和 X_3 的敏感度，得到了各参数对结构屈曲系数的敏感百分比，如图 6-26 ~ 图 6-28 所示。

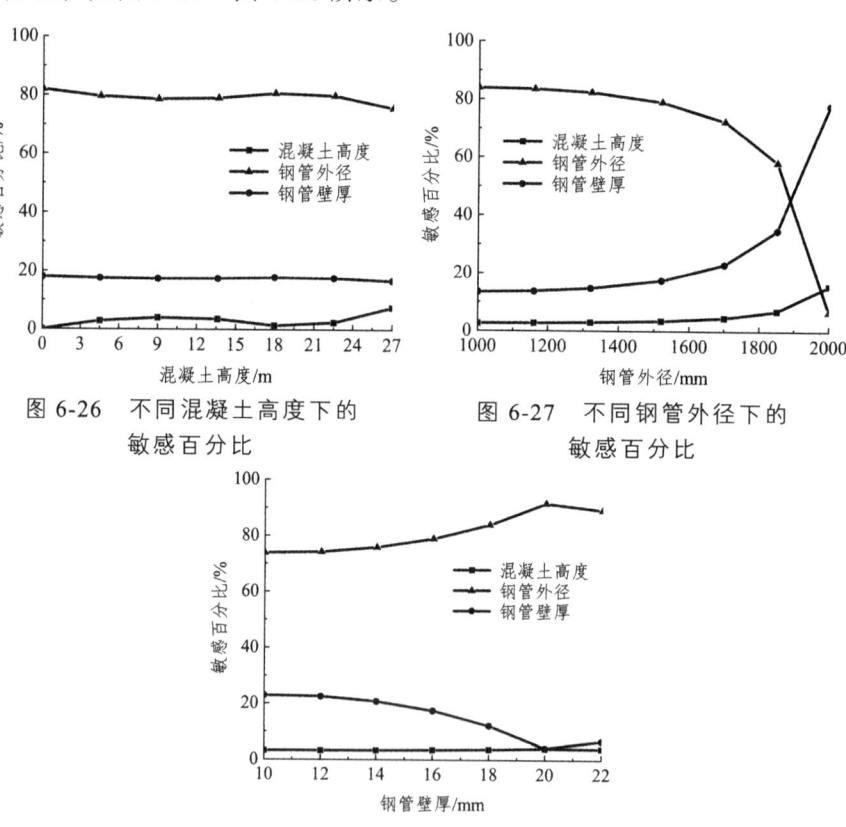

图 6-26　不同混凝土高度下的敏感百分比

图 6-27　不同钢管外径下的敏感百分比

图 6-28　不同钢管壁厚下的敏感百分比

由图 6-26 可以看出，随着混凝土高度增加，三个设计参数对屈曲系数的敏感百分比变化较小，钢管外径敏感百分比占比最大，在 80% 上下波动；钢管壁厚次之，在 18% 左右；混凝土高度最小，仅占 2% 左右。

由图 6-27 可以看出，当钢管外径在 1 000～1 800 mm 范围内变化时，随着钢管外径的增加，混凝土高度的敏感百分比从 3% 上升至 5%，钢管外径的敏感百分比从 84% 下降到 65%，钢管壁厚的敏感百分比从 13% 上升到 28%；当钢管外径从 1 800 mm 逐渐增加时，钢管外径对结构屈曲系数的影响减小，其敏感百分比由 65% 降至 7%，钢管壁厚对结构屈曲系数的影响上升，其百分比由 28% 增至 78%，混凝土高度对结构屈曲系数的影响较小，其敏感百分比由 5% 增加到 16%。

由图 6-28 可以看出，当钢管壁厚逐渐增加时，混凝土高度的敏感百分比保持不变，在 3% 上下；当钢管壁厚在 10～20 mm 时，随着钢管壁厚的增加，钢管外径的敏感百分比逐渐上升，由 74% 增至 92%。同时，钢管壁厚的敏感百分比逐渐下降，由 23% 下降到 4%。当钢管壁厚超过 20 mm 时，钢管外径的敏感百分比逐渐下降，钢管壁厚敏感百分比逐渐增加。

4．造价敏感性分析

根据响应面法的基本原理，可得结构造价的响应面方程，即

$$\overline{f}_4(X) = -168.356 + 0.663X_1 + 0.186X_2 + 17.648X_3 + 4.213 \times 10^{-6} X_2^2 - 0.011 X_3^2 \tag{6-16}$$

将其余的十二组数据代入式（6-16），得到了响应面计算值，并与有限元计算值进行了对比，见表 6-13。

表 6-13　工程造价响应面方程校验结果

编号	混凝土高度 /m	钢管外径 /mm	钢管壁厚 /mm	有限元计算值	响应面计算值	比值
1	4.5	1 520	16	406.18	406.18	1.00
2	9	1 520	16	409.16	409.16	1.00
3	18	1 520	16	415.12	415.12	1.00
4	22.5	1 520	16	418.11	418.11	1.00
5	13.6	1 160	16	341.32	341.30	1.00

续表

编号	混凝土高度/m	钢管外径/mm	钢管壁厚/mm	有限元计算值	响应面计算值	比值
6	13.6	1 320	16	372.71	372.68	1.00
7	13.6	1 700	16	448.10	448.07	1.00
8	13.6	1 850	16	478.18	478.16	1.00
9	13.6	1 520	12	342.84	342.82	1.00
10	13.6	1 520	14	377.59	377.56	1.00
11	13.6	1 520	18	446.80	446.77	1.00
12	13.6	1 520	20	481.27	481.25	1.00

由表6-13可知，工程造价的预测值与实际值之比均为1，由此可见，通过此响应面方程可以很好地拟合出结构的工程造价与各参数的关系。

利用式（6-16）计算得到关于参数 X_1、X_2 和 X_3 的敏感度函数，见式（6-17）~式（6-19）。

$$\left|\overline{f}_4'(X_1)\right|\frac{X_1}{\overline{f}_4(X)}=0.663\frac{X_1}{\overline{f}_4(X)} \quad (6\text{-}17)$$

$$\left|\overline{f}_4'(X_2)\right|\frac{X_2}{\overline{f}_4(X)}=\left|0.186+8.425\times10^{-6}X_2\right|\frac{X_2}{\overline{f}_4(X)} \quad (6\text{-}18)$$

$$\left|\overline{f}_4'(X_3)\right|\frac{X_3}{\overline{f}_4(X)}=\left|17.648-0.022X_3\right|\frac{X_3}{\overline{f}_4(X)} \quad (6\text{-}19)$$

将表6-9中的19组数据分别代入式（6-17）~式（6-19），分别得到了目标函数关于 X_1、X_2 和 X_3 的敏感度，如图6-29~图6-31所示。

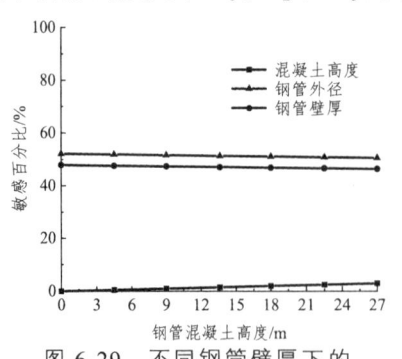

图6-29 不同钢管壁厚下的敏感百分比

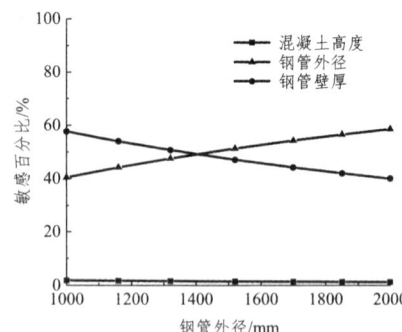

图6-30 不同钢管壁厚下的敏感百分比

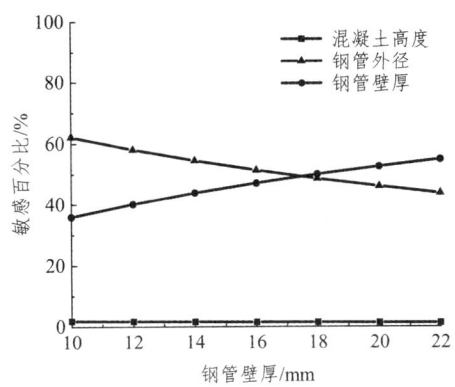

图 6-31　不同钢管壁厚下的敏感百分比

由图 6-29 可以看出，随着混凝土高度增加，其敏感百分比有一定的增加，由 0 上升到 3%；与此同时，钢管外径和钢管壁厚的敏感百分比分别由 52%、48% 降到 51%、46%，综上所述，各参数对结构工程造价的敏感性影响相对稳定。

由图 6-30 可以看出，随着钢管外径的增加，混凝土高度对结构工程造价的敏感性影响很小，在 1% 左右；在钢管外径逐渐增加的过程中，钢管外径的敏感百分比由 40% 增加到 59%，而钢管壁厚的敏感百分比由 58% 下降到 40%。

由图 6-31 可以看出，当钢管壁厚逐渐增加时，混凝土高度对结构工程造价的敏感性几乎无影响，其敏感百分比在 1% 左右；随着钢管壁厚的增加，钢管外径的敏感百分比由 62% 下降到 44%，而钢管壁厚的敏感百分比由 36% 上升到 55%。

6.3　临时提升支架结构优化

1. 结构优化基本理论

结构优化设计的理论首先由麦克斯韦（Maxwell）在 1980 年提出，并对结构优化进行了相关研究，但其研究方法仅仅局限于经典微法以及变分法，并不具有普遍的适用性；施密特（Schmit）在 1960 年首先开始利用数学规划法和有限元法对结构优化进行分析计算,从而使结构优化设计得到了迅速应用与发展[13]。目前,结构优化设计已经涉及建筑结构、船舶、汽车、航空、航天等多个领域,并取得了显著的成效,其主要的优化目标包括改进结构的尺寸形状,降低结构质量和应力,减小工程造价以及提高安全性等。一方面,结构优化设计能够减少设计工作量以及缩短设计周期;另一方面,采取最优的设计方案能够有效降低研制成本。

对于优化问题,当其目标函数只有一个时,称之为单目标优化问题;当目标函数有两个或大于两个时,就称之为多目标优化(Multi-objective Optimization Problem,MOP)问题。多目标优化就是要寻找一组使总目标函数最优化的决策变量的取值。由于各个子目标之间可能相互冲突,实际优化过程中,无法令所有目标均达到最优解,此时需要在这些目标中寻找一个平衡点,使各个子目标尽可能达到相对较优化的结果。因此,多目标优化问题不可能存在唯一的全局最优解,而是存在一个最优解的集合,集合中的元素称为Pareto最优解或非劣最优解[14]。多目标优化问题只有当求得的解是Pareto最优解时才有意义,劣解是没有意义的,因此,往往需要将多目标优化问题求解时作适当地处理。

为获得较优解,常用的处理方法可分为两种:一种处理方法是基于多目标优化函数重新构造一个新的函数,可称为评价函数,从而将多目标优化问题转变为求解评价函数的单目标优化问题,比较典型的方法有主要目标法和统一目标法等。另一种处理方法是将多目标优化问题转化为一系列单目标优化问题来求解,如分层序列法等[15]。

本书中的结构优化采用第一种处理方法,即将各个分目标函数组合为总的"统一目标函数",考虑到各参数的量级不同,为了便于寻优,首先对各目标函数进行无量纲化处理,即

$$f'_i(X) = \frac{f_i(X) - f_{i\min}(X)}{f_{i\max}(X) - f_{i\min}(X)} \quad (6\text{-}20)$$

$$f'_i(X) = f(X_1, X_2, X_3) \quad (6\text{-}21)$$

其中,$f_i(X)$表示各个分目标函数,$f_{i\max}(X)$、$f_{i\min}(X)$分别表示$f_i(X)$的极

大值和极小值。

统一目标函数可用式（6-22）表示，并使其满足式（6-23）和式（6-24）中的约束条件：

$$\min F(X)=\alpha(f_1'(X)+f_2'(X)-f_3'(X))+\beta f_4'(X) \quad (6\text{-}22)$$

$$\begin{cases} 0 \leqslant X_1 \leqslant 27 \\ 1\,000 \leqslant X_2 \leqslant 2\,000 \\ 10 \leqslant X_3 \leqslant 22 \end{cases} \quad (6\text{-}23)$$

$$\alpha+\beta=1 \quad (6\text{-}24)$$

其中，$f_1'(X)$ 表示最大拉应力函数，$f_2'(X)$ 表示最大压应力函数，$f_3'(X)$ 表示屈曲系数函数，$f_4'(X)$ 表示工程造价函数。

考虑到实际工程中对结构的安全性和造价的不同设计需求，本文引入了两个权重系数，即安全系数 α 和成本系数 β。当 $\alpha<\beta$ 时，表示在满足结构正常使用和极限承载能力的前提下，比较注重结构造价的经济性；当 $\alpha=\beta$ 时，表示在结构设计中安全性和成本同等重要；当 $\alpha>\beta$ 时，表示要偏向对结构安全性的设计，成本处于次要目标。在获得统一目标函数 $F(x)$ 之后，便可以通过相关优化算法进行计算和分析。

随着各种智能算法和计算机技术的发展，多目标粒子群算法、模拟退火算法、遗传算法和蚁群算法等智能优化算法在求解多目标优化问题时得以广泛应用，这些以种群操作为特征的多目标演化算法可同时搜索多个可能的解，从而在一次运行中就可以得到 Pareto 最优解，同时，这些智能算法对所求问题的 Pareto 阵面的形状和连续性并不敏感，因此，该类算法在求解实际的多目标优化问题时适用性更广、功能更强大。本文将采用粒子群算法对提升支架结构的相关设计参数进行优化。

粒子群算法（Particle Swarm Optimization，PSO）最早由美国社会心理学家詹姆斯·肯尼迪（James Kennedy）和电气工程师罗索·埃伯哈特（Russell Eberhart）于 1995 年共同提出，他们提出这种方法主要受到鸟类群体行为的启发，一开始每一只鸟均无特定目标进行飞行，直到有一只鸟飞到栖息地，当设置期望栖息比期望留在鸟群中具有较大的适应值时，每一只鸟都将离开群体而飞向栖息地，随后就自然地形成了鸟群。

由于鸟类使用简单的规则确定自己的飞行方向与飞行速度（实质上，每一只鸟都试图停在鸟群中而又不相互碰撞），当一只鸟飞离鸟群而飞向栖息地时，将导致它周围的其他鸟也飞向栖息地。这些鸟一旦发现栖息地，将降落在此，驱使更多的鸟落在栖息地，直到整个鸟群都落在栖息地。

粒子群算法原理和其他智能算法类似，都是采用"群体"与"进化"的概念，与其他算法不同的是，粒子群算法将所有粒子视为没有体积和质量的点，然后这些点根据一定的速度在搜索空间飞行，并根据自身飞行经验和群体飞行经验来调整自身飞行速度。

粒子群算法的进化方程为

$$V_{ij}(t+1) = wV_{ij}(t) + c_1 r_{1j}(P_{ij} - X_{ij}(t)) + c_2 r_{2j}[P_{gj} - X_{ij}(t)] \quad (6-25)$$

$$X_{ij}(t+1) = X_{ij}(t) + V_{ij}(t+1) \quad (6-26)$$

式中，下标 i 表示粒子标号；下标 j 表示粒子位置的第 j 维；t 表示粒子进化代数；V 表示粒子速度；P_{ij} 表示粒子 i 的最好位置的第 j 维；X_{ij} 表示粒子位置；P_{gj} 表示全部粒子的最好位置的第 j 维；w 表示权重系数；c_1 和 c_2 表示学习因子；r_{1j} 和 r_{2j} 表示相互独立的 0~1 的随机数。

寻找最小值粒子群算法的基本流程如下：

（1）对粒子群体规模、每一个粒子的速度、位置进行初始化，可在搜索域随机选取一个位置作为初始位置，在最大速度和最小速度之间随机选择一个速度作为初始速度。

（2）根据适应值函数对每个粒子的适应值进行计算。

（3）对于每个粒子，根据式（6-27）对适应值进行计算，并与本微粒的最佳适应值 P_i 进行比较，如果本代粒子适应值较小，则更新 P_i 值。

$$\boldsymbol{P}_i(t+1) = \begin{cases} \boldsymbol{P}_i(t) & \text{if} \quad f[(\boldsymbol{X}_i(t+1)] \geqslant f[(\boldsymbol{P}_i(t)] \\ \boldsymbol{X}_i(t+1) & \text{if} \quad f[(\boldsymbol{X}_i(t+1)] < f[\boldsymbol{P}_i(t)] \end{cases} \quad (6-27)$$

式中，$\boldsymbol{P}_i = (p_{i1}, p_{i2}, \cdots p_{ij})$ 表示第 i 个微粒最好位置向量；$\boldsymbol{X}_i = (x_{i1}, x_{i2}, \cdots x_{ij})$ 表示第 i 个微粒位置向量；$f(x)$ 为适应值函数。

（4）将每个粒子的适应值和全局最小适应值比较，如果本粒子的适应值小于全局最小适应值，则更新全局最优位置和全局最小适应值。

（5）选择合适的 w、c_1 和 c_2，根据式（6-25）和式（6-26）对粒子进行进化操作。

（6）如果全局最好适应值到达预定值或者迭代代数到达一定数值，则停止迭代，输出结果；如果不满足停止条件，则返回第 2 步继续进行迭代。

粒子群算法效果的好坏主要取决于 w、c_1 和 c_2 这三个参数，通常情况下，w 越大，则算法的全局搜索能力越强，而 w 越小，则算法的局部搜索能力越强。c_1 和 c_2 决定了粒子本身的飞行经验和群体飞行经验对粒子速度的影响，c_1 和 c_2 过大和过小都不利于算法的寻优。而 c_1 和 c_2 的设置还必须遵循算法在早期有较强的全局搜索能力以及在后期有较强的局部搜索能力的原则。

基于以上原因，研究者们提出了多种改进的粒子群算法。对于粒子群算法，w 的合理与否直接影响到算法的好坏，Shi 集中于参数 w 的改进，相继提出了线性递减权值（LDIW）策略[16]、模糊权值（FIW）策略[17]和随机权值（RIW）策略[18]。这三种改进策略中，LDIW 策略相对简单且收敛速度快，被广泛使用。陈贵敏提出了开口向下抛物线、开口向上抛物线和指数曲线 3 种非线性的权值递减策略，并对这三种改进策略的优劣性进行了比较研究。M.Clerc[19]确定了 c_1 和 c_2 的取值范围，认为一般情况下 $c_1 = 2.5$，$c_2 = 2.5$，而 c_1 和 c_2 在 [1, 2.5]取值比较合适。Ratnawecra[20]等提出采用线性调整策略来确定 c_1 和 c_2，认为 c_1 应该先大后小，而 c_2 应该先小后大。主要原理是粒子在初期应该更加注重于粒子本身的飞行信息，而到了后期应该注重于粒子群的社会信息。但是该方法也存在早熟的缺点。陈水利[21]等提出了一种凹函数和反余弦非线性学习因子的变化策略。该方法前期通过调整 c_1 和 c_2 以加快粒子搜寻速度的改变，后期采用较大的 c_2，从而加强对粒子群社会信息的利用，这种策略的优点在于搜索后期能够设置比较理想的 c_1 和 c_2 值，而避免过早收敛。

2．临时提升支架结构优化结果

根据粒子群算法的基本原理，利用 MATLAB 软件编制相关优化程序。粒子数目 N 取为 40，学习因子 c_1 和 c_2 均为 2，惯性权重 w 取为 0.5，

最大迭代次数 M 取为 1 000，并将三个自变量 X_1、X_2 和 X_3 的取值范围分别取为 [0, 27]、[1 000, 2 000] 和 [10, 22]，在此范围内进行不断迭代寻优。表 6-14 中对 α 和 β 在不同取值情况下各目标函数以及统一目标函数的结果进行了讨论和分析。由于单次寻优的结果具有一定的随机性，因此 α 与 β 取不同值时，对目标函数进行多次优化，取优化的平均值作为最终的优化结果。本例取 10 组优化结果的平均值作为最终结果。

表 6-14 不同系数组合下各目标函数取值结果

α, β	混凝土填充高度/m	钢管外径/mm	钢管壁厚/mm	最大拉应力/MPa	最大压应力/MPa	屈曲系数	造价/万元
$\alpha=0.1$, $\beta=0.9$	19.87	1 003.05	10.05	68.26	−168.40	173.68	211.60
$\alpha=0.2$, $\beta=0.8$	26.92	1 184.70	10.09	56.74	−152.26	271.93	252.38
$\alpha=0.3$, $\beta=0.7$	26.99	1 547.90	14.79	38.59	−90.47	467.47	405.76
$\alpha=0.4$, $\beta=0.6$	27.00	1 732.46	17.21	32.53	−71.02	523.93	484.42
$\alpha=0.5$, $\beta=0.5$	26.98	1 837.99	18.77	29.90	−63.12	543.58	532.49
$\alpha=0.6$, $\beta=0.4$	26.98	1 917.75	19.68	28.62	−59.71	551.29	564.20
$\alpha=0.7$, $\beta=0.3$	26.98	1 966.09	20.48	27.91	−57.93	553.62	587.80
$\alpha=0.8$, $\beta=0.2$	26.96	1 979.42	21.06	27.70	−57.22	553.85	600.43
$\alpha=0.9$, $\beta=0.1$	26.94	1 988.06	21.17	27.66	−57.07	553.90	603.95

由表 6-14 可以看出，当 α、β 取不同的数值时，混凝土高度填充高度的最优值变化不大，均在 27 m 左右，但需要注意的是，当安全系数 α 取 0.1 时，混凝土填充高度在 19.87 m 处获得最优值，说明混凝土填充高度仅在结构安全性非常不重视时，才会对优化结果产生较大的影响。对于结构设计参数，随着 α 逐渐增大及 β 逐渐减小，设计目标的最优点

处的钢管外径和钢管壁厚则逐渐增大，且在接近设计参数优化范围时，其变化幅度减小，这说明不计成本的增加结构安全性，会导致结构造价增高，结构设计参数会朝着结构应力减小，结构稳定性系数的增加方向优化；对于各目标函数，最大拉应力和最大压应力的绝对值不断减小，而屈曲系数和造价则逐渐增加。

根据国家标准《钢结构设计标准》(GB 50017—2017)，钢材厚度小于 16 mm 时，其设计强度值为 215 MPa，当钢材厚度大于 16 mm 小于 40 mm 时，其强度设计值为 205 MPa。从表中的设计目标优化结果看，各系数组合下结构优化后各设计目标的取值都是满足规范要求的，但当 $\alpha=0.1$ 和 $\alpha=0.2$ 时，结构的最大压应力为 168.4 MPa，非常接近 Q235 钢材的设计强度值，此时，结构的安全储备较小，安全风险较大，这在结构设计中应尽量避免。

综上所述，为了综合考虑结构的安全与成本，还需要进一步讨论安全系数与成本系数的取值，最后从各组系数中选出最合适本结构的安全系数和成本系数，使结构的安全与造价达到一定的平衡下，获得结构的最优设计参数以及设计目标。

为说明优化目标（应力、稳定性、造价）最优值在结构设计参数范围内所有可能设计参数中出现的位置，将混凝土填充高度、立柱钢管外径和立柱钢管壁厚三个设计参数根据取值范围等分为 20 份，通过组合，可获得 9 261 组设计参数样本，通过所拟合的响应面方程，求得所有样本点的设计目标值。设计目标值的直方图如图 6-32 所示，图中给出了安全系数与成本系数取不同数值时，最优设计目标值在直方图横坐标所处位置。

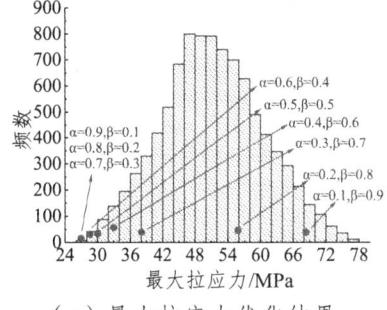

（a）最大拉应力优化结果

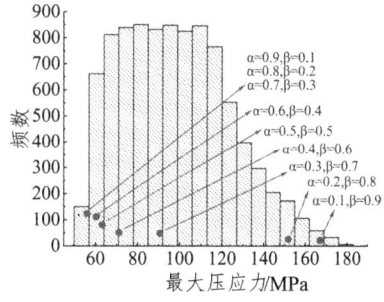

（b）最大压应力优化结果

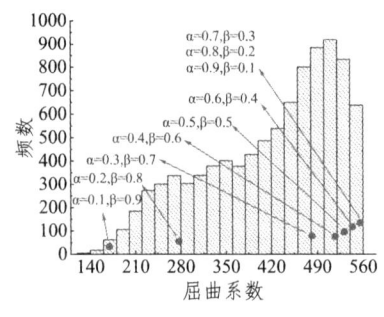
（c）屈曲系数优化结果

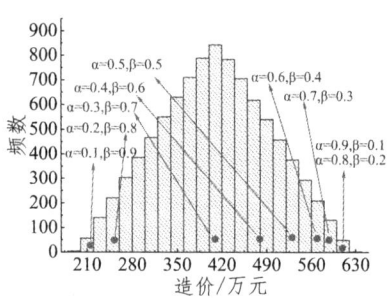
（d）造价优化结果

图 6-32 优化结果

由图 6-32 可知，最大拉应力出现频数较大的区间为 [45, 57]，最大压应力出现频数较大的区间为 [65, 120]，屈曲系数出现频数较大的区间为 [455, 525]，造价出现频数较大的区间为 [350, 490]。从结构最大拉应力以及屈曲系数的分布看，结构整体设计并不合理，不同的设计参数得到的最大拉应力比较小，结构的屈曲系数比较大，没有充分发挥材料的强度；但从最大压应力分布看，结构具有较好的安全性，并具备一定的安全储备。综上所述，结构整体设计以及设计参数优化的取值范围上是合理的。

当（$\alpha = 0.1$，$\beta = 0.9$）以及（$\alpha = 0.2$，$\beta = 0.8$）时，结构最优设计参数得到造价虽然较低，但结构的压应力太大，安全储备小，因此过于重视结构造价而降低结构安全性是不合理的。

当 α 从 0.5 逐渐增加至 0.9（对应的 $\beta = 0.5 \sim 0.1$）时，结构最优参数得到的最大拉应力、最大压应力、屈曲系数数值上变化不大，且结构均处于较低应力水平，材料浪费严重，对应的造价逐渐增高，（$\alpha = 0.5$，$\beta = 0.5$）与（$\alpha = 0.9$，$\beta = 0.1$）优化所得到的造价相差 71.46 万元，这说明本工程中，当 α 从 0.5 逐渐增加至 0.9（对应的 $\beta = 0.5 \sim 0.1$）时，成本系数与安全系数的取值对优化结果的相对影响比较小。

当（$\alpha = 0.3$，$\beta = 0.7$）以及（$\alpha = 0.4$，$\beta = 0.6$）时，最大拉应力比较小，但最大压应力较大，结构的强度安全主要由最大压应力控制，此时，最大压应力分别为 90 MPa 与 71 MPa，屈曲系数均较大，不是安全性控制的主要指标，当 α 由 0.3 变为 0.4 时，造价增高，而结构的安全性则随着增高。

综上所述，对安全系数 α 和成本系数 β 的讨论，当 α 取为 0.3~0.4，β 取为 0.6~0.7，四个目标函数的优化结果能够达到相对理想的平衡。需要说明的是，当 α 取为 0.3~0.4 时，β 取为 0.6~0.7 时并不是绝对意义上的最优解，而是统一目标函数 Pareto 前沿解集中的一个非支配解，在求该非支配解得过程中综合考虑了结构的强度、稳定性和工程造价等多个目标函数，它是在满足各目标函数取得平衡状态下的综合最优解。由于实际工程的复杂性和差异性，也可对结构拓扑、结构布置形式以及结构设计参数范围进行调整，在此基础上进行结构优化。另外，本文虽然给出了成本系数以及安全系数的取值，但仍然需要从成本与安全两个方面进行详细论证，结合工程设计需求，合理地分配安全系数和成本系数，以达到满足各项功能的最优结构设计。

7 钢箱拱肋整体提升模型试验及理论研究

整体提升施工方法在大跨度钢箱拱桥中的应用还较少,整体提升施工方法的安全性、精确度和系统性还不够,缺乏系统的理论研究和试验验证。整体提升过程中还存在一些施工难题亟待解决,以工程背景中的桥梁整体提升施工为例,该桥中拱段整体提升施工过程面临5个难题:

(1)由于被提升拱段的质量较大(该吨位的整体提升在世界上尚属首次),且拱肋为空间曲线结构,提升施工过程中,拱肋有外倾趋势,受力情况较为复杂,拱肋的受力状态和安全性对施工安全至关重要。

(2)提升施工工序中随着拱肋不断提高,拱肋几何线形和吊索的空间位置在不断变化,从刚刚脱离支架变为提升体系时不断经历临时索与吊索之间的调整,并最终达到稳定的平衡体(图7-1)。这一过程中,临时索的伸长率以及其和吊索的竖向夹角不断变化,从变化态过渡到稳定态的过程是否和理论分析一致,需要开展相关试验研究进行验证。

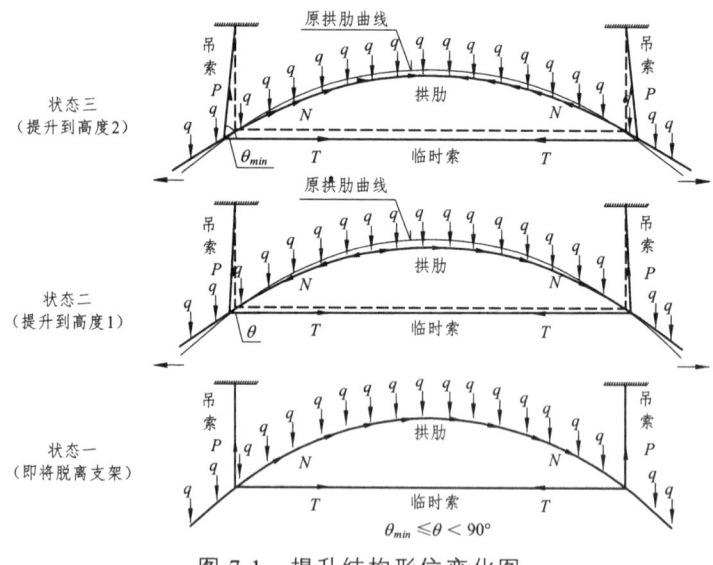

图 7-1 提升结构形位变化图

（3）中拱段结构的变形将影响最终合龙，因此将合龙误差控制在可控范围内对施工非常关键，而该桥中拱肋线型为空间曲线，合龙口的位移变化存在不确定性，需要结合理论分析和试验来综合研究。

（4）在中拱段完成低位拼装，开始张拉预应力和整体提升时，中拱段的边界条件由支架多点支撑变成吊点处两点支撑，存在一个体系转换的过程（图7-2）。在体系转换时，结构中的受力进行重分配，致使提升索的有效预应力发生变化。

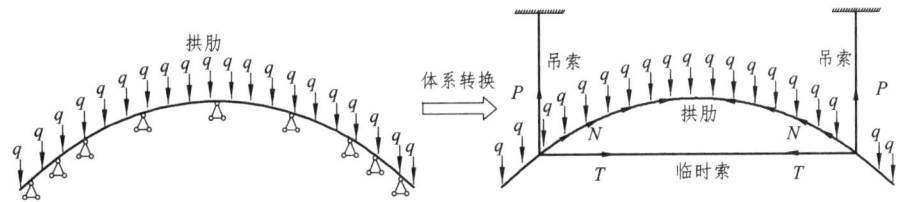

图7-2 体系转换示意图

（5）尽管可以采用数控程序和电脑技术来尽量保障同步提升，但是不同步的情况仍然难以避免，多点不同步的阈值和结构冗余度都是需要通过试验来验证的。

针对以上5个难点，本章通过模型试验对中拱段整体提升施工过程的关键问题进行研究和分析，将桥梁施工阶段结构的危险性进行预测性研究，发现问题并及时采取适当的补救措施，避免事故的发生和提高施工准确度，为今后类似桥梁的施工提供数据参考。

7.1 试验基本理论

1. 几何相似

模型结构和原型结构满足几何相似，即要求模型和原结构之间所有对应部分尺寸的比例即相似比例为长度相似常数。即有长度 h、面积 A、体积 V、截面模量 W 和惯性矩 I 的相似比分别为

$$\frac{h_\mathrm{m}}{h_\mathrm{p}} = \frac{b_\mathrm{m}}{b_\mathrm{p}} = \frac{l_\mathrm{m}}{l_\mathrm{p}} = S_\ell \qquad (7\text{-}1)$$

$$\frac{A_\mathrm{m}}{A_\mathrm{p}} = S_l^2 \tag{7-2}$$

$$\frac{V_\mathrm{m}}{V_\mathrm{p}} = S_l^3 \tag{7-3}$$

$$\frac{W_\mathrm{m}}{W_\mathrm{p}} = S_l^3 \tag{7-4}$$

$$\frac{I_\mathrm{m}}{I_\mathrm{p}} = S_l^4 \tag{7-5}$$

模型结构体系的位移 x，长度 l 和应变 ε 之间的相似常数为

$$S_x = \frac{x_\mathrm{m}}{x_\mathrm{p}} = \frac{\varepsilon_\mathrm{m} \cdot l_\mathrm{m}}{\varepsilon_\mathrm{p} \cdot l_\mathrm{p}} = S_\varepsilon \cdot \varepsilon_l \tag{7-6}$$

2．质量相似

质量相似常数和密度相似常数可由量纲分析得到

$$S_m = \frac{m_m}{m_p} = \frac{\rho_m}{\rho_p} \times S_v \tag{7-7}$$

$$S_\rho = \frac{\rho_m}{\rho_p} = \frac{S_m}{S_v} = \frac{S_m}{S_l^3} \tag{7-8}$$

3．荷载相似

一般荷载主要是由几何相似后集中荷载、面荷载及线荷载简化而成。其相似关系主要包括：

集中荷载 $\qquad S_\mathrm{p} = \dfrac{m_\mathrm{m} g}{m_\mathrm{p} g} = S_m \tag{7-9}$

线荷载 $\qquad S_w = \dfrac{m_\mathrm{m} \times g / l_\mathrm{m}}{m_\mathrm{p} \times g / l_\mathrm{p}} = S_m / S_l \tag{7-10}$

面荷载
$$S_q = \frac{m_m \times g / l_m^2}{m_p \times g / l_p^2} = S_m / S_l^2 \qquad (7\text{-}11)$$

弯矩相似
$$S_M = \frac{m_m \times g \times l_m}{m_p \times g \times l_p} = S_m \times S_l \qquad (7\text{-}12)$$

考虑结构的自重分布时

$$S_{mp} = \frac{m_m \times g \times l_m^3}{m_p \times g \times l_p^3} = S_m \cdot S_l^3 \qquad (7\text{-}13)$$

4．物理相似

物理相似主要是通过相似理论来探索原型结构的应力和应变、刚度和变形之间的关系，这包括法向应力、弹性模量、法向应变、剪应力及挠度的相似常数，以便推算出真实结构的变形、内力、应力、应变等。

此外还有时间相似、边界条件相似、初始条件相似、施工过程相似等，这些相似只能尽量在模型设计及制作中加以考虑。实际要模拟整个施工过程的时效变化几乎是不可能的。而临时荷载、偶然荷载及临时约束等由于其影响较小，则暂不作考虑。

7.2 试验方案设计

1．实桥状态分析

全桥拱肋建造时分成三部分，即中拱段整体提升部分加两岸原位施工部分，其中中拱肋整体提升部分至关重要，在开展模型设计之前，需要采用理论分析确定中拱段的受力状态，尤其水平临时索的索力大小和结构设计，因此，首先采用有限元软件对全桥中拱段的提升开展分析。拱桥提升过程中，结构形式如图7-3所示，模型结构分为四个部分，分别是拱肋结构、抱箍结构、提升钢索和水平预应力拉索。

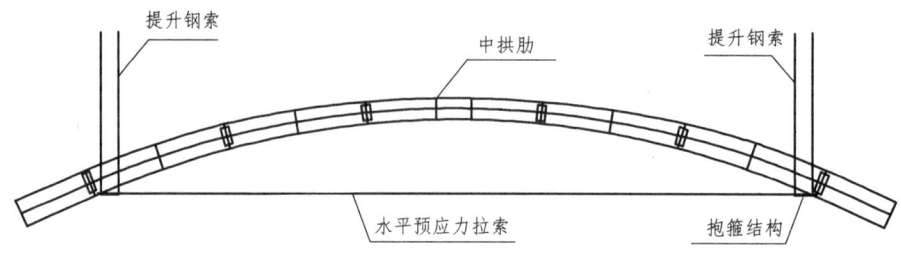

图 7-3 提升施工结构形式

（1）有限元模型。

对于众多的力学问题和物理问题，人们已经能够获得了它们应遵循的基本方程（常微分方程或偏微分方程）。但是，能通过解析方法求出精确解的问题只占少数部分，该类为题大多是方程形式比较简单，并且研究对象的几何形状较为规则。对于大多数的比较复杂的问题，不能通过解析方法得到精确的解。对于这类复杂的问题，通常采用两种途径来解决：一种是将问题做简化处理，将问题的方程和几何边界简化成为我们能够处理的情况，从而获得该问题的解析解，但是这种方法具有局限性。因为过多的简化过程可能导致产生很大误差甚至得到错误的解析解。对于跨径不断增大的桥梁工程，其结构形式非常复杂，简单的简化处理很难计算出问题的解析解，因此，这种方法在大跨度桥梁工程中很难得到适用。另一种方法就是数值解法，该方法是借助于计算机来求解满足工程要求的近似解，也即是数值解。这种方法的基本思想是将连续的求解区域离散为有限个单元，这些单元按一定方式相互联结在一起。这种方法能够适用不同的结构形式，在大跨度桥梁工程中，能够很好地应用。

数值解法的基本理论是有限元法。这种方法是将连续体划分为有限个相互连接，但又互不重叠的单元，通过分析每个单元内的节点分布规律，然后来分析整个连续体的规律，对连续体其进行求解。

有限元法的基本力学原理是最小势能原理[22]。假设一个变形体，它在外力作用下会产生一定的变形，他的变形能可表示为

$$U = \frac{1}{2} \iiint_\Omega \boldsymbol{d}^T \boldsymbol{L}_1^T \boldsymbol{L}_2 \boldsymbol{L}_1 \mathrm{d}\Omega \qquad (7-14)$$

式中，d 为物体内任一点的位移，L_1 为微分算子，L_2 为材料的刚度矩阵。

外力作用对物体所做的功为

$$W = \iiint_\Omega f^\mathrm{T} d\,\mathrm{d}\Omega \qquad (7\text{-}15)$$

式中，f 为作用在物体上的任何一点的力向量，此时该点对应的位移设为 d。

则，变形体的势能为

$$\Pi = U - W = \frac{1}{2}\iiint_\Omega d^\mathrm{T} L_1^\mathrm{T} L_2 L_1 \mathrm{d}\Omega - \iiint_\Omega f^\mathrm{T} d\,\mathrm{d}\Omega \qquad (7\text{-}16)$$

物体在外力作用下产生位移和变形，在满足所有几何边界条件的位移模式中，使物体达到变形和平衡状态的真实位移，应使物体的总势能 Π 取得极小值，此时上式对位移的导数应为零，即

$$\frac{\partial \Pi}{\partial \{d\}} = \{0\} \qquad (7\text{-}17)$$

对于二维有限元单元，变形体在体力和表面力的作用下，二维弹性体的势能为

$$\Pi = \frac{1}{2}\iint_\Omega d^\mathrm{T} L_1^\mathrm{T} L_2 L_1 t\,\mathrm{d}S - \iint_S f^\mathrm{T} d\,t\,\mathrm{d}S - \int_l \widetilde{f^\mathrm{T}} d\,t\,\mathrm{d}l \qquad (7\text{-}18)$$

式中，$\widetilde{f^\mathrm{T}}$ 为表面力，l 为表面力作用的边界，t 为所研究物体的厚度。

将整个变形体区域划分成 n 个单元，那么总的势能可以表示成所有单元势能的总和，即

$$\Pi = \sum_1^n \Pi^{(e)} \qquad (7\text{-}19)$$

经过推导，可得

$$(K_{i1}\ K_{i2} \cdots K_{ir}) \begin{pmatrix} u_1 \\ v_1 \\ u_2 \\ v_2 \\ \vdots \\ u_r \\ v_r \end{pmatrix} = f_i \qquad (7\text{-}20)$$

经过推导，可得到单元刚度矩阵的数值为

$$K_{ij} = \iint_{s^{(e)}} L_{1i}^{(e)\mathrm{T}} L_2^{(e)} L_{1j}^{(e)} t^{(e)} \mathrm{d}S \tag{7-21}$$

其中，K_{ij}是节点i和节点j的刚度矩阵，维数为2×2。

对于整个变形体，把所有单元的刚度矩阵叠加起来，从而形成总的刚度矩阵K，则有限元法的计算方程为

$$K \cdot d = f \tag{7-22}$$

求解方程，就可以得到变形体内个单元的节点位移[23]。

运用最小势能原理，需要假设单元内位移模式，因此这种方法也被称为位移法[24]。有限元法解决工程问题的步骤是：

（1）离散化。将一个连续的弹性体离散成有限个单元的集合体。集合体中单元与单元之间通过共同的节点联系。

（2）单元分析。利用假设的位移模式、弹性力学基本方程及变分原理，建立单元的刚度矩阵，再把单元刚度矩阵集合成系统整体的刚度矩阵。

（3）整体分析。根据系统整体的受力情况建立有限元方程，引入边界条件，求解系统整体的方程组。

采用 ANSYS 有限元程序，对实桥中拱段提升结构进行了有限元分析，以便进一步分析拱肋整体提升施工过程中的受力变形规律，同时数值计算结果为水平临时索和试验模型的设计奠定基础。根据模型的结构尺寸，采用 ANSYS 软件建立空间力学模型，如图 7-4 所示。模型中，拱肋钢箱梁及提升装置（工字钢钢板）采用空间板壳单元 shell63，竖直提升钢束、水平预应力索均采用杆系单元 link10。模型中拱肋、加劲肋、横隔板、横撑、抱箍等 5 部分采用板壳单元（shell63）；钢束采用杆单元（link10）。模型共计 217 941 个节点，450 376 个单元。

基于 Kirchhoff 理论的板单元，忽略了板中的剪切变形的影响，而基于 Mindlin 理论的板单元，考虑了板中的剪切变形。处于四周的钢板材料在不同的位置受力状态不同，处于腹板位置的板单元受剪力作用明显，而顶底板的钢板膜效应相对要明显。所以应选用基于 Mindlin 理论的板单元。

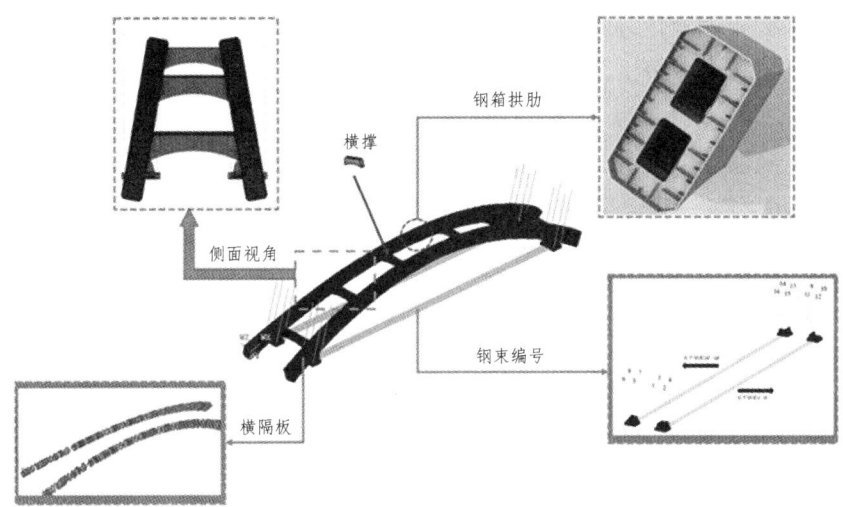

图 7-4 有限元力学模型

如图 7-5 所示，板单元位移可以表示为

$$\begin{Bmatrix} u \\ v \\ w \end{Bmatrix} = \sum_{i=1}^{4} N_i \begin{Bmatrix} u_i \\ v_i \\ w_i \end{Bmatrix} + \sum_{i=1}^{4} \frac{N_i \zeta t_i}{2} \begin{bmatrix} l_{1i} & l_{2i} \\ m_{1i} & m_{2i} \\ n_{1i} & n_{2i} \end{bmatrix} \begin{Bmatrix} \phi_i \\ \psi_i \end{Bmatrix} \qquad (7\text{-}23)$$

式中，N_i 为形函数，t_i 为结点 i 处的厚度。

单元的坐标变换为

$$\begin{Bmatrix} x \\ y \\ z \end{Bmatrix} = \sum_{i=1}^{4} N_i \begin{Bmatrix} x_i \\ y_i \\ z_i \end{Bmatrix}_{\text{中面}} + \sum_{i=1}^{4} N_i \frac{t}{2} \begin{Bmatrix} \Delta x_i \\ \Delta y_i \\ \Delta z_i \end{Bmatrix} \qquad (7\text{-}24)$$

$$\begin{Bmatrix} \Delta x_i \\ \Delta y_i \\ \Delta z_i \end{Bmatrix} = \begin{Bmatrix} x_i \\ y_i \\ z_i \end{Bmatrix}_{\text{下表面}} - \begin{Bmatrix} x_i \\ y_i \\ z_i \end{Bmatrix}_{\text{上表面}} \qquad (7\text{-}25)$$

单元的应变矩阵与一般弹性力学形式相同，不作特殊说明，经过变分处理得到单元的刚度矩阵。在板壳单元分析时，当板的厚度很小时，会发生剪切自锁现象。为了避免剪切自锁现象的发生，必须保证有限元求解方程的刚度矩阵与罚函数相关部分的奇异性。通常为了保证奇异性，不能对单元刚度矩阵进行精确的积分，有效的办法是采用减缩积分的方法。但是减缩积分会增加除刚体运动以外且对变形能没有贡献的变形模式，即零能模式。为了排除不合理的零能模式，必须保证整体刚度矩阵的非奇异性。目前大型有限元中均引入"沙漏"的概念，即在减缩积分的单元中引入一个小量的"沙漏刚度"，以限制沙漏模式的扩展。

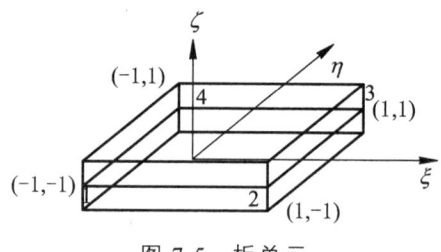

图 7-5　板单元

LINK10 单元独一无二的双线性刚度矩阵特性使其成为一个轴向仅受拉或仅受压杆单元。使用只受拉选项时，如果单元受压，刚度就消失，以此来模拟缆索的松弛或链条的松弛。这一特性对于将整个钢缆用一个单元来模拟的钢缆静力问题非常有用。当需要松弛单元的性能，而不是关心松弛单元的运动时，它也可用于动力分析（带有惯性或阻尼效应）。如果分析的目的是研究单元的运动（没有松弛单元），那么应该使用类似于 LINK10 的不能松弛的单元，比如：LINK8 或 PIPE59。对于最终收敛结果为绷紧状态的结构，如果迭代过程中可能出现松弛状态，那么这种静力收敛问题也不能使用 LINK10 单元。这时候应该采用其他单元或者采用"缓慢动力"技术。LINK10 单元在每个节点上有三个自由度：沿节点坐标系 X、Y、Z 方向的平动。不管是仅受拉（缆）选项，还是仅受压（裂口）选项，本单元都不包括弯曲刚度。本单元具有应力刚化、大变形功能。该单元的几何，节点位置以及坐标系见图 7-6，单元通过两个节点、横截面、初始应变或间隙以及各向同性材料特性来定义。单元的 X 轴是沿着节点 I 到节点 J 的单元长度方向。单元的初始应变（ISTRN）由 Δ/L 给出，这里 Δ 是单元长度 L（由节点 I 和 J 的位置来定义的）和零应变长度 L_0 之间的差值。对于缆选项，负的应变值表示其处于松弛状态。对于裂口选项，正的应变值表示其处于裂开状态。这里裂口的值必须作为每单位长度的值输入。

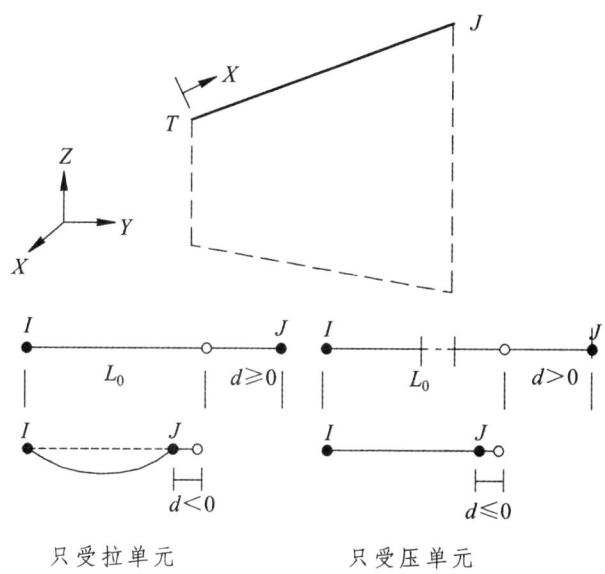

只受拉单元　　　　　只受压单元

图 7-6　单元几何、节点位置及坐标系示意图

为了辅助水平临时拉索固定和竖向吊索着力点,设计了拱肋拱脚的抱箍,其结构设计如图 7-7 所示,抱箍位于拱肋的下侧,处于 N5 段与 N6 段之间,钢束锚固在抱箍上。抱箍的作用为避免提升钢束直接与拱肋连接,造成拱肋上出现较大的局部应力。

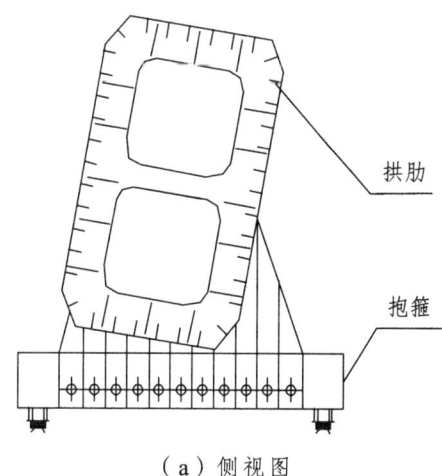

（a）侧视图

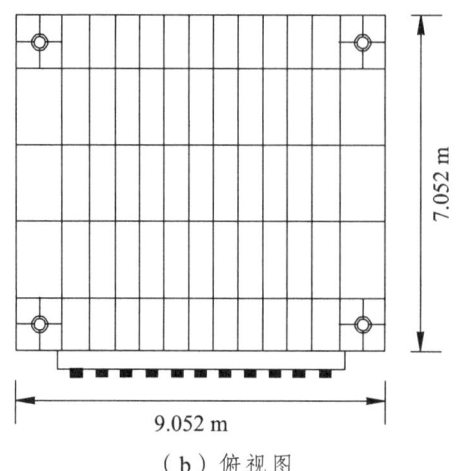

(b) 俯视图

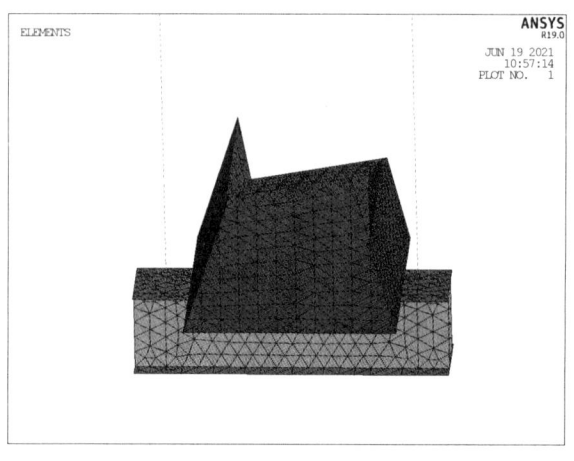

(c) 离散图

图 7-7 抱箍构造和离散图

钢束分为竖直提升钢束和纵向水平预应力拉索两部分。纵向水平预应力拉索提供水平预应力，避免提升过程中拱肋产生较大的水平位移。纵向水平钢束在拱肋两侧各 9 束，每束由 21 根直径 15.2 mm 的钢绞线组成，锚固的位置是图 7-7（a）所示的下侧圆孔处。竖直提升钢束共 16 束，4 个抱箍立方块上每个分布 4 束，每束由 31 根直径 15.2 mm 的钢绞线组成，锚固的位置是图 7-7（b）所示的圆孔处。

在整体提升过程中，拱肋结构主要受到三种荷载，分别是结构自重、纵向水平拉索预应力以及结构的风荷载，忽略温度作用的影响。纵向水平钢束的预应力，根据反复试算，以提升拱肋安全性为前提，水平临时索预应力的大小为 18 根钢束平均承担 $2 \times 21\,000$ kN 的水平初拉力。风荷载按照横桥向方向加载，大小按照《重型结构（设备）整体提升技术规程》要求，当地风荷载大小取 755 N/m²。风荷载计算过程如下。根据规范规定，水平风荷载的标准值为

$$\omega_k = \beta_z \mu_s \mu_z \omega_0^* \qquad (7\text{-}26)$$

其中，ω_0^* 是相应施工阶段的 10 m 高处的风压代表值，根据规范取 $\omega_0^* = 0.22$ kN/m²；μ_z 是高度 z 处的风压高度变化系数，该值的选取与离地面高度和地面粗糙类别有关。根据官塘大桥实际施工情况，地面粗糙类别选取 A 类（近海海面、海岛、海岸、湖岸及沙漠地区）。鉴于整体提升过程中，拱肋结构的竖直向高度 z 是一直变化的，离地面高度近似取拱桥矢高的一半，即 50 m。最终风压高度变化系数 $\mu_z = 2.03$；μ_s 是风荷载体形系数，该值的选取方法如表 7-1 所示，取 $\mu_s = 1.3$。β_z 是高度 z 处的风振系数，建筑结构整体提升的风振系数可取 1.3。

表 7-1 整体提升结构常用风荷载体形系数

结构类别			μ_s
单层迎风面的平面、单个型钢			1.30
揽风绳			1.20
主材为型钢塔架 （双层迎风）	$\varphi =$	0.3	2.20
		0.4	2.00
		0.5	1.90
主材为钢管柱塔架 （双层迎风）	$\varphi =$	0.3	1.62
		0.4	1.50
		0.5	1.44

注：表中 φ 为挡风系数，$\varphi =$ 正面迎风面积/迎风面轮廓面积。

为了对比水平临时索和竖向提升索对拱肋结构受力的影响，主要考虑三种计算工况，具体如表 7-2 所示。计算工况一是近似模拟成桥阶段中拱段的受力情况，成桥阶段，中拱段仅考虑自重荷载，忽略风荷载的

影响，此时水平预应力拉索已拆除，不存在预应力荷载；此阶段的边界条件为中拱段两端固结。工况二与工况三都是模拟整体提升施工阶段。工况二是在不添加水平预应力索的情况下起吊，工况三是在有水平预应力索的情况下起吊，工况二与工况三的边界条件均为竖向提升索上部吊点处固结。工况二与工况三的比较计算，主要为考察水平预应力索的存在对整体提升施工的影响。

表 7-2 计算工况表

工况编号	计算荷载	边界条件
工况一	自重	中拱段两端固结
工况二	自重+风荷载	提升钢束上部吊点固结
工况三	自重+预应力+风荷载	提升钢束上部吊点固结

综合所有的计算工况，计算模型中共分为四种边界条件，分别为拱脚处固结、提升钢束上部固结、横向限位约束和钢束与抱箍结构耦合。采用钢束与抱箍结构耦合来模拟提升钢束和水平预应力钢束在抱箍结构上的锚固，在计算模型中通过将板壳单元与杆系单元节点处添加约束来实现，约束的方向为 U_x，U_y，U_z 三个自由度。横向限位约束是提升施工过程中，约束结构横桥向位移，防止结构产生横桥向的摆动。该约束由限位装置提供，约束方向为 U_y 方向平动自由度。约束部位位于抱箍结构外侧面，三种边界条件具体情况如表 7-3 所示。

表 7-3 边界条件表

边界组名称	约束部位	约束类型	适用工况
拱脚处固结	四个拱脚截面	U_x, U_y, U_z, R_x, R_y, R_z	工况一
提升钢束顶端固结	提升钢束顶端	U_x, U_y, U_z, R_x, R_y, R_z	工况二、工况三
横向限位约束	抱箍结构侧面	U_y	工况二、工况三
钢束耦合	钢束锚固端与垫板	刚性连接	工况二、工况三

（1）提升索内力结果。

工况二中，有提升钢束，无水平预应力钢束；工况三中既有提升钢束,还有水平预应力钢束;工况一中无钢束布置。因此,索力结果只需在工况二和工况三中提取。提升钢束共有 16 根,在每个抱箍结构上分布 4 根。提升钢束的分布及编号如图 7-8 所示。分析提升钢束索力,能够看出拱肋结构自重在各根钢束的分布情况。

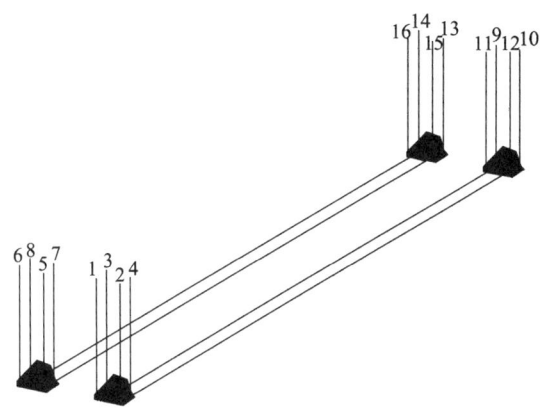

图 7-8 提升钢束分布及编号

工况二与工况三的提升钢束索力结果如下表 7-4 和图 7-9 所示。由以上结果能够看出,工况二作用下,各提升钢束的索力结果相差较大,靠近拱脚的 8 根钢束(图中编号为 1,2,5,6,9,10,13,14 的钢束)索力较小,约为 1 200 kN,中间的 8 根钢束受力较大,约为 6 000 kN。二者之比约为 1/5。与工况二的情况相反,工况三下,各提升钢束的索力分布较为均匀。靠近拱脚处的 8 根钢索索力略大,均值约为 3 950 kN,中间的 8 根钢束受力略小,平均约为 3 400 kN,二者之比约为 1.15。结果表明,无水平临时索作用下,提升索受力表现为不均匀性突出;而在有水平临时索作用下,各竖向提升索的索力趋于均匀。说明水平临时索不仅对拱肋的受力有较大影响,对提升索的索力也有较为明显的效应。

表 7-4 提升钢索索力结果

钢束编号	工况二/kN	工况三/kN	钢束编号	工况二/kN	工况三/kN
1	1 191	3 916	9	1 191	3 916
2	1 198	3 950	10	1 198	3 950
3	5 944	3 387	11	5 944	3 387

续表

钢束编号	工况二/kN	工况三/kN	钢束编号	工况二/kN	工况三/kN
4	5 948	3 408	12	5 948	3 408
5	1 194	3 928	13	1 195	3 928
6	1 264	3 997	14	1 265	3 997
7	5 966	3 407	15	5 966	3 407
8	6 030	3 466	16	6 030	3 466

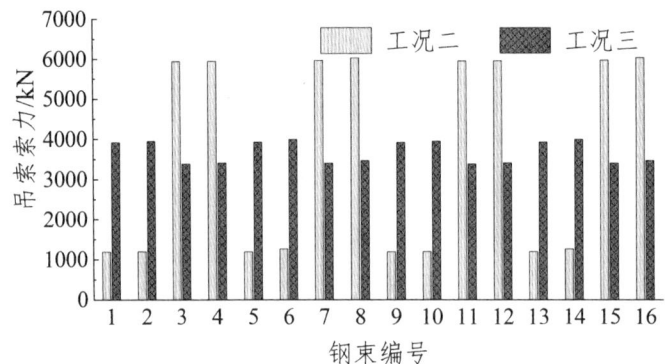

图 7-9 提升钢束索力结果图

（2）水平预应力钢束索力。

水平预应力拉索仅在工况三中出现，水平索力的计算结果仅有工况三的结果。水平索力的结果如表 7-5 所示，其中水平预应力拉索的钢束编号按照横桥向依次为 1′~18′。提升过程中，水平临时钢束受力较为均匀，最大应力为 588 MPa，最小应力为 585 MPa，各根钢束间应力相差较小。与 1860 级钢绞线的设计强度相比，水平临时索的应力水平较低，能够满足整体提升过程中安全施工的要求。水平预应力钢束在提升过程中的有效预应力为 588 MPa，与施加的初始预应力 794 MPa 相比，预应力损失率达到 26%。这一结果说明钢结构中体外预应力损失比例较大。

表 7-5 预应力拉索结果

钢束编号	有效应力/MPa	应力损失/MPa	损失率	钢束编号	有效应力/MPa	应力损失/MPa	损失率
1'	588	206	26%	10'	585	209	26%
2'	588	206	26%	11'	585	209	26%
3'	587	207	26%	12'	585	209	26%
4'	587	207	26%	13'	585	209	26%
5'	587	207	26%	14'	585	209	26%
6'	587	207	26%	15'	585	209	26%
7'	587	207	26%	16'	585	209	26%
8'	587	207	26%	17'	585	209	26%
9'	587	207	26%	18'	585	209	26%

（3）拱肋位移结果。

提升过程中，位移结果对施工过程中拱肋线形和合龙误差有较大影响。位移结果根据方向分为两部分：竖直方向的位移（Z 向，以竖直向上为正），水平顺桥向的位移（X 向，以拱脚一端到另一端拱脚的方向为正）。竖直方向的位移影响到成桥后拱肋的线形，水平方向的位移关系到中拱段提升就位后与边拱段的合龙施工难度。

① 竖向位移结果。

三种工况作用下，拱肋结构的竖向位移结果如图 7-10 ~ 图 7-12 所示。工况一中，拱肋结构的最大位移为 0.064 6 m（方向为竖直向下），产生在拱顶位置。工况二与工况三中的竖直方向的位移包含两部分：一部分是提升钢索的伸长量，一部分是中拱段的形变。为消除提升钢束伸长的影响，以拱肋竖向位移的最大差值（即拱肋的挠度）来反映中拱段的变形情况。中拱段的拱肋位移差值（拱顶位移减拱脚位移）如表 7-6 所示，以使拱肋产生上拱趋势为正。

图 7-10　工况一竖向位移结果图（m）

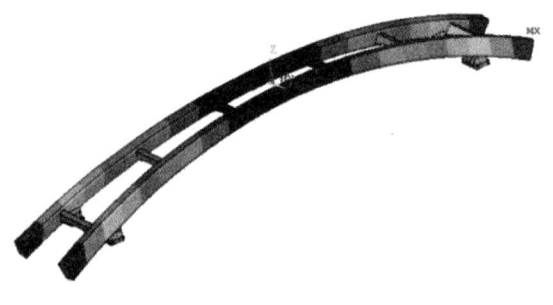

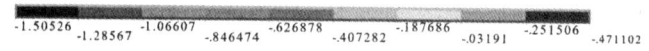

图 7-11　工况二竖向位移结果图（m）

图 7-12　工况三竖向位移结果图（m）

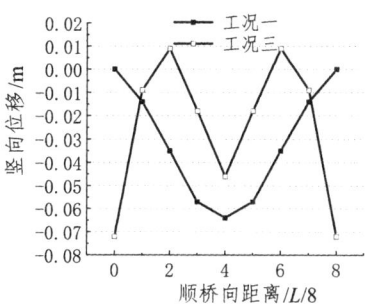

图 7-13 竖向位移结果分布图

表 7-6 拱肋竖向位移差值

工况	位移差值/m	挠跨比
工况一	-0.065	1/4 038
工况二	-1.976	1/133
工况三	0.026	1/10 096

整体提升过程中，拱肋结构产生 0.026 m 上拱的位移差值，挠跨比为 1/10 096，拱肋位移较小，提升施工不会使拱肋产生较大的变形。与不添加水平预应力方案（工况二）相比，工况三中拱肋位移差值减小 98.7%。水平预应力束的添加，能够明显的减小提升过程中拱肋结构的竖向变形。拱肋的竖向位移沿顺桥向的分布情况能够直观地反映拱肋结构的线形。为确保整体提升施工过程中，拱肋结构的线形与理想线形不产生较大偏差，比较工况一与工况三的竖向位移的分布情况。以 $L/8$ 为间隔，提取中拱段上 9 个关键点处的竖向位移，竖向位移分布情况如图 7-13 所示。其中工况三为去除钢束伸长量以后的位移结果。比较工况一与工况三的竖向位移结果，拱肋结构在 $L/4 \sim 3L/4$，两种工况的拱肋位移变化趋势较为接近，且位移数值都较小。在其他区域，两种工况下的拱肋的位移偏差不大。整体提升施工过程中，拱肋结构的线形与成桥阶段的线形较为接近，整体提升施工方法能够较好地控制拱肋的线形。

② 顺桥向位移结果。

由于工况一中，约束条件为中拱段两端拱脚固结，中拱段的顺桥向位移很小，几乎为 0，此处结果不提取工况一的顺桥向位移结果。工况二与工况三的顺桥向位移结果如图 7-14 和图 7-15 所示。

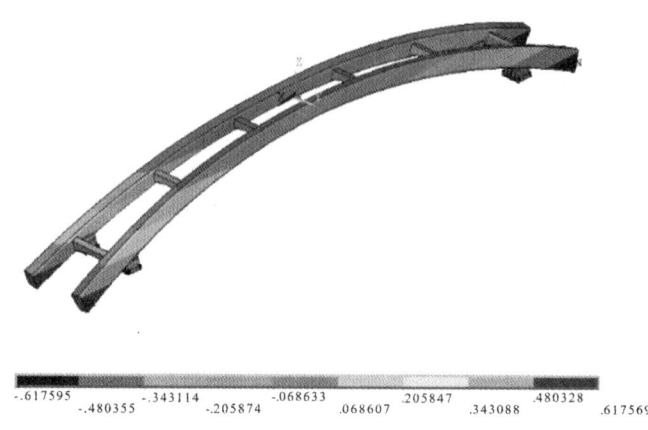

图 7-14 工况二顺桥向位移结果（m）

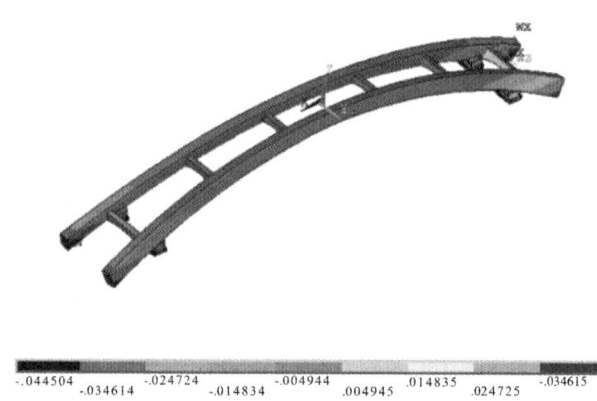

图 7-15 工况三顺桥向位移结果（m）

根据位移结果云图，可以获得拱肋结构顺桥向位移在拱肋顺桥向上的分布情况。以 $L/8$ 为间隔，提取中拱段上 9 个关键点出的竖向位移，顺桥向位移分布情况如图 7-16 所示。

工况二作用下，两拱脚最大位移差值为 1.236 m，位移方向是两拱脚呈张开的趋势，工况三作用下，两拱脚

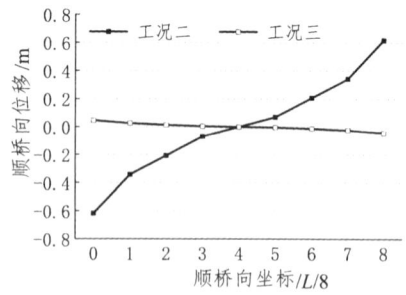

图 7-16 顺桥向位移结果分布图

最大位移差值为 0.09 m，位移方向是两拱脚呈合拢的趋势。整体提升施工过程中（工况三），两拱脚的位移差值较小，这为中拱段与边拱段的合龙提供了方便。比较以上两种工况，添加水平预应力拉索，使顺桥向位移减小 92.7%。水平预应力索的添加，能够明显减小拱肋结构的顺桥向位移。

（3）拱肋应力结果。

由于提升状态下，结构应力状态比较复杂，为多向应力状态，同时考虑到结构材料为钢结构，应力分析中采用 Von Mises 应力[25]，其定义为

$$\sigma_{\text{von}} = \sqrt{\frac{(\sigma_1 - \sigma_2)^2}{2} + \frac{(\sigma_2 - \sigma_3)^2}{2} + \frac{(\sigma_3 - \sigma_1)^2}{2}} \quad (7\text{-}27)$$

其中，σ_1、σ_2、σ_3 为该位置的三个主应力。

根据各个截面上的应力云图结果，能够得到各个截面上的最大应力，可以获得拱肋结构应力在拱肋顺桥向上的分布情况。其结果如图 7-17 所示，由拱肋应力分布图能够看出，工况一与工况三作用下，拱肋应力水平在整个中拱段分布较为均匀，均不超过 100 MPa。工况二作用下，拱肋结构在拱顶附近区段应力水平较高，甚至超过材料的设计强度。说明，在有水平预应力拉索的整体提升施工中，拱肋应力水平较低，与成桥阶段的拱肋应力非常接近。水平拉索的设置，能够使拱肋结构在整体提升过程中，应力水平在一个合理的区间。再次说明，水平临时索对拱肋受力性能的影响较大，从有无水平索的效应角度出发，梁式受力模式到拱式受力模式的转变较为明显。

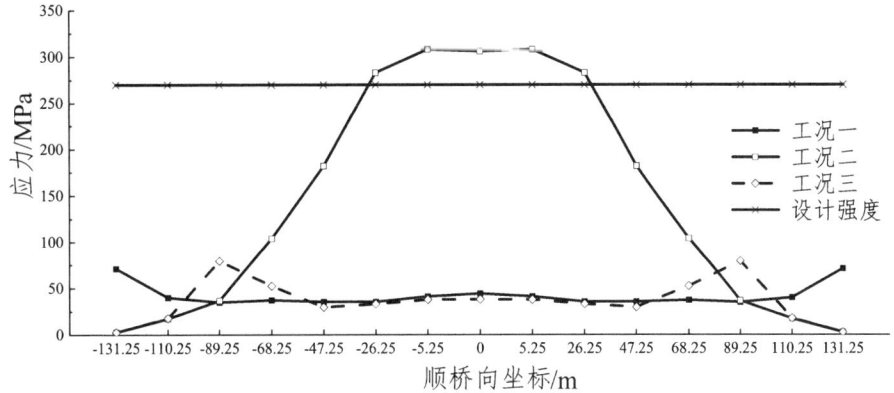

图 7-17 拱肋应力结果分布图

2. 模型相似比设计

对于结构的模型试验而言,选用原型结构来进行试验测试才是最准确的,但这在实际中往往是很难实现,因而常用一定比例的缩尺模型来代替原型结构进行试验,并通过相似关系推算出原型结构的受力情况。考虑到模型制作的方便以及试验条件,本次模型试验采用材料属性相同,几何尺寸比例为 1∶10 的缩尺模型,试验模型遵循相似原则。对于两个相似的系统,如果具有相同的单值条件,那么其相似依据的数值也是相同的。即对于两个相似的现象之间的各相似常数满足一定的关系。这样,在缩尺模型上的试验结果就可以推广到实际结构上。这就是设计缩尺模型试验的依据。为了使缩尺模型能够准确地反映出实际结构提升过程的特性,缩尺模型设计时要满足以下几组相似关系:几何条件相似、边界条件相似、物理条件相似、动力平衡相似条件和初始条件相似。本次试验为静力试验,根据需要,模型试验中个物理量的相似关系如表 7-7 所示。选用与实际结构相同的材料,以 1∶10 的几何相似比例制作缩尺模型。模型试验中,要确保缩尺模型与实际结构的应力相同。为此,模型试验中的荷载要取为实际结构中荷载的 1/100。由模型结构的尺寸,推算出结构的自重为实桥结构自重的 1/1 000,体荷载不满足荷载比例 1/100 的要求。为此要对结构自重进行补偿,给缩尺模型施加 9 倍结构自重的荷载。

表 7-7　模型试验中物理量的相似关系

类型	物理量	相似关系	理想相似系数	实际相似系数	备注
测量指标	应力	$S_\sigma = 1$	1.0	1.0	应力相同
	应变	$S_\varepsilon = 1$	1.0	1.0	
物理参数	弹性模量与泊松比	$S_E = S_\mu = 1$	1.0	1.0	材料主要参数相同
	密度	S_ρ	1.0	1.0	
	重力加速度 g	$S_g = 1$	1.0	1.0	
几何尺寸	长度	S_L	1/10	1/10	
	面积	$S_A = S_L^2$	1/100	1/100	
	体积	$S_V = S_L^3$	1/1 000	1/1 000	
荷载	集中力 P	$S_P = S_\sigma S_A$	1/100	1/100	
	体荷载 G	$S_G = S_P$	1/100	$S_\rho S_V S_g = 1/1 000$	自重需补偿

3. 模型设计

本模型试验是针对中拱段整体提升进行模拟,取中拱段为研究对象,其中中拱段 258.34 m 长度范围为整体提升,通过 1∶10 缩放,试验模型长度为 25.834 m。拱肋横向按照实桥进行缩尺,考虑操作方便和辅助支架,横向总宽度为 5.0 m,模型中心距为 2.76 m。采用临时拉索进行水平约束,竖向提升索采用钢绞线来模拟,在门式支架上进行提升。模型如图 7-18 所示。

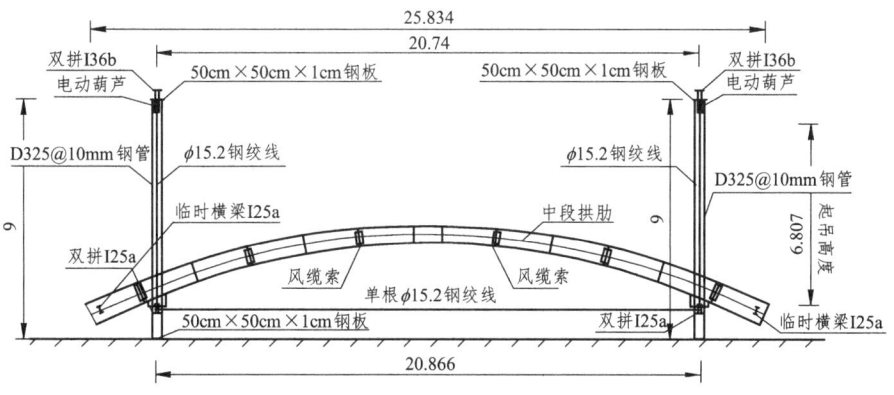

(a)立面布置图

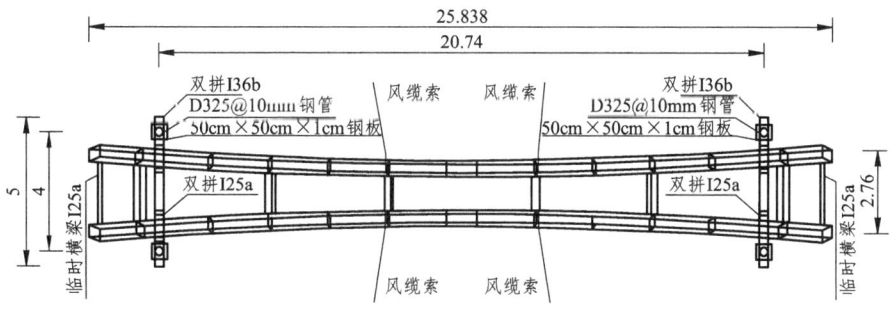

(b)平面布置图

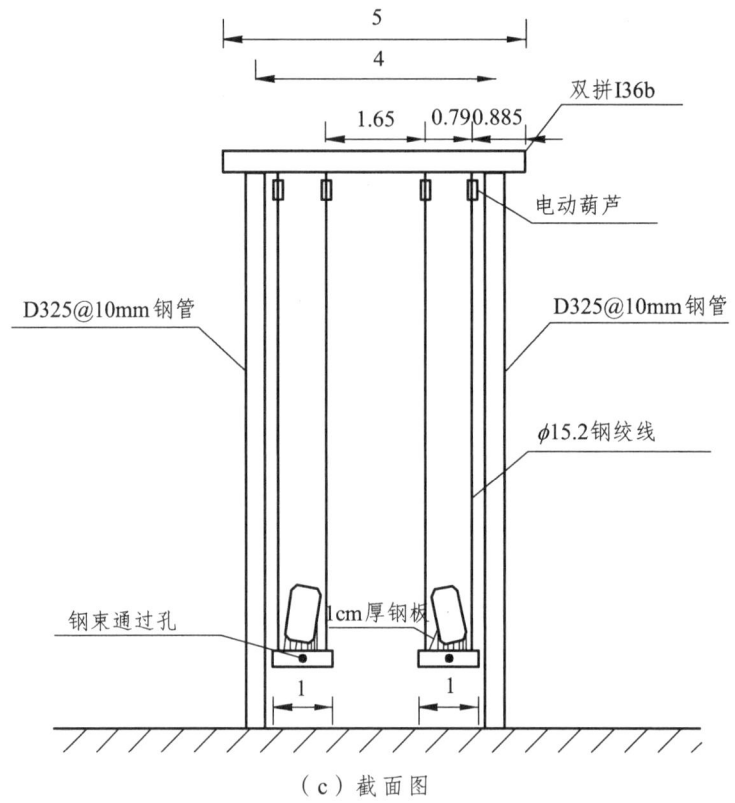

（c）截面图

图7-18 试验模型结构（m）

根据应力等效的原则，对结构相应位置施加配重，边界条件与实桥结构一致，采用吊索进行提升，模型结构立面图如图7-19所示。

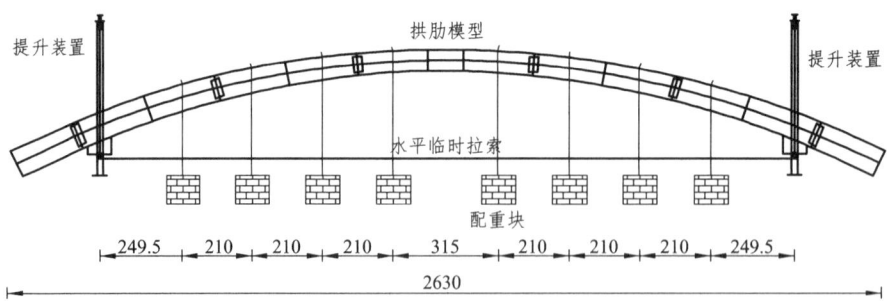

图7-19 带配重块的试验模型结构（m）

由图 7-19 可以看出，试验模型共分为 4 部分，分别为拱肋模型、配重块、提升装置和水平临时拉索。

（1）拱肋模型。

实桥中拱肋结构采用 Q345qD 钢材，为了方便加工制作及测试，综合考虑以下两点因素，在缩尺模型中选用 Q235 钢材代替原有钢材。

① 试验过程中拱肋结构的应力水平较低，Q235 钢材的强度能够满足试验要求。

② 两种材料的物理参数基本相同，Q235 钢材更易购置。

模型试验按照应力等效原则设计，即缩尺模型结构中的应力水平与实桥中的应力水平应该相同或基本接近。因此，拱肋模型结构中的基本断面按照实桥中的截面进行缩尺设计，主要构造尺寸按照几何相似的原则进行模拟。缩尺模型尺寸为原结构的 1/10，模型跨径为 26.3 m。拱肋节段如下图 7-20 所示。

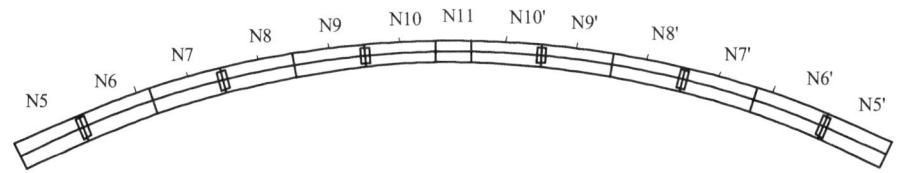

图 7-20 模型试验拱肋节段划分图示

结构中箱型拱肋采用 1/10 的缩尺模型，箱型拱肋的钢板厚度在缩小 10 倍以后较小，试验中难以购买到低于 3 mm 的钢板，因此对于钢板的厚度进行适当调整，调整以后结果如下表 7-8 所示。由于拱肋中部分钢板的厚度有所调整，缩尺模型中拱肋各个截面与理论缩尺截面的刚度存在偏差，缩尺模型应力结果反推实桥应力时，需要按照相应节段的误差进行反向修正。

表 7-8 拱肋钢板厚度对比表

拱肋节段名称	顶底板厚度/mm		腹板板厚度/mm		截面刚度差值百分比
	理论厚度	缩尺模型	理论厚度	缩尺模型	
N5	5.2	5	3.0	3	−6.9%
N6	4.4	4	3.0	3	−6.57%

续表

拱肋节段名称	顶底板厚度/mm		腹板板厚度/mm		截面刚度差值百分比
	理论厚度	缩尺模型	理论厚度	缩尺模型	
N7	4.4	4	2.4	3	−1.07%
N8	4.4	4	2.4	3	−1.05%
N9	3.6	4	2.4	3	9.63%
N10	3.6	4	2.4	3	9.87%
N11	3.6	4	2.4	3	9.66%

注：表中理论厚度是指实桥结构中钢板厚度除以10所得数值；截面刚度百分比=(缩尺模型截面刚度−理论厚度截面刚度)/理论厚度截面刚度。

（2）配重块。

模型尺寸为原实桥尺寸的1/10，根据相似定理，若使模型与实桥结构的应力相等，则缩尺模型中节点的荷载应是实桥的1/100。缩尺模型中的自重为实桥结构自重的1/100。根据模型尺寸可知，缩尺模型中拱肋的体积是实桥结构的1/1 000，自重荷载不能满足相似理论的要求。因此在试验中要对拱肋结构进行恒载补偿，尽可能地将9倍于模型自重的附加荷载（即压重）均匀施加在整个模型上。这个补偿荷载通过添加配重块的方法施加，缩尺模型结构自重为6.04 t（因缩尺模型钢板厚度不是严格按照1∶10选取，且附带提升工字钢的重量，缩尺模型自重不是原结构的1/1 000），实桥结构中总体提升重量取58.85 t（包括52 t的拱肋重量和6.85 t的提升临时结构的重量），则需要添加的配重块重量为52.81 t。配重块是16个C30的混凝土立方体块（每个重3.3 t），按照拱肋节段悬挂在指定位置（图7-21）。

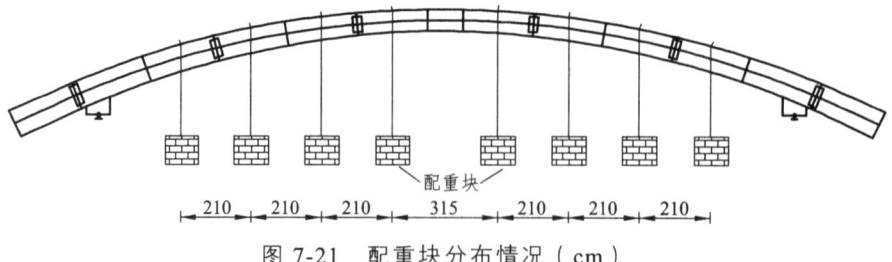

图7-21　配重块分布情况（cm）

(3)提升装置。

缩尺模型试验中为模拟提升过程,需设置提升系统。提升系统如下图7-22和图7-23所示。

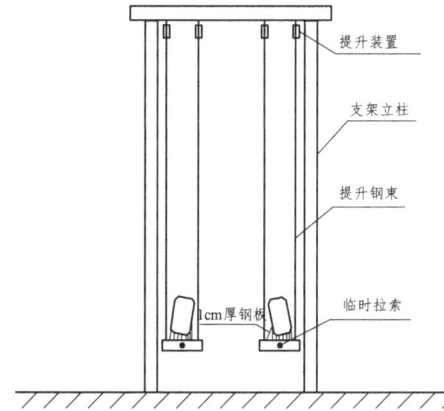

图7-22 提升装置示意图

图7-23 提升装置实景图

提升装置中两个重要的部分是提升钢束和电动葫芦。其中提升葫芦布置于提升支架顶端,采用提升钢束来带动拱肋逐渐上升。缩尺模型提升过程中,由电动葫芦完成提升工作,模型中提升钢束的数量与实桥结构施工中略有不同,提升钢束对比如下表7-9所示。试验过程中的边界条件与实桥结构一致,都是固结提升钢束的上端部,不同之处是提升钢束的数量。

表7-9 提升钢束对比表

模型名称	材料	吊点数量/束	每束根数	公称直径/mm
实桥结构	1860钢绞线	16	30	15.2
缩尺模型	1860钢绞线	8	1	15.2

(4)水平临时拉索。

缩尺拱肋模型在顺桥向的方向张拉预应力,根据相似理论,预应力取为实桥模型的1/100,每束拉索上施加21 000 kN的水平拉力。水平临时拉索对比如下表7-10所示。

表 7-10 水平临时拉索对比表

模型名称	材料	拉索数量/束	每束根数	公称直径/mm	总拉力/kN
实桥结构	1860钢绞线	18	21	15.2	2×21 000
缩尺模型	1860钢绞线	4	1	15.2	2×210

预应力索锚固在提升工字钢横梁上，两片拱肋上个各布置两束，每束由一根 15.2 mm 的钢绞线组成。水平拉索锚固端布置如图 7-24 和图 7-25 所示。

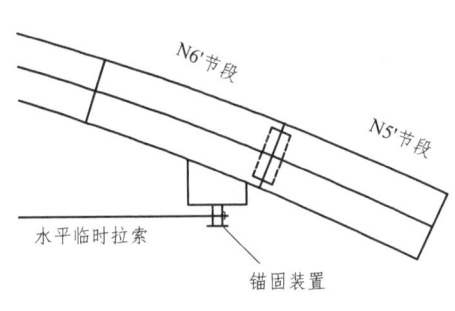

图 7-24　拉索锚固端布置示意图　　图 7-25　拉索锚固端布置实景图

4．测点布置及测试设备

本次模型试验，主要测试指标有三个，分别是：拱肋的变形、拱肋的应力和水平临时拉索的预应力。

（1）应力测点。

本次模型试验应力测试内容为拱肋的应力和横撑的应力，测点的位置根据理论计算结果选取。测点布置如下图 7-26 所示。拱肋应力测试截面取 4 个，分别为拱顶处 2 个，吊点位置和 1/4 跨处各 1 个，对应图中 1—1 到 4—4 号截面。横撑的应力测试截面选取两个，对应图中 5—5 和 6—6 号截面。

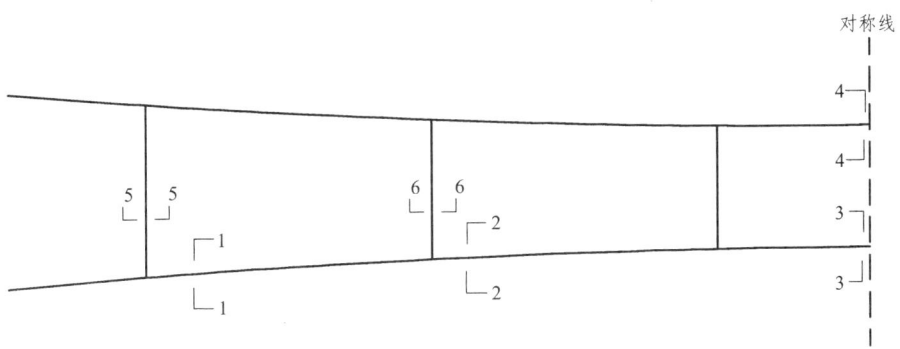

图 7-26 应变测点截面布置图

本次模型试验中采用电阻应变计测试应变,按虎克定律换算得到相应的应力。本次应变测试选用 BX120-50AA 型电阻应变片。各个截面上应变片布置如图 7-27 和图 7-28 所示。在每个拱肋钢箱截面上,顶、底板分别布置 3 个应变片,两侧腹板上在腹板中心各布置一组应变花。

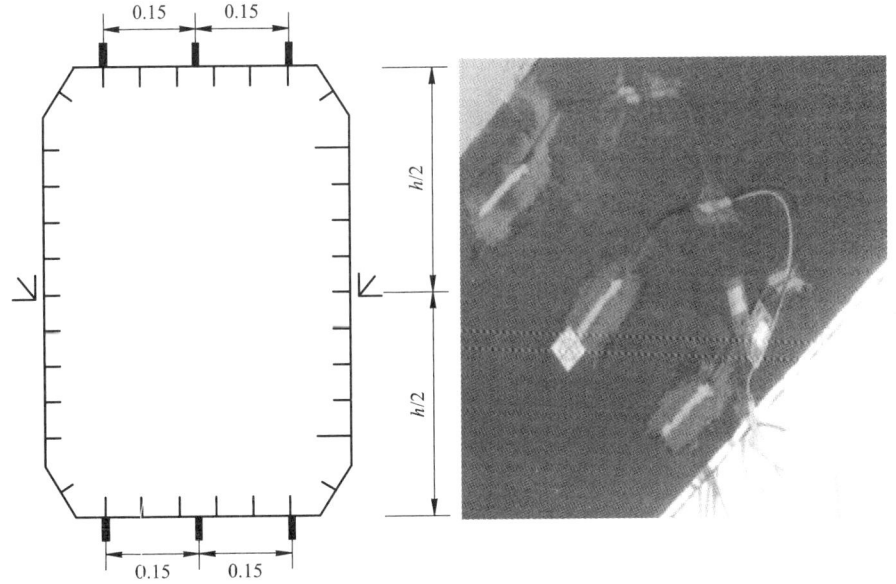

图 7-27 钢箱截面应变测点布置图(m)　　图 7-28 测点布置实景图

本次试验测试应变所选用的仪器如图 7-29 所示,试验测试时,通过电缆线,连接应变片和应变测试仪,由应变测试仪采集应变数据,并将采集的数据输入计算机进行转换记录。在试验过程中,为了消除温度变化带来的影响,对每个电阻应变片均配有相应的温度补偿片。应变测试仪的接线方式采用带有温度补偿的1/4桥接法。

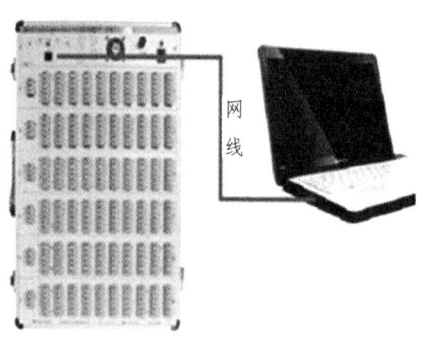

图 7-29 应变测试仪布置图

(2) 位移测点。

在提升过程中,测量起吊前与起吊后两个状态的拱肋的空间坐标,通过两阶段的坐标差值,计算拱肋位移的变形量。拱肋的位移测点共取10处,两片拱肋各5处,分别是两个拱脚处、两个1/4跨处和拱顶处。位移测点布置如图7-30所示,其中1~5号测试点在上游侧拱肋,6~10号测点在下游侧拱肋上。鉴于本次测量拱肋变形量较小,最大不超过10 cm,因此所选用测量仪器要满足实际测量的精度要求。本次测量拱肋空间坐标的仪器选用高精度全站仪,如图7-30所示,该仪器测量坐标精度能够达到毫米级别,能够满足本次试验测量的需求。

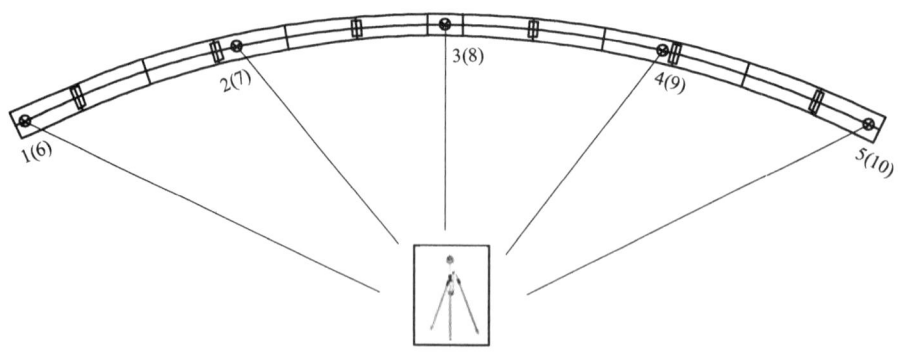

(a) 位移测点布置图

（b）高精度全站仪

图 7-30　位移测点编号布置图

（3）拉索索力测点。

测试四根水平索有效预应力的测点在水平索的张拉一端，将传感器安装在锚具与锚垫板中间。传感器的测点布置如图 7-31 和图 7-32 所示。

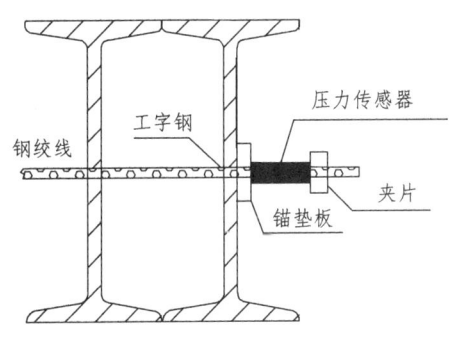

图 7-31　压力传感器测点布置图

图 7-32　压力传感器测点实景图

5．试验测试工况

为了研究钢箱拱肋在整体提升施工过程的受力性能，并通过试验的方法模拟张拉预应力和整体提升两个阶段的施工过程，在考虑试验现场操作的条件等因素后，确定了三个试验工况，如表 7-11 所示。

表 7-11 试验工况表

工况编号	工况名称	试验荷载	边界条件
工况一	张拉水平索力	拱肋自重+210 kN 索力	拱肋支撑点处近似简支
工况二	无配重情况起吊	拱肋自重+210 kN 索力	提升钢束上部吊点固结
工况三	挂配重块起吊	拱肋自重+配重块自重+210 kN 水平索力	提升钢束上部吊点固结

根据所要测量的试验工况,可将整个试验过程分为以下 5 个步骤:

(1)初始位置:张拉预应力(工况一)前的准备阶段,在此阶段,预先准备 4 个支架,放置在拱肋结构吊点位置正下方,然后将整个拱肋结构放置于支架上,调节各处的水平高度,使拱肋结构中 4 个支撑位置处在同一水平线上。测量此时结构的空间坐标,设为试验模型的位移零点。

(2)张拉预应力:即工况一,为使 4 束钢束的预应力尽可能相同,张拉预应力采用分级加载。先将 4 束钢束都加载到 $0.2F$(F 是指水平索设计张拉的力,每束 105 kN),在都加载到 $1.0F$,最后再超张拉到 $1.05F$(即是每束 110 kN)。

(3)无配重块起吊:即工况二,拱肋结构整体提升 2 cm,使拱肋结构与支架完全脱空,模拟实际提升施工。

(4)挂配重块:将已被吊起 2 cm 的拱肋放下,调平拱肋结构,把配装块依次悬挂到拱肋上。

(5)挂配重块起吊:即工况三,将已悬挂配重块的拱肋结构整体提升 2 cm,使拱肋结构与支架完全脱空,模拟实际提升施工。试验场景如图 7-33 所示。

(a)全景图　　　　　　　　(b)配重安装图

（c）模型半幅图

（d）支架图

图 7-33　试验场景图

7.3　试验测试与结果分析

1. 结果分析方法

根据模型的结构尺寸，采用 ANSYS 软件建立空间力学模型，如图 7-34 所示。模型中，拱肋钢箱梁及提升装置（工字钢钢板）采用空间板壳单元 shell63，竖直提升钢束、水平预应力索均采用杆系单元 link10，充当配装块的混凝土立方试块采用实体单元 solid92。缩尺模型的边界条件按照实际情况施加，在提升钢束的上端固结。模型中荷载仅考虑自重与预应力，忽略了温度及风荷载等次要因素的影响。

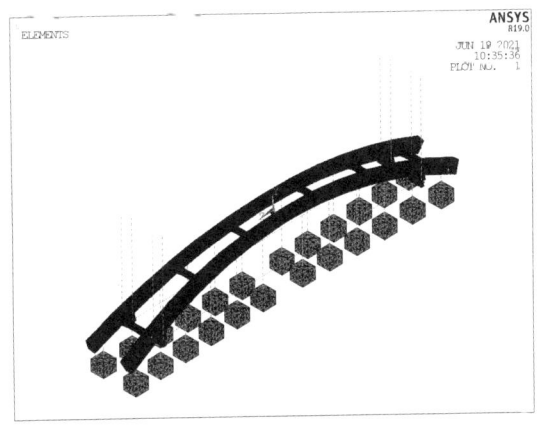

图 7-34　有限元力学模型（试验模型）

本次试验测试了应力、位移和拉索拉力，得到了三种工况下的试验结果，并将试验结果同试验模型的有限元数值计算结果进行对比。最后通过试验结果推算出实桥结构的结果，并将推算结果同实桥结构的有限元数值计算结果对比，从而获得实桥结构在整体提升过程中的受力变形规律。分析流程如图 7-35 所示。

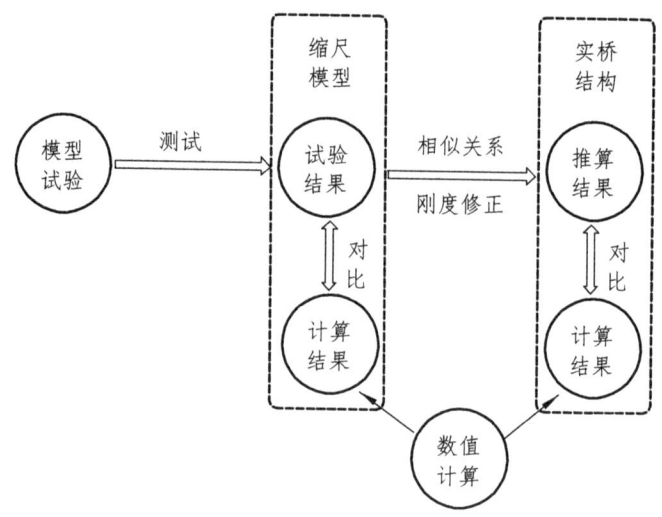

图 7-35　结果分析流程

2．材料试验结果

本次模型试验采用 Q235 钢板材料，拱肋结构所用钢板分别有 3 mm、4 mm、5 mm 厚度的三种板材。在模型试验之前，需通过试验方法，测试外购 Q235 钢板材料的物理性能。根据标准，试件形状如图 7-36 所示。通常，试样进行机加工，平行长度和夹持头部之间应以过渡弧连接，过渡弧的半径取 R。试样头部形状适合试验机夹头的夹持，头部宽度取 B。图中 1—1 截面是试件平行段的横断面，a 表示试件钢板的厚度，b 表示平行段的宽度。

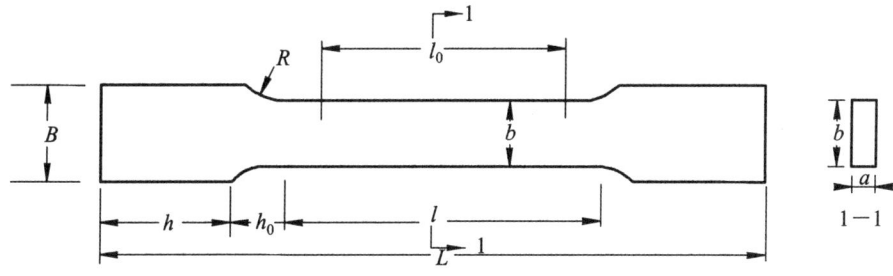

图 7-36 材料试验试件示意图

每批次来料抽检 1 片板,对横纵方向各线割一片,再进行加工过渡弧,得到试件进行金属拉伸实验。试件中尺寸如表 7-12 所示。

表 7-12 试件尺寸汇总

试件编号	厚度 a	平行宽度 b	标距 l_0	平行长度 l_c	头部宽度 B
1	3	15	40	50	25
2	3	15	40	50	25
3	3	15	40	50	25
4	4	20	50	70	30
5	4	20	50	70	30
6	4	20	50	70	30
7	5	25	65	85	35
8	5	25	65	85	35
9	5	25	65	85	35

根据材料实验方案,检测了 3 mm、4 mm、5 mm 三种厚度的钢板性能,检测结果如表 7-13 所示。

表 7-13 材料试验结果

试件钢板厚度/mm	屈服强度/MPa	抗拉强度/MPa	断后伸长率
3	235	315	16%
4	260	362	23%
5	318	440	23%

由表 7-13 可知，试验所用 Q235 钢板的屈服强度与抗拉强度以及断后伸长率都符合《碳素结构钢》(GB/T 700—2006) 标准中 Q235 级钢的技术要求，因此可以使用所选钢板进行缩尺模型试验。

3．应力结果

应力结果包含测试值和有限元计算值，其中测试值选取各个截面(共 6 个测试截面)上测点（每个截面上分别在顶底板和腹板上布置测点）中的应力最大值代表截面的应力水平，计算值为该测点（测试值中各截面应力最大处测点）所对应位置处的有限元分析计算结果。

（1）试验结果。

钢箱拱肋是整体提升施工的主要承重构件之一，其在提升过程的应力水平，对于整体提升施工的安全性至关重要。三种工况下，拱肋截面（1～4 截面）的测试应力与计算结果对比如表 7-14 所示。

表 7-14 缩尺拱肋应力结果表/MPa

工况编号	1号截面	2号截面	3号截面	4号截面
工况一	-41.9(-43.0)	-71.6(-75.5)	-92.1(-103.2)	-79.7(-103.2)
工况二	-51.7(-46.5)	-65.6(-70.5)	-112.5(-22.0)	-89.7(-122)
工况三	87.7(79.8)	23.5(27.0)	-29.8(-33.1)	-31.8(-33.1)

注：括号内数据为有限元分析计算值，以拉应力为正。

根据相似理论，缩尺模型的 1.0 倍自重产生应力=实桥结构 0.1 倍自重产生应力，已知工况一与工况二没有施加配重块，其应力结果=实桥结构中 0.1 自重+1.0 预应力所产生的作用，又因为应变片是在缩尺模型 1.0 自重条件下粘贴的，即此时为应力测试的零点。因此，工况一和工况二的应力仅表示实桥结构提升过程中在 1.0 倍预应力作用下的所产生的结果。工况三的应力结果与实桥结构提升过程的应力结果是 1:1 的关系。拱肋应力数据结果表明：

（1）在张拉预应力阶段（工况一），预应力产生的应力效果在跨中截面最为明显，应力最大，最大应力可达 92.1 MPa。

（2）3 号截面与 4 号截面各自对应两片拱肋（沿横桥向对称）上的

跨中截面，其应力的计算值完全相同，试验测试结果比较接近，基本满足对称结构的受力特性。可以认为提升过程中，两片对称拱肋受力相同。

（3）工况一与工况二的应力结果对比能够看出，工况二作用下预应力的效果更为明显，这是因为在工况一作用下，存在顺桥向的摩擦力，减小了拱肋的上拱，因此在实际张拉预应力的施工中，尽可能减小顺桥向的摩擦力，充分发挥预应力的作用。

（4）工况三作用下，拱肋的最大应力产生在截面 1（吊点处截面）上，最大应力为 87.7 MPa。

横撑结构是中拱段结构中连接两片拱肋的重要受力构件。横撑结构的受力如下表 7-15 所示。

表 7-15 横撑应力结果表/MPa

工况编号	5 号截面	6 号截面
工况一	-5.4（-7.3）	-1.6（-5.5）
工况二	-8.2（-9.7）	-5.6（-7.5）
工况三	-48.9（-39.2）	-41.7（-37.3）

注：括号内数据为有限元分析计算值，以拉应力为正。

横撑应力数据结果表明：① 施加预应力阶段（工况一、工况二），横撑的应力较小，不超过 10 MPa。② 添加配重块（工况三）后，横撑的最大应力为 48.9 MPa，应力水平较低。

（2）实桥结构推算结果。

根据相似理论，工况三的应力结果与实桥结构提升过程的近似应力是 1:1 的关系。用工况三的应力结果推算出实桥模型提升过程的应力结果。在制作缩尺模型时，如果严格按照 1:10 的比例设计，则需要钢板厚度种类较多，实际中只能得到 3 mm、4 mm、5 mm 厚度的钢板，因此缩尺模型中钢箱拱的钢板厚度与理论厚度有差别，从而导致截面刚度存在差值。考虑截面刚度的差值，提升过程中实桥结构拱肋应力的反演结果是实测值乘以刚度差值的系数所得，实桥结构在提升过程中的应力结果如表 7-16 所示。

表 7-16 实桥结构应力结果表

截面编号	应力结果/MPa	截面编号	应力结果/MPa
1	81.9（79.6）	4	34.9（38.2）
2	23.3（29.7）	5	46.7（35.9）
3	32.7（38.2）	6	38.5（33.6）

注：括号内数据为有限元分析计算值。

分析 1~4 号截面的实桥结构的应力结果，能够得到应力沿顺桥向的分布情况，如图 7-37 所示。其中顺桥向坐标 0 点是拱肋拱顶位置，131.3 处为拱肋拱脚位置。

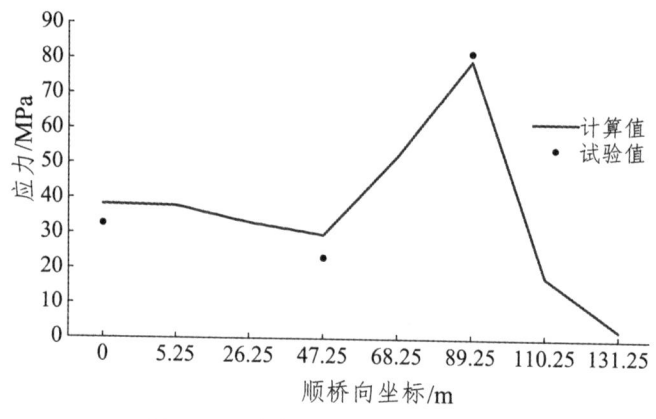

图 7-37 实桥结构应力结果图示

分析实桥结构推算结果，能够得到以下结论：① 实桥结构在提升过程中，拱肋上吊点处截面应力最大，最大应力为 81.9 MPa，1/4 跨和拱顶截面上的应力水平较低。② 实桥结构提升过程中，5 截面（吊点处横撑截面）与 6 截面（1/4 跨处横撑截面）的应力水平接近，且应力都较小，不超过 50 MPa。③ 结构应力的推算值与计算值较为吻合，在拱肋整体提升过程中，拱肋应力满足要求。

4．位移结果

（1）试验结果。

提升过程中，位移结果分析非常重要。位移结果根据方向分为两部分：水平顺桥向的位移（以测点 1 到测点 5 的方向为正）和竖直方向的位移（以竖直向上为正）。竖直方向的位移影响到成桥后拱肋的线型，水平方向的位移关系到中拱段提升就位后与边拱段的合龙施工难度。

试验测试的三个工况中，工况一与工况二的位移结果和实桥结构的位移满足 1∶10 的相似关系，将缩尺模型在自重下的情况作为位移零点，工况一与工况二的结果反映了仅有预应力作用下，拱肋结构的变形情况；而工况三是根据应力等效原则设计的，其位移结果与实桥结构没有具体的相似关系，不能很好地反映实桥结构提升过程中的变形情况。工况二的试验结果如下图 7-38 和图 7-39 所示。

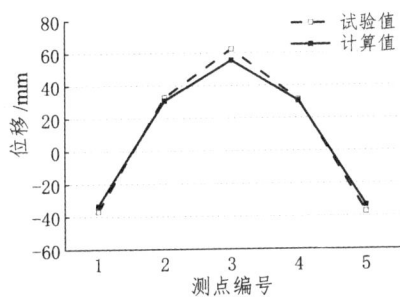
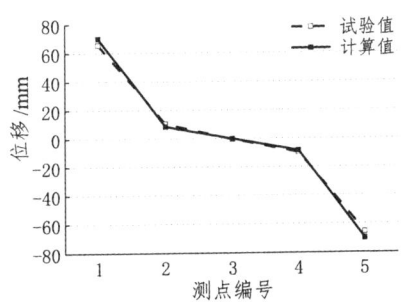

图 7-38　竖向位移结果　　　　图 7-39　顺桥向位移结果

根据以上试验结果图，能够得到缩尺模型在施加预应力阶段，拱肋位移的最大差值，结果如下表 7-17 所示。

表 7-17　缩尺模型位移结果表

工况编号	竖向位移差值/mm	顺桥向位移差值/mm
工况二	99.8（89.0）	131.2（150.2）

注：括号内数据为有限元分析计算值

工况二作用下的位移测量结果，表示缩尺模型仅在预应力作用下的拱肋变形。由以上结果能够看出：① 施加预应力阶段，缩尺模型产生 99.8 mm 的上拱变形，顺桥向产生 131.2 mm 的变形，方向为两拱脚相互靠拢。② 拱肋在各个测点的测量结果与有限元计算结果非常接近，试验结果与计算结果较为吻合。

（2）实桥结构推算结果。

提升过程中位移结果根据作用荷载分为两个部分：仅预应力作用下的位移结果，该部分结果由工况二的测试获得；仅自重作用下的结果，该部分的结果由有限元分析计算获得。根据1∶10的位移相似关系，实桥结构在预应力作用下的位移可以通过缩尺模型结果计算出来。提升过程中实桥结构的位移即为自重和预应力两部分荷载作用下的位移结果的叠加。根据工况二的位移结果和实桥结构仅在自重下的计算结果，能够推算出实桥结构在提升过程中的位移结果。提升过程中的位移结果如下图7-40和图7-41所示。

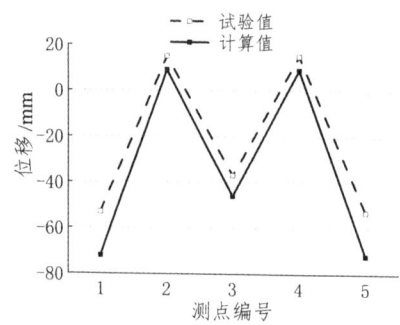
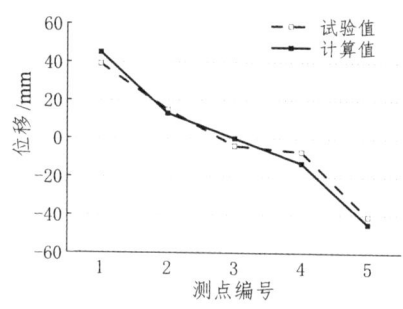

图7-40　竖向位移结果　　　　图7-41　顺桥向位移结果

图7-40和图7-41中试验值是指由缩尺模型的试验结果推算出的实桥结构的位移结果；计算值是指由有限元分析计算的提升过程的拱肋位移结果。分析以上位移结果，能够得到实桥结构提升过程中的位移差值。结果如下表7-18所示。

表7-18　实桥结构位移结果表

工况编号	竖向位移差值/mm	顺桥向位移差值/mm
工况二	16.0（26.0）	80.0（90.0）

注：括号内数据为有限元分析计算值

根据以上推算结果和计算结果可见：① 根据试验结果推断出，在提升过程中，拱肋竖向产生16 mm（上挠）的位移，挠跨比为1/16 406，满足规范要求；拱肋顺桥向产生80.0 mm（两拱脚呈向拱顶位置靠拢趋势）的位移差值，位移较小，能够满足施工要求。②提升过程中，拱肋的位移实测值与计算值较为吻合。

5．拉索拉力结果

（1）试验结果。

试验过程中，缩尺模型中预应力拉索共有四根，每侧拱肋布置两根拉索。测量各个工况下四根拉索的拉力，取其平均值作为拉索拉力的测量结果。三种工况下拉索拉力结果如下表7-19所示。

表7-19 缩尺模型拉索拉力结果表

工况编号	测量值/kN	计算值/kN	差值百分比
工况一	37.8	48.4	22.0%
工况二	44.8	60.9	26.4%
工况三	80.4	75.2	6.9%

由上表拉索拉力的结果可见：①三种工况作用下，工况三的拉索拉力的测量值与计算值较为吻合，差值在容许范围内。②工况一结果要比工况二结果略小。这是因为张拉预应力阶段（工况一），拱肋结构在提升之前，抱箍底面会受到水平向的摩擦力，使工况一中预应力损失增加，拉索拉力结果比工况二小。

（2）实桥结构推算结果。

根据相似比例，能够从试验结果推算出实桥结构提升过程中的结果。工况三的应力结果与实桥结构提升过程的应力是1∶1的关系，拉索的拉力关系是1∶100。用工况三的拉索应力数据推算实桥模型的拉索拉力值。推算结果如下表7-20所示。

表7-20 拉索拉力反算结果表

提升过程	试验结果/kN	推算结果/kN	实桥计算结果/kN	差值百分比
拉索拉力	160.8	16 080	15 300	5.1%

表中拉索拉力是提升过程中一片拱肋上作用的有效预拉力，即拉索

张拉的 21 000 kN 产生的有效拉力。其中实桥计算结果是 ANSYS 数值模拟计算值。通过上表中结果能够看出：① 拉索拉力推算结果与实桥计算结果比较接近，试验值与计算值较为吻合。② 提升过程中，由于拱肋结构的变形，使拉索上张拉的预应力损失较大。

8 钢拱圈提升参数敏感性分析

8.1 参数分析方法

在整体提升施工过程中，因为各种参数存在误差的影响，拱肋结构的实际状态与设计时的理想状态总要存在一定的偏差。为了减小或消除该偏差，除了要对结构进行精确的力学分析以外，还要对参数误差带来的影响有一定的了解认识，以便采取合理的措施控制结构的偏差[26-28]。但是施工过程中参数众多，很难对每一个施工参数进行误差处理，因此要找出施工过程中，对结构状态影响较大的参数，即是主要参数。对结构进行参数分析，这将对以后施工方案的调整带来前提依据[29-30]。

拱桥结构施工过程的参数主要是指：在变化时，能引起拱肋结构内力和位移变化的因素。所以在对提升施工参数分析时，要特别注意确定参数和识别参数。根据本次要研究的施工方案，主要考虑以下几种参数：

（1）荷载参数：荷载参数主要是指在施工过程中结构所受到的荷载。根据本书第 2 章数值计算分析，施工过程中结构主要受到三种荷载，分别是自重、拉索预应力荷载和横向风荷载。

（2）与时间相关的参数：该类参数主要包括施工过程中昼夜交替带来的温度变化，温度变化从而影响拱肋结构的内力和变形。

（3）施工方法参数：在整体提升过程中，一共有四处吊点，实际施工中四处吊点很难满足同步起吊的要求。参数分析时要考虑因施工因素，四处吊点不均匀起吊的工况。

除了以上几种参数，还有材料特性参数，包括材料的泊松比、弹性模量和热膨胀系数等。但是钢结构的材料参数较为稳定[31]，此处参数分析不予考虑。

针对以上几种参数，进行参数敏感性分析，找出对结构受力状态影

响较大的主要参数,和对结构影响行为不敏感的参数,即是次要设计参数。参数分析的主要流程如下:

(1)选择将要分析的参数,把相应参数在设计数值点处进行一定范围的变化。

(2)选择要控制的目标,即拱肋结构的应力和变形作为参数敏感程度的考察对象,修改参数,分析应力和变形的变化幅度,计算各个参数对考察对象的敏感性百分比[32],计算公式为。

$$敏感性百分比 = (变化值/设计值) \times 100\%$$

(3)根据分析结果,确定主要参数和次要参数。

8.2 自重参数分析

在桥梁建设过程中,由于测量不够精确或者施工过程方法不当等原因,容易造成桥梁结构的自重与设计值出现偏差。故研究施工过程中自重参数对拱肋受力状态的影响至关重要。本节中将对拱肋钢箱梁的自重进行增大10%和减小10%两种情况进行计算,来分析自重参数对拱肋应力和变形的影响。

1. 结构的应力和变形

在自重参数变化的情况下,拱肋结构的应力值和应力变化值如图8-1和图8-2所示。

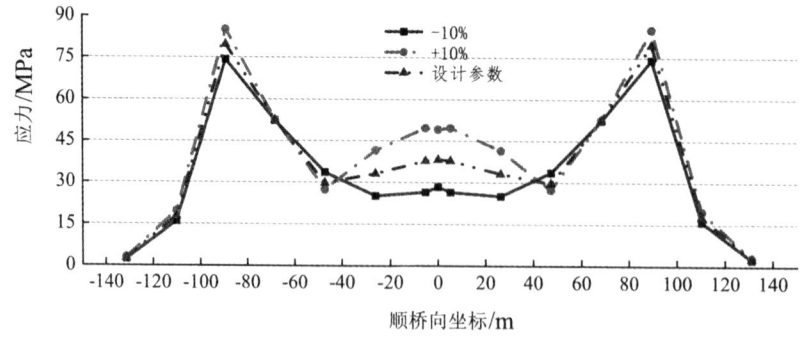

图 8-1 应力结果

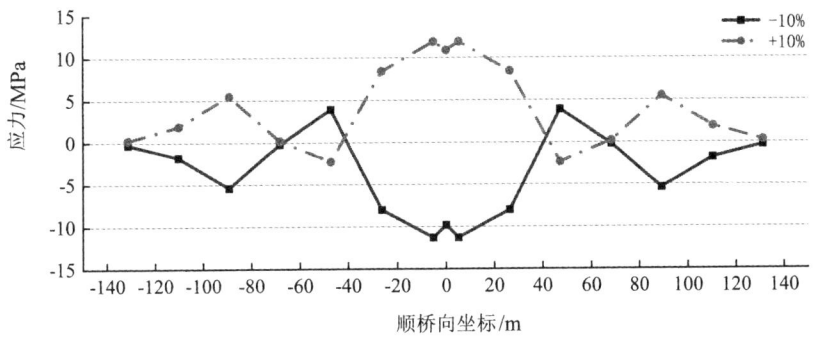

图 8-2 应力变化结果

由图 8-1 和图 8-2 可知：① 在自重增加 10% 和减小 10% 的两种计算工况下，与设计参数作用下相比，拱肋结构的应力沿顺桥向的变化趋势基本相同，都是吊点处出现最大值。② 在参数变化的情况下，拱肋结构在拱顶附近的应力变化较为明显。自重减小 10% 时，应力值在 ±5.3 m 处（拱顶附近截面，即拱肋节段 N10 与 N11 交界面上）变化最大，最大值为 −11.3 MPa。自重增加 10% 时，应力值在 ±5.3 m 处变化最大，最大值为 11.9 MPa。③ 拱肋结构的应力在拱脚段到 $L/4$ 区间变化较小，变化值不超过 5.5 MPa。④ 自重参数增加 10% 和减小 10% 时，拱肋应力的变化值基本对称，即是说，两种工况作用下产生的应力变化效果相反，且变化值比较接近。

在自重参数变化的情况下，拱肋结构的竖向位移值和位移变化值如图 8-3 和图 8-4 所示，其中位移方向以竖直向下为正。

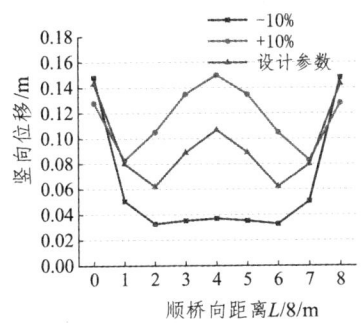

图 8-3 竖向位移结果

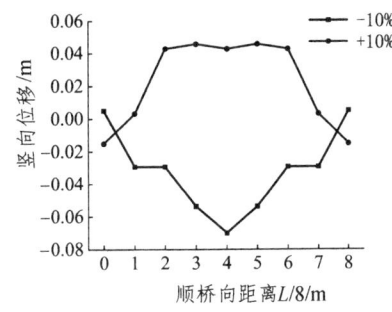

图 8-4 竖向位移变化结果

由图 8-3 和图 8-4 可知：① 在自重增加 10% 和减小 10% 的两种计算工况下，与设计参数作用下相比，拱肋结构的竖向位移发生明显的变化，拱肋结构自重是影响竖向位移的重要因素之一。② 参数变化时，竖向位移在拱顶位置附近变化较大，在拱脚处的变化较小。③ 自重减小 10% 时，拱顶处的竖向位移减小 0.07 m。自重增加 10% 时，拱顶处的竖向位移增加 0.043 m。

在自重参数变化的情况下，拱肋结构的顺桥向位移值和位移变化值如图 8-5 和图 8-6 所示，顺桥向位移以水平 X 轴正方向为正。

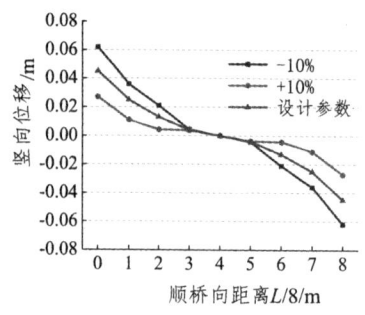

图 8-5　顺桥向位移结果　　　图 8-6　顺桥向位移变化结果

由图 8-5 和图 8-6 可知：① 在自重增加 10% 和减小 10% 的两种计算工况下，与设计参数作用下相比，拱肋结构的顺桥向位移变化较为明显，拱肋结构自重对顺桥向位移有较大影响。② 参数变化时，与竖向位移的变化相反，顺桥向位移在拱脚位置附近变化较大，在拱顶处的变化较小。③ 自重减小 10% 时，拱脚处的竖向位移增加 0.017 m。自重增加 10% 时，拱顶处的竖向位移减小 0.018 m。

2．自重参数敏感性分析

通过分析自重参数变化的情况下拱肋结构应力和位移的结果，提取拱肋应力和位移的变化规律，获得相应的参数敏感性百分比，结果如图 8-7～图 8-9 所示。

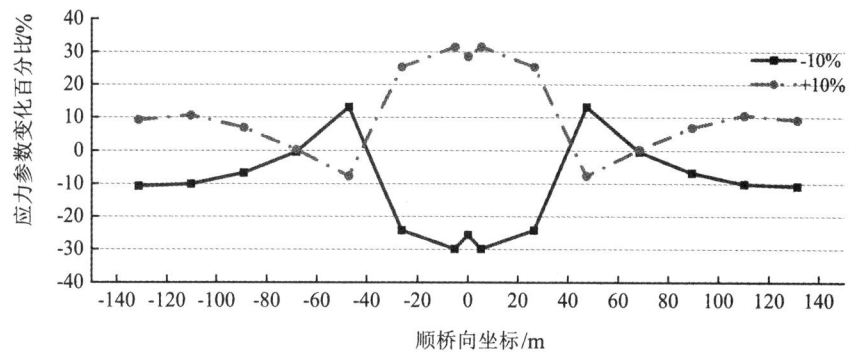

图 8-7 应力敏感参数百分比

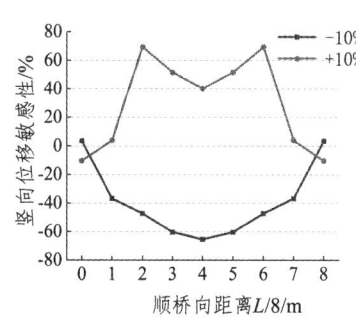 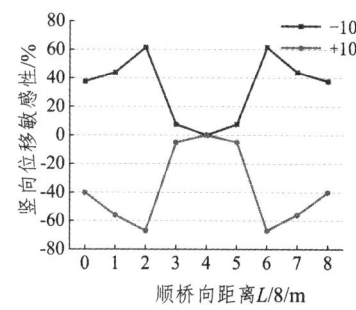

图 8-8 竖向位移敏感参数百分比　　图 8-9 顺桥向位移敏感参数百分比

由图 8-7 可知，拱肋结构自重参数的变化对应力的影响较大。应力的敏感性在拱脚位置到 $L/4$ 区间内数值较小，绝对值在 10% 以内。在拱顶位置附近，应力敏感性数值较大，其中自重减小 10% 的最大敏感性数值是 -29.89%，自重增加 10% 的最大敏感性数值是 31.48%。前者敏感性要略大于后者。

由图 8-8 可知，拱肋自重参数变化对竖向位移的影响较大。位移的敏感性在拱脚位置附近较小，数值在 10% 以内。在 $L/4 \sim 3L/4$，竖向位移的敏感性数值较大，自重减小 10% 的最大敏感性是 -65.42%，自重增加 10% 的最大敏感性数值是 69.35%。

由图 8-9 可知，拱肋自重参数变化对顺桥向位移的影响较大。位移的敏感性在拱顶位置附近较小，绝对值在 7.5% 以内。在 $0 \sim L/4$，顺桥向位移的敏感性数值较大，自重减小 10% 的最大敏感性数值是 -61.54%，自重增加 10% 的最大敏感性数值是 67.08%。

综合以上结果，自重参数的敏感性数值结果如表 8-1 所示。

表 8-1　自重参数敏感性结果

控制目标	-10% 工况	+10% 工况	最大绝对值
拱肋应力	-29.89%	31.48%	31.48%
竖向位移	-65.42%	69.35%	69.35%
顺桥向位移	-61.54%	67.08%	67.08%

综上所述，自重参数是影响位移和应力的主要参数，对位移和应力影响较大，且对位移的影响要大于对应力的影响。

8.3　预应力索的初拉力参数分析

拱桥整体提升时，水平预应力拉索是施工过程中的重要部分。通过本书第 2 章对提升方案的数值分析，能够知道水平拉索的设置能大幅度减小拱肋的应力水平和位移水平。在施工过程中，准确的张拉拉索的预应力对安全施工至关重要。为了研究拉索索力对应力和位移的具体影响，本节对拉索索力进行增大 10% 和减小 10% 两种情况进行计算，来分析预应力索的初拉力参数对拱肋应力和变形的影响。

1. 结构的应力和变形

在拉索索力参数变化的情况下，拱肋结构的应力值和应力变化值如图 8-10 和图 8-11 所示。

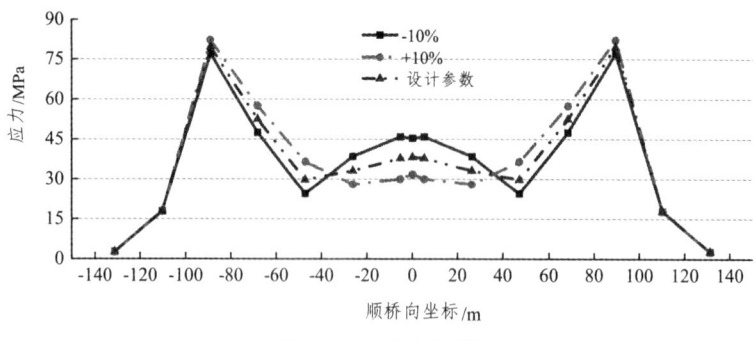

图 8-10　应力结果

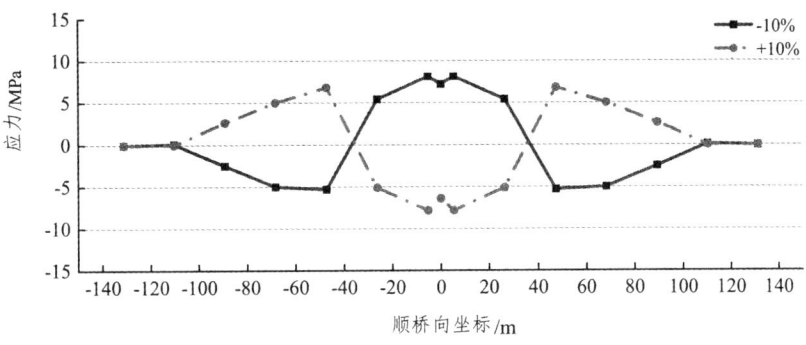

图 8-11 应力变化结果

由图 8-10 和图 8-11 可知:① 在预应力索的初拉力增加 10% 和减小 10% 的两种计算工况下,与设计参数作用下相比,拱肋结构的应力沿顺桥向的变化趋势基本相同,都是吊点处取最大值。② 在参数变化的情况下,拱肋结构在拱顶附近截面的应力变化较为明显。预应力索的初拉力减小 10% 时,应力值在 ±5.3 m 处变化最大,最大值为 8.1 MPa。预应力索的初拉力增加 10% 时,应力值在 ±5.3 m 处变化最大,最大值为 -7.8 MPa。③ 拱肋结构的应力在拱脚附近的截面上变化较小,变化值几乎为 0。④ 预应力索的初拉力参数增加 10% 和减小 10% 时,拱肋应力的变化值基本对称,即是说,两种工况作用下产生的应力变化效果相反,且变化值比较接近。

在拉索参数变化的情况下,拱肋结构的竖向位移值和位移变化值如图 8-12 和图 8-13 所示,其中位移方向以竖直向下为正。

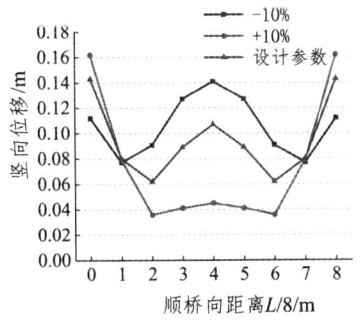

图 8-12 竖向位移结果

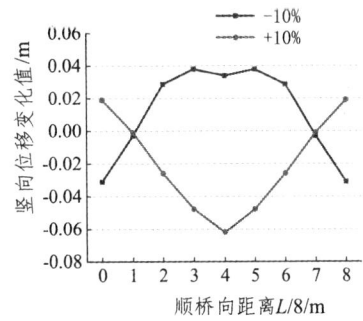

图 8-13 竖向位移变化结果

由图 8-12 和图 8-13 可知：① 在预应力索的初拉力增加 10% 和减小 10% 的两种计算工况下，与设计参数作用下相比，拱肋结构的竖向位移发生明显的变化，预应力索的初拉力是影响竖向位移的重要因素之一。② 参数变化时，竖向位移在拱顶位置附近变化较大，在拱脚处的变化较小。③ 预应力索的初拉力减小 10% 时，拱顶处的竖向位移增加 0.034 m。预应力索的初拉力增加 10% 时，拱脚处的竖向位移减小 0.062 m。

在预应力索的初拉力参数变化的情况下，拱肋结构的顺桥向位移值和位移变化值如图 8-14 和图 8-15 所示，顺桥向位移以水平 X 轴正方向为正。

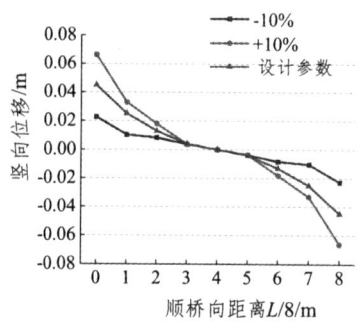

图 8-14　顺桥向位移结果　　图 8-15　顺桥向位移变化结果

由图 8-14 和图 8-15 可知：① 在预应力索的初拉力增加 10% 和减小 10% 的两种计算工况下，与设计参数作用下相比，拱肋结构的顺桥向位移变化较为明显，预应力索的初拉力对顺桥向位移有较大影响。② 参数变化时，与竖向位移的变化相反，顺桥向位移在拱脚位置附近变化较大，在拱顶处的变化较小。③ 预应力索的初拉力减小 10% 时，拱脚处的竖向位移减小 0.022 m。预应力索的初拉力增加 10% 时，拱脚处的竖向位移增大 0.021 m。

2. 预应力索的初拉力参数敏感性分析

通过分析预应力索的初拉力参数变化的情况下拱肋结构应力和位移的结果，获得相应的参数敏感性百分比，结果如图 8-16～图 8-18 所示。

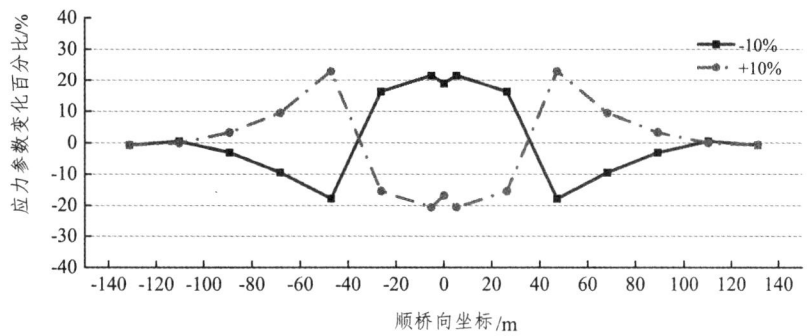

图 8-16 应力敏感参数百分比

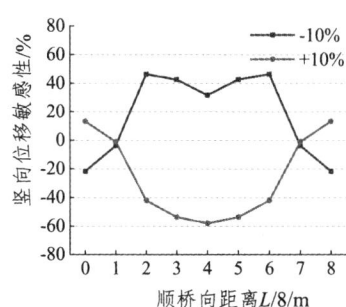 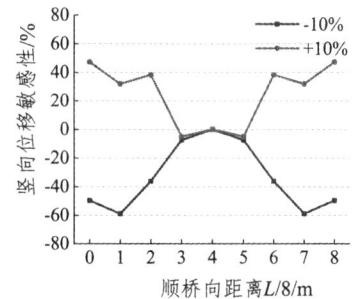

图 8-17 竖向位移敏感参数百分比　　图 8-18 顺桥向位移敏感参数百分比

由图 8-16 可知，预应力索的初拉力参数的变化对应力的影响较大。应力的敏感性在拱脚位置到 $L/4$ 区间内数值较小，绝对值在 10% 以内。在拱顶位置附近，应力敏感性数值较大，其中预应力索的初拉力减小 10% 的最大敏感性数值是 21.43%，预应力索的初拉力增加 10% 的最大敏感性数值是 22.90%。前者敏感性要略低于后者。

由图 8-17 可知，预应力索的初拉力参数变化对竖向位移的影响较大。位移的敏感性在拱脚位置附近较小，数值在 10% 左右。在 $L/4 \sim 3L/4$，竖向位移的敏感性数值较大，预应力索的初拉力减小 10% 的最大敏感性是 46.45%，预应力索的初拉力增加 10% 的最大敏感性数值是 57.94%。

由图 8-18 可知，预应力索的初拉力参数变化对顺桥向位移的影响较大。位移的敏感性在拱顶位置附近较小，绝对值在 5% 以内。在 $0 \sim L/4$，顺桥向位移的敏感性数值较大，预应力索的初拉力减小 10% 的最大敏感性是 -58.80%，预应力索的初拉力增加 10% 的最大敏感性数值是 47.33%。

综合以上结果，预应力索的初拉力参数的敏感性数值结果如表 8-2 所示。

表 8-2 预应力索的初拉力参数敏感性结果表

控制目标	－10%工况	＋10%工况	最大绝对值
拱肋应力	21.43%	22.90%	22.90%
竖向位移	46.45%	57.94%	57.94%
顺桥向位移	－58.80%	47.33%	58.80%

综上所述，预应力索的初拉力参数是影响位移和应力的主要参数，对位移和应力影响较大，且对位移的影响要大于对应力的影响。

8.4 风荷载参数分析

拱桥整体提升时，水平横桥向的风荷载会对结构的受力状态产生一定的影响。在有限元计算中，风荷载的设计参数对应的风速为 18.2 m/s，对应风力等级为 8 级。为研究风荷载大小对拱肋受力的影响程度，本节对风荷载进行适当的调整，选用 6 级风（风速 11.0 m/s）和 10 级风（风速 24.5 m/s）两种情况进行计算，来分析风荷载参数对拱肋应力和变形的影响。

1. 结构的应力和变形

在风荷载参数变化的情况下，拱肋结构的应力值如图 8-19 所示。

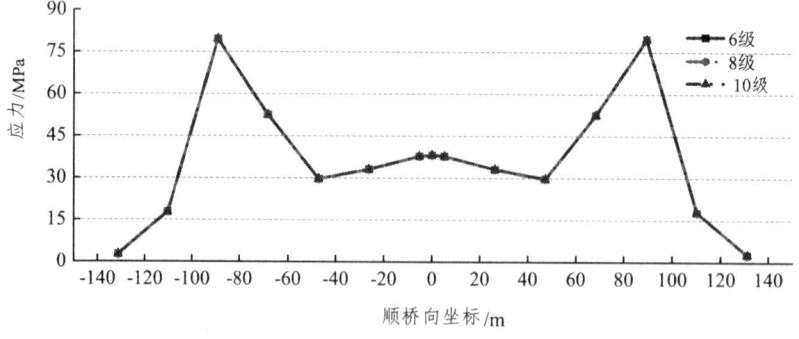

图 8-19 应力结果

由上图应力结果可知,风荷载参数变化时,拱肋各个截面上的应力几乎与设计参数重合,最大差值仅有 0.1 MPa。这是因为风荷载是沿水平横桥向,为拱肋截面剪切应力,拱肋截面的应力主要是轴向应力(即正应力),水平向的作用力对拱肋的贡献不明显。且风荷载的大小相较于自重与预应力,数值很小,风荷载对拱肋钢箱的应力贡献本身就很小,在风荷载大小变化的情况下,拱肋结构的应力变化会更小。所以结果中,参数变化时,拱肋截面应力无太大变化。风荷载对于拱肋截面应力是次要参数。

拱桥中拱段中,横撑截面的正方向与风荷载是同一个方向,风荷载能为横撑提供一个轴向力。当风荷载参数变化时,相较于拱肋截面,横撑截面的应力变化更为明显。横撑截面的编号如下图 8-20 所示。从拱脚到拱顶,横撑截面的编号依次递增。

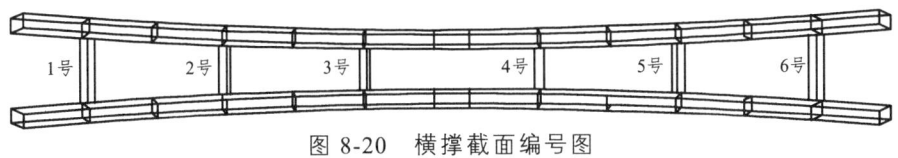

图 8-20　横撑截面编号图

在风荷载参数变化的情况下,横撑截面的应力值及应力变化值如图 8-21 ~ 图 8-22 所示。

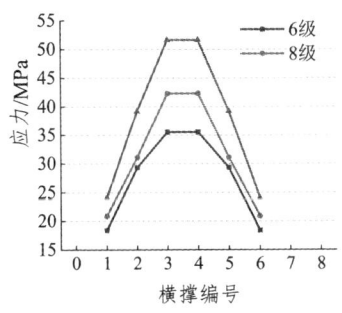 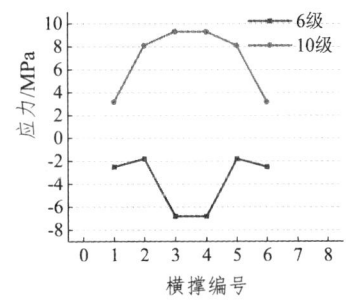

图 8-21　横撑应力结果　　　　图 8-22　横撑应力变化结果

根据横撑应力结果可知:① 风荷载参数变化的情况下,横撑的应力随编号增加的变化趋势基本相同,都是在 3 号横撑和 4 号横撑截面上取最大值。且横撑应力在拱顶两侧是对称分布。② 风荷载参数变化的情况下,横撑上应力有明显的变化。6 级风作用时,3 号(4 号)横撑截面的应力变化最大,最大值为 – 6.8 MPa。10 级风作用时,同样是 3 号(4

号)横撑截面的应力变化最大,最大值为 9.3 MPa。

由于风荷载的方向是水平横桥向,在施工过程中,有横桥向的水平限位装置,约束了拱肋结构的横桥向位移,因此风荷载难以通过产生横桥向位移来影响竖直向和顺桥向的位移,风荷载的大小对于竖直向的位移和水平向的位移的影响几乎为 0。与拱肋的应力结果相似,当风荷载参数变化时,竖直向位移和顺桥向的位移变化为 0,位移结果图示不再列出。风荷载对于拱肋位移是次要参数。

2. 风荷载参数敏感性分析

通过分析风荷载参数变化的情况下拱肋结构应力和位移的结果,提取横撑应力的变化规律,获得相应的参数敏感性百分比,结果如图 8-23 所示。

由图 8-23 可知,风荷载对于横撑应力存在一定的影响。当风荷载参数减小 10%时,横撑应力敏感性百分比在 3 号和 4 号位置最大,最大值为 -2.6%,当风荷载参数增加 10% 时,横撑应力敏感性百分比同样在 3 号和 4 号位置最大,最大值为 2.6%。

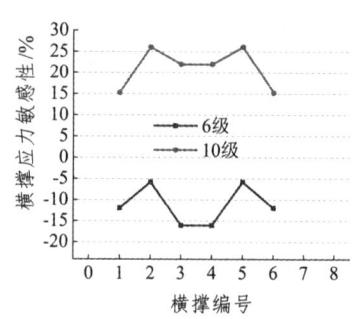

图 8-23 横撑应力敏感参数百分比

综合以上结果,风荷载参数的敏感性数值结果如表 8-3 所示。

表 8-3 预应力索的初拉力参数敏感性结果表

控制目标	6 级风	10 级风	最大绝对值
拱肋应力	0	0	0
横撑应力	-16.1%	22.0%	22.0%
竖向位移	0	0	0
顺桥向位移	0	0	0

综上所述,风荷载参数是影响位拱肋应力和位移的次要参数,对拱肋应力和位移几乎无影响。风荷载对横撑应力存在一定的影响,是影响横撑应力的主要参数。

8.5 温度参数分析

由于大跨度钢箱拱桥整体提升难度较大，提升过程难以在短期内完成，因此拱肋结构所处的环境会存在昼夜温差。随着施工温度的变化，拱肋结构的应力和变形也会受随之改变。本节中将对温度参数进行整体升温 15 ℃ 和整体降温 15 ℃ 两种情况的参数进行调整，来分析温度参数对拱肋应力和变形的影响。

1. 结构的应力和变形

在温度参数变化的情况下，拱肋结构的应力值和应力变化值如图 8-24 和图 8-25 所示。

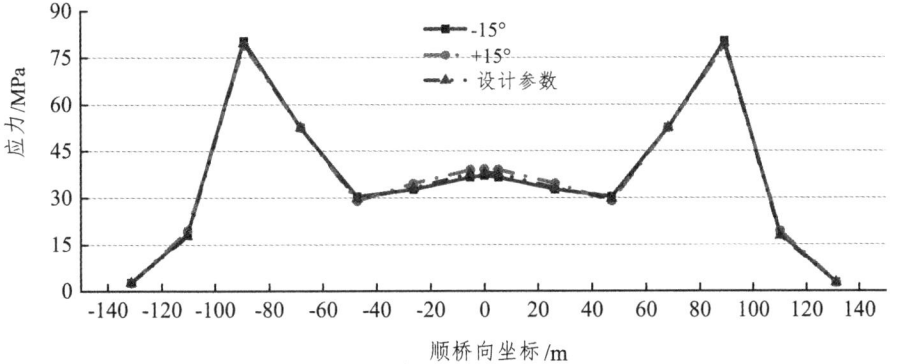

图 8-24 应力结果

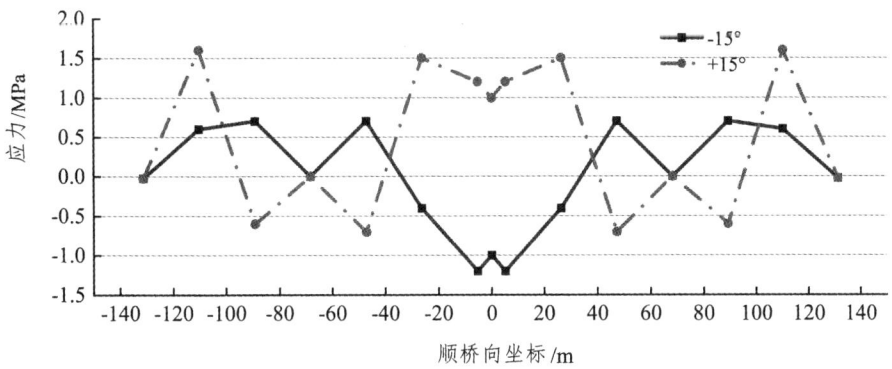

图 8-25 应力变化结果

由图 8-24 和图 8-25 可知：① 在温度参数增加 15 ℃ 和减小 15 ℃ 的两种计算工况下，与设计参数作用下相比，拱肋结构的应力沿顺桥向的变化趋势基本相同，都是吊点处取最大值。② 在参数变化的情况下，拱肋结构在吊点附近和拱顶附近的应力变化较为明显。温度参数减小 15 ℃ 时，应力值在 ±5.3 m 处（拱顶附近）变化最大，最大值为 −1.2 MPa。温度参数增加 15 ℃ 时，应力值在 ±110.3 m 处（吊点附近）变化最大，最大值为 1.6 MPa。③ 温度参数增加 15 ℃ 和减小 15 ℃ 时，拱肋应力的变化值基本对称，即两种工况作用下产生的应力变化效果相反，且变化值比较接近。

在温度参数变化的情况下，拱肋结构的竖向位移值和位移变化值如图 8-26 和图 8-27 所示，其中位移方向以竖直向下为正。

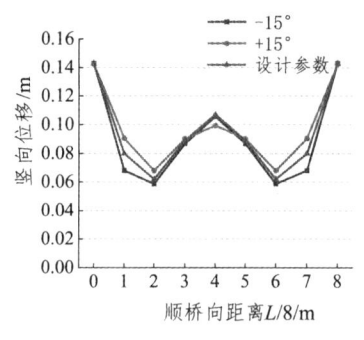 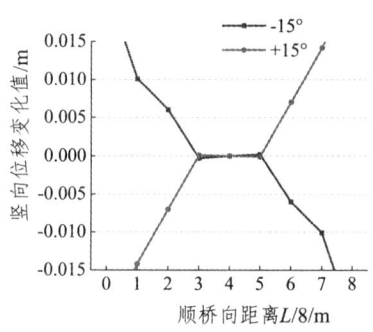

图 8-26　竖向位移结果　　　　图 8-27　竖向位移变化结果

由图 8-26 和图 8-27 可知：① 在温度参数增加 15 ℃ 和减小 15 ℃ 的两种计算工况下，与设计参数作用下相比，拱肋结构的竖向位移发生明显的变化，温度参数是影响竖向位移的重要因素之一。② 参数变化时，竖向位移在拱脚位置附近变化较大，在拱顶处的变化较小。③ 温度减小 15 ℃ 时，拱脚处的竖向位移减小 0.012 m。温度增加 15 ℃ 时，拱脚处的竖向位移增加 0.011 m。

在温度参数变化的情况下，拱肋结构的顺桥向位移值和位移变化值如图 8-28 和图 8-29 所示，顺桥向位移以水平 X 轴正方向为正。

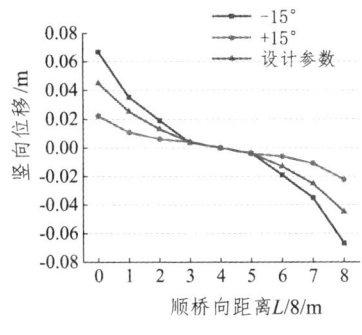

图 8-28 顺桥向位移结果

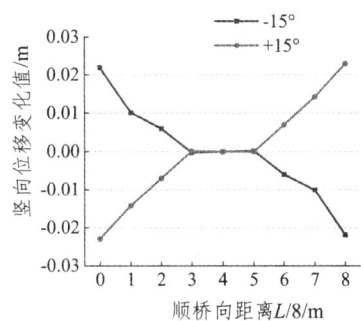

图 8-29 顺桥向位移变化结果

由图 8-28 和图 8-29 可知：① 在温度参数增加 15 ℃ 和减小 15 ℃ 的两种计算工况下，与设计参数作用下相比，拱肋结构的顺桥向位移变化较为明显，温度参数对顺桥向位移有较大影响。② 参数变化时，顺桥向位移在拱脚位置附近变化较大，在拱顶处的变化较小。③ 温度减小 15 ℃ 时，拱脚处的竖向位移增加 0.022 m。温度增加 15 ℃ 时，拱顶处的竖向位移减小 0.023 m。

2．温度参数敏感性分析

通过分析温度参数变化的情况下拱肋结构应力和位移的结果，获得相应的参数敏感性百分比，结果如图 8-30 和图 8-31 所示。

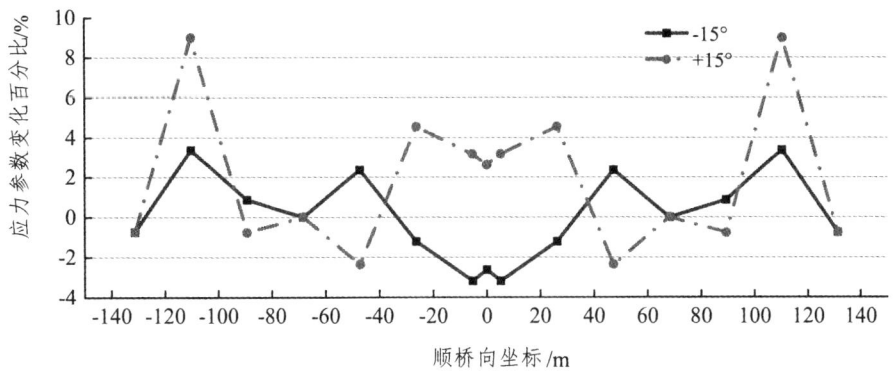

图 8-30 应力敏感参数百分比

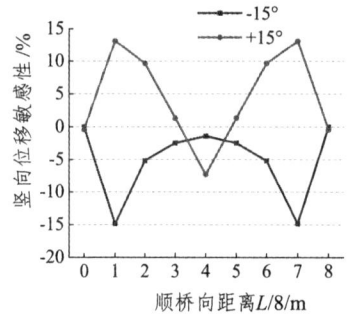 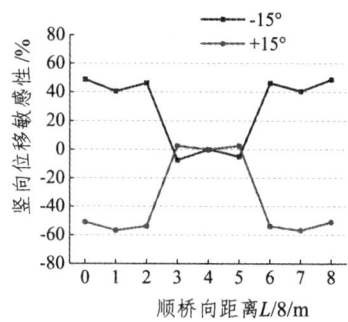

图 8-31 竖向位移敏感参数百分比　　图 8-32 顺桥向位移敏感参数百分比

由图 8-30 可知，拱肋结构温度参数的变化对应力的影响较大。应力的敏感性在拱脚位置处数值较大。在拱顶位置附近，应力敏感性数值较小。其中温度减小 15 ℃ 时，拱肋应力的最大敏感性数值是 3.37%，温度增加 15 ℃ 时，应力的最大敏感性数值是 8.89%。前者敏感性要小于后者。

由图 8-31 可知，温度参数变化对竖向位移有较大的影响。竖向位移的敏感性在拱顶位置附近较小，数值在 5% 以内。在吊点处附近，竖向位移的敏感性数值较大，温度减小 15 ℃ 的最大敏感性是 -14.88%，温度增加 15 ℃ 的最大敏感性数值是 13.13%。

由图 8-32 可知，温度参数变化对顺桥向位移的影响很大。位移的敏感性在拱顶位置附近较小，绝对值在 5% 以内。在 $0 \sim L/4$ 区间，顺桥向位移的敏感性数值较大，温度减小 15 ℃ 的最大敏感性是 48.67%，温度减小 15 ℃ 的最大敏感性数值是 -56.80%。

综合以上结果，温度参数的敏感性数值结果如表 8-4 所示。

表 8-4　温度参数敏感性结果表

控制目标	-15 ℃ 工况	+15 ℃ 工况	最大绝对值
拱肋应力	3.37%	8.89%	8.89%
竖向位移	-14.88%	13.13%	14.88%
顺桥向位移	48.67%	-56.80%	56.80%

综上所述，温度参数是影响拱肋位移和应力的主要参数，对顺桥向

位移影响较大,对竖向位移和应力的影响要相对较小。

8.6 不均匀起吊参数分析

拱桥整体提升过程中,共有四个抱箍(提升辅助装置),分布在中拱段的四个拱脚位置。把每个抱箍看做一个吊点,则提升过程中共有四个吊点。吊点编号如下图 8-33 所示。

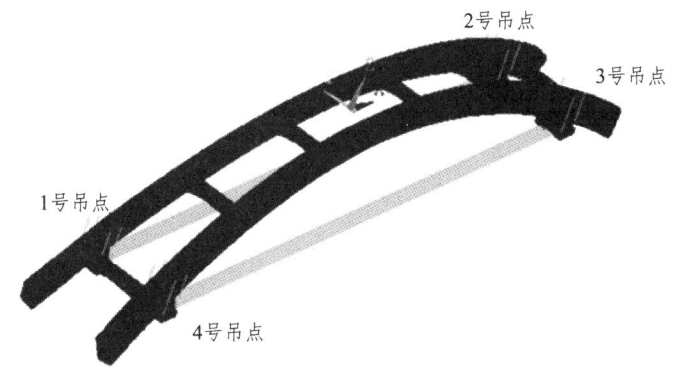

图 8-33 吊点编号图

在提升过程中,理论上四个吊点应该同步起吊,即是说在任何时刻,四个吊点应该在同一水平面上。但是实际施工中,很难满足绝对的同步均匀起吊。当起吊过程不均匀时,提升结构的受力形态会发生变化。为研究不均匀起吊参数对拱肋受力的影响,本节将设置三种不同的不均匀起吊工况,来分析该参数对拱肋应力和变形的影响。三种不同的起吊工况如表 8-5 所示。

表 8-5 不均匀起吊工况

工况编号	工况名称	吊点编号	先起吊距离/cm
A	单点先起吊	1	
B	单侧先起吊	1 和 2	2
C	单端先起吊	1 和 4	

如上表所示,在三种工况中,都是先起吊相应工况的吊点 2 cm,然

后四个吊点同步提升。在有限元模型中,通过给提升钢束施加初应变的方法,来实现不均匀起吊工况。另外设计参数的工况即是指四个吊点同步均匀起吊。

1. 结构的应力和变形

在不均匀起吊参数变化的情况下,拱肋结构的应力值和应力变化值如图 8-34 和图 8-35 所示。

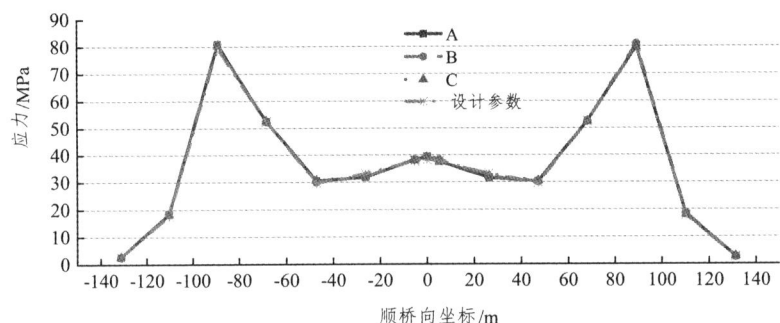

图 8-34 应力结果

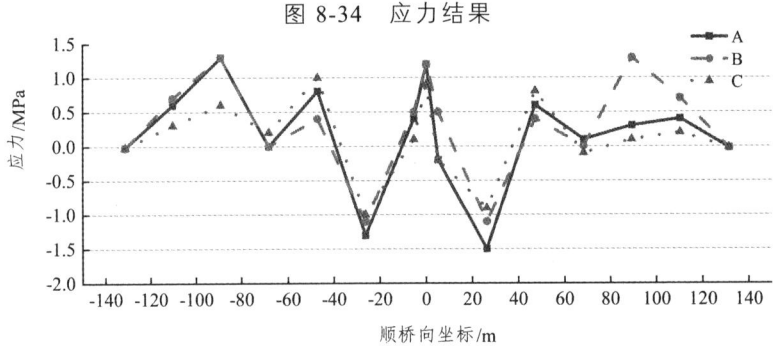

图 8-35 应力变化结果

由图 8-34 和图 8-35 可知,三种变化参数的工况下,拱肋结构的应力结果与设计参数作用下非常接近。三种工况下的应力变化值的峰值为 1.5 MPa,应力变化较小。不均匀起吊参数对拱肋结构的应力结果影响较小。

在不均匀起吊参数变化的情况下,横撑截面的应力值及应力变化值如图 8-36 和图 8-37 所示。

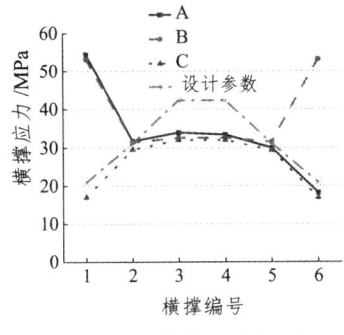

图 8-36 横撑应力结果

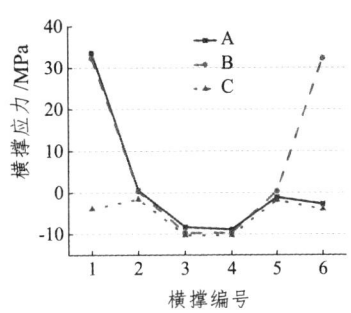

图 8-37 横撑应力变化结果

根据横撑应力结果可知：① 单点先起吊（工况 A）时，靠近先起吊的吊点（1 号吊点）位置处横撑截面（1 号横撑截面）的应力变化较大，最大应力变化值为 33.6 MPa，在其余的横撑截面上，应力变化值较小。② 单侧拱肋先起吊（工况 B）时，同样是靠近先起吊的吊点（1 号和 2 号吊点）位置处横撑截面（1 号和 6 号横撑截面）的应力变化较大，最大应力变化值为 32.3 MPa，在其余的横撑截面上，应力变化值较小。③ 单端吊点先起吊（工况 C）时，横撑的应力变化值较小，最大变化值在拱顶位置，大小为 10.3 MPa。

比较三种工况下的横撑应力结果，当横桥向的吊点起吊不对称（工况 A 和工况 B）时，横撑结构会产生较大的应力变化。工况 A 和工况 B 会对横撑的应力产生较大影响。

在不均匀起吊参数变化的情况下，拱肋结构的竖向位移值和位移变化值如图 8-38 和图 8-39 所示，其中位移方向以竖直向下为正。

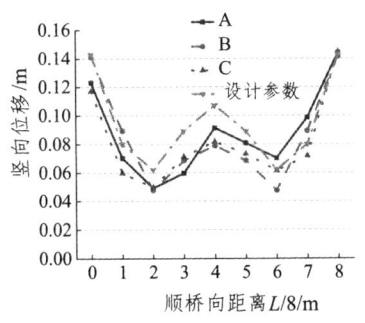

图 8-38 竖向位移结果

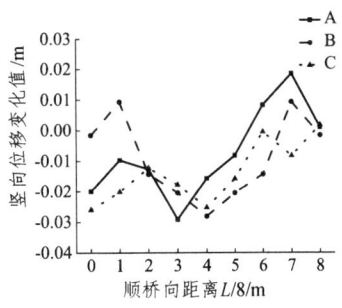

图 8-39 竖向位移变化结果

由图 8-38 和图 8-39 可知：① 单点先起吊（工况 A）时，拱肋的竖向位移最大变化值为 -0.029 2 m。② 单侧拱肋先起吊（工况 B）时，拱肋的竖向位移最大变化值为 -0.028 1 m。③ 单端吊点先起吊（工况 C）时，拱肋的竖向位移最大变化值为 -0.02 mm。

在三种工况作用下，拱肋结构的顺桥向位移值和位移变化值如图 8-40 和图 8-41 所示，顺桥向位移以水平 X 轴正方向为正。

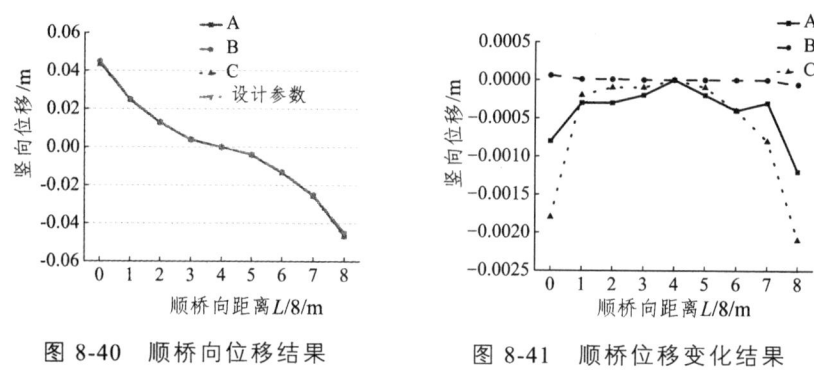

图 8-40　顺桥向位移结果　　　　图 8-41　顺桥位移变化结果

由图 8-40 和图 8-41 可知：三种工况作用下，拱肋结构的顺桥向位移变化很小，几乎为 0。不均匀起吊参数对于拱肋顺桥向的位移影响很小。

2．不均匀起吊参数敏感性分析

通过分析温度参数变化的情况下拱肋结构应力和位移的结果，提取拱肋应力和位移的变化规律，获得相应的参数敏感性百分比，结果如图 8-42～图 8-45 所示。

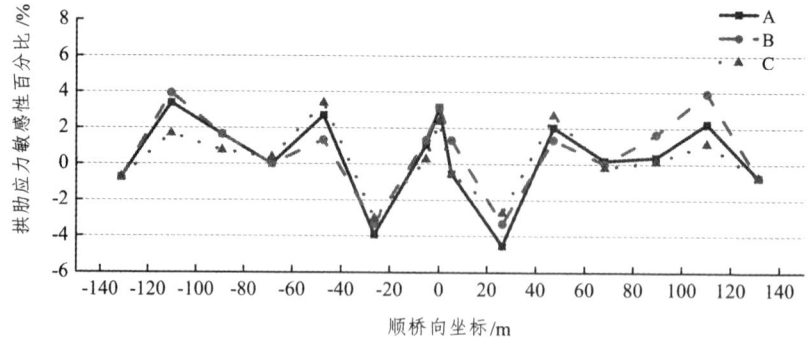

图 8-42　拱肋应力敏感参数百分比

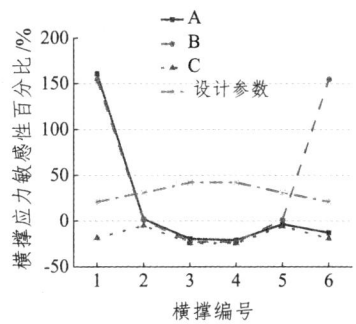

图 8-43 横撑应力敏感参数百分比

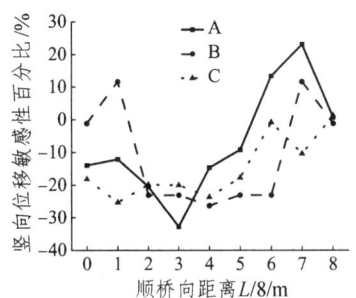 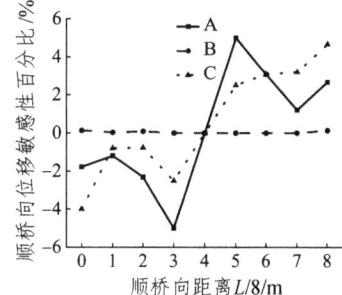

图 8-44 竖向位移敏感参数百分比 图 8-45 顺桥向位移敏感参数百分比

由图 8-42 可知,不均匀起吊参数的变化对拱肋结构应力有一定的影响,但影响较小。拱肋应力在 A、B、C 三种工况作用下,各自的敏感性的最大值为分别为 -4.53%、3.93% 和 3.37%。该参数对于拱肋的敏感性较小。

由图 8-43 可知,工况 A 和工况 B 对横撑应力影响很大,对应的敏感性最大值分别是 160.77% 和 154.55%。工况 C 对横撑应力的影响相对较小,敏感性的最大值为 -24.35%。

由图 8-44 可知,不均匀起吊参数变化对竖向位移的影响较大。在 A、B、C 三种工况作用下,拱肋竖向位移对应各个工况的敏感性的最大值为分别为 -32.81%、-26.26% 和 -23.65%。该参数对于拱肋的敏感性较小。

由图 8-45 可知,不均匀起吊参数变化对顺桥向位移的影响很小。三种工况作用下,敏感性变化不超过 5%。

综合以上结果,不均匀起吊参数的敏感性数值结果如下表8-6所示。

表8-6 不均匀起吊参数敏感性结果表

控制目标	工况 A	工况 B	工况 C
拱肋应力	-4.53%	3.93%	3.37%
横撑应力	160.77%	154.55%	24.35%
竖向位移	-32.81%	26.26%	23.65%
顺桥向位移	-5.00%	0.13%	4.67%

综上所述,不均匀起吊参数是影响横撑应力和拱肋竖向位移的主要参数,对顺桥向位移和拱肋的应力影响较小。

9 拱肋合龙施工临时连接板模拟研究

本章主要分析官塘大桥拱肋合龙过程中,合龙段和边拱段、中拱段临时连接构件的受力情况。临时连接板把合龙段和边拱段、中拱段连接在一起后直接承受合龙段的全部重力。同时,当温度改变时,临时连接板承受温度作用。因此,采用空间有限元分析方法,对临时连接板在温度、重力等荷载作用下的受力情况进行分析十分必要。

拱肋合龙时,每次合龙一个拱肋节段,按照顺时针方向依次安装合龙节段,且单侧拱肋上的两个合龙节段合龙完成后再进行另一片拱肋上合龙节段的合龙。每一节拱肋合龙节段合龙施工时,采用大型浮吊把合龙节段起吊至预定位置。用长35 cm,宽15 cm,厚2 cm的Q235钢板把合龙节段和边拱段、中拱段拱肋临时连接起来后浮吊松勾,再焊接该节合龙段的环焊缝。合龙段临时连接板尺寸及位置如图9-1所示。拱肋顶、底板各布置5道连接板件,两侧腹板各布置4道连接板。每一节合龙段的两端环焊缝处共有连接板件36道。

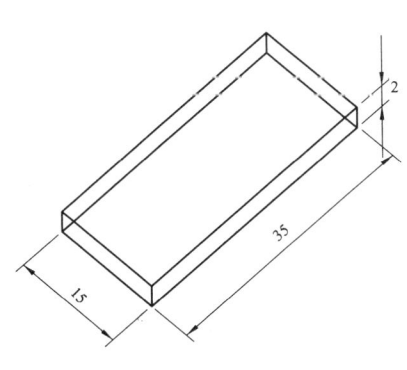 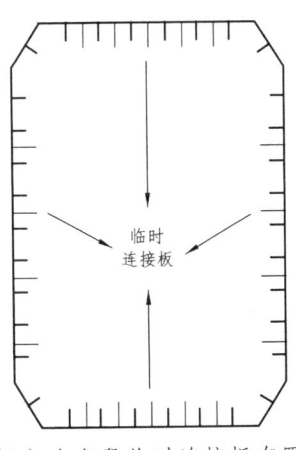

(a)拱肋合龙临时连接板尺寸(cm)　　(b)合龙段临时连接板布置

图 9-1　临时连接板尺寸及位置

9.1 有限元模型

采用有限元软件 ANSYS 建立拱肋整体模型，有限元模型如图 9-2 所示。模型中采用三种单元类型，分别为索单元、壳单元以及实体单元。坐标系方向规定为：X 方向为顺桥向，Y 方向为横桥向，Z 方向以竖直向上为正。结构部件单元类型如表 9-1 所示。

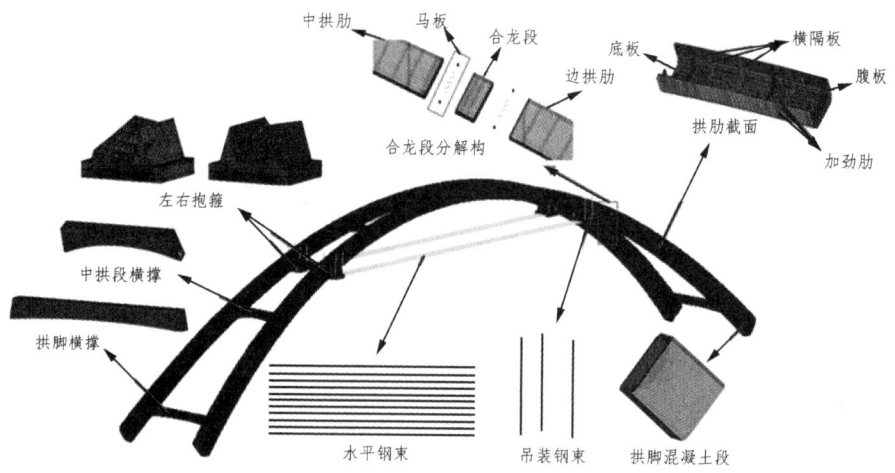

图 9-2 有限元模型

表 9-1 单元类型表

结构部件	单元类别	单元名称
水平钢束	杆单元	link10
吊装钢束		
钢箱拱肋	板壳单元	shell63
加劲肋		
横隔板		
横撑		
抱箍		
合龙段临时连接板（马板）		
拱脚混凝土段	实体单元	solid95

模型的边界条件如图 9-3 及表 9-2 所示。

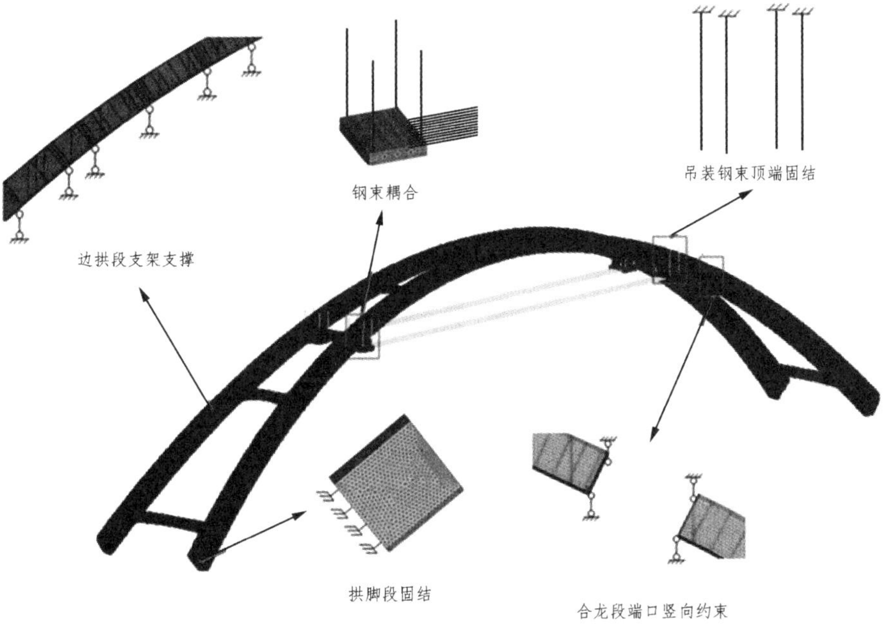

图 9-3　模型边界条件

表 9-2　边界条件表

边界组名称	约束部位	约束类型
拱脚段固结	四个拱脚截面	U_x，U_y，U_z，R_x，R_y，R_z
吊装钢束顶端固结	吊装钢束顶端	U_x，U_y，U_z
边拱段支架支撑	边拱段拱肋	U_x，U_y，U_z
合龙段端口竖向约束	中拱肋、边拱肋合龙端口	U_z
钢束耦合	钢束锚固端与垫板	刚性连接

模型拱脚完全固结，边拱段支架处拱肋约束各个方向的平动自由度，以模拟支架对拱肋的支撑作用，吊装钢束顶部约束各个方向的自由度，吊装钢束、水平钢束与提升装置（抱箍）之间的连接通过耦合接触节点的三个方向自由度实现。

合龙段吊装之前边拱肋和中拱肋已经定位完毕，焊接临时连接板（马板)时边拱段和中拱段拱肋的合龙端口不会再有错位现象,即临时连接板(马板)焊接为无应力施工。为了更准确地模拟合龙时临时连接板(马板)的受力情况,每合龙一个拱肋合龙段,都约束该位置边拱段和中拱段拱肋合龙端口的竖向位移。

9.2 强度理论

本次计算中分析的主要受力构件马板为钢材,故采用有限元软件 ANSYS 后处理中的 Von Mises Stress 作为判断标准。Von Mises Stress 习惯性被称为 Mises 等效应力,它遵循材料力学第四强度理论。计算公式为

$$\sigma = \sqrt{\frac{(\alpha_1 - \alpha_2)^2 + (\alpha_2 - \alpha_3)^2 + (\alpha_3 - \alpha_1)^2}{2}}$$

其中,α_1 为第一主应力;α_2 为第二主应力;α_3 为第三主应力。

值得注意的是,本章主要为探究不同因素对马板最大应力的影响,当变量取值不同时,结构的内力效应比较大,会出现结构安全性不满足规范要求的情况。出现这种原因有两个:① 部分区域应力集中,应力大小本身不真实;② 结构参数或者荷载取值太大,导致结构应力超过规范规定的应力值。但考虑到本章计算中的变量取值仅为分析规律所用,因此本章计算结果不作为结构安全性分析的依据。另外,四个合龙段在横桥向与纵桥向均对称,因此,四个合龙段处的临时连接板的应力理论上是一致的,所以本章仅取一个合龙段处的临时连接板进行分析。

9.3 临时连接板厚度影响分析

本节通过对临时连接板厚度的调整,分析不同临时连接板厚度对合龙段临时连接板应力的影响。本节共设置了 2 mm、4 mm、6 mm、8 mm、10 mm 五种不同的临时连接板厚度。

1. 临时连接板最大应力及其位置

对合龙段进行分析，对比不同临时连接板厚度条件下，最大应力出现位置、应力云图及合龙段构造分解，如图 9-4 所示。

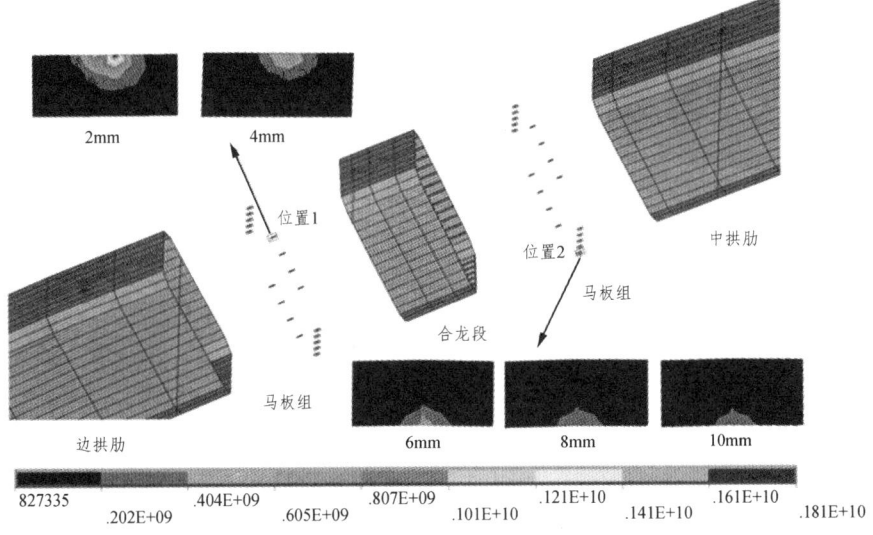

图 9-4 合龙段构造分解及临时连接板应力云图

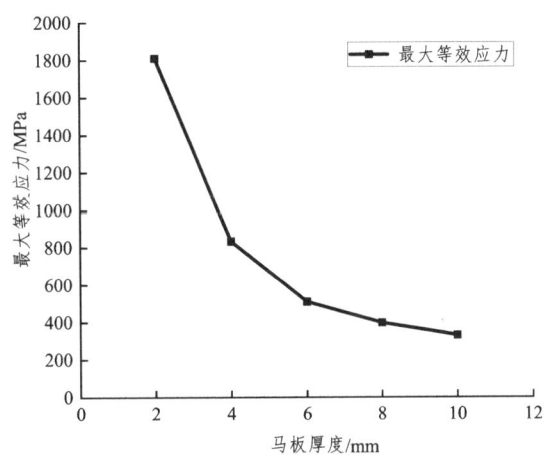

图 9-5 临时连接板最大应力图

当临时连接板厚度为 2 mm 和 4 mm 时，最大应力出现在合龙段构造分解示意图中的位置 1 处，当临时连接板厚度增大到 6 mm、8 mm

和 10 mm 时,最大应力出现在合龙段构造分解示意图中的位置 2 处,说明随着板厚的增加,最大应力出现位置有所变化。

临时连接板最大应力随厚度变化情况如图 9-5 所示,当厚度由 2 mm 增大为 4 mm 时,最大应力由 1 810 MPa 减小为 833 MPa,减小幅度为 54%;厚度由 4 mm 增大为 6 mm 时,最大应力由 833 MPa 减小为 509 MPa,减小幅度为 39%;厚度由 6 mm 增大为 8 mm 时,最大应力由 509 MPa 减小为 397 MPa,减小幅度为 22%;厚度由 8 mm 增大为 10 mm 时,最大应力由 397 MPa 减小为 330 MPa,减小幅度为 17%。可见临时连接板的最大应力随临时连接板厚度的增大而减小,但减小趋势越来越平缓,说明厚度增加到一定程度后,结构的最大应力对临时连接板的厚度敏感度减小。

2. 临时连接板最大应力路径分析

通过图 9-4 的应力云图可知,临时连接板的最大应力出现在靠近拱肋和合龙段的临时连接板边缘,故按图 9-6 所示的两条路径,分析该路径上临时连接板的应力变化情况。

由图 9-7 可知,在路径 1 上,应力大致呈对称分布,且中间部位应力大,两边位置应力小,且临时连接板厚度为 2 mm 和 4 mm 时,最大应力出现位置相同,厚度为 6 mm、8 mm 和 10 mm 时,最大应力出现位置相同,2 mm 和 4 mm 的应力峰值坐标和曲线变化趋势相同,6 mm、8 mm 和 10 mm 的应力峰值坐标和曲线变化趋势相同。

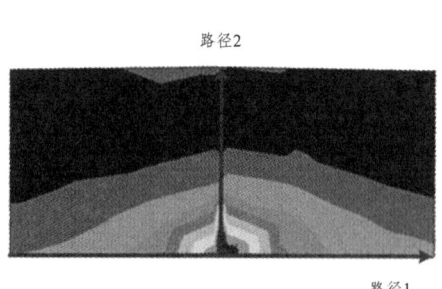

图 9-6 临时连接板应力路径示意图

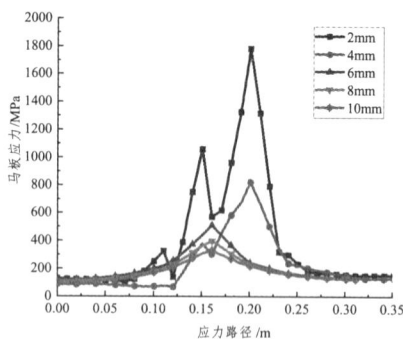

图 9-7 路径 1 临时连接板应力

由图 9-8 可知，在路径 2 上，应力在路径方向上随距离增大而减小，在 0 到 0.05 m 范围内，厚度为 2 mm 时，应力由 852.93 MPa 减小到 251.07 MPa，减小幅度为 70.6%；厚度为 4 mm 时，应力由 570.77 MPa 减小到 166.53 MPa，减小幅度为 70.8%；厚度为 6 mm 时，应力由 438.71 MPa 减小到 126.68 MPa，减小幅度为 71.1%；厚度为 8 mm 时，应力由 361.85 MPa 减小到 112.63 MPa，减小幅度为 68.9%；厚度为 10 mm 时，应力由 308.76 MPa 减小到 102.33 MPa，减小幅度为 66.9%。可见临时连接板应力在路径 2 方向上衰减的很快，衰减幅度为 66.9% ~ 71.1%，临时连接板上大部分位置处于较低的应力水平。

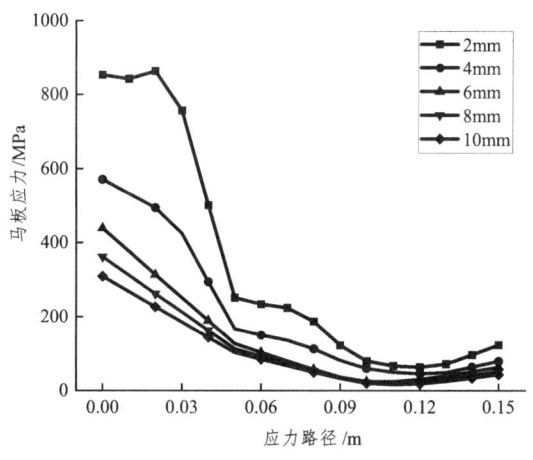

图 9-8　路径 2 临时连接板应力

3. 位置 1 处临时连接板应力路径分析

由于临时连接板最大应力在不同厚度条件下，出现的位置不同，所以有必要对最大应力出现的两个位置进行单独的分析。当临时连接板厚度为 2 mm 和 4 mm 时，最大应力出现在图 9-4 中左侧位置 1 处的临时连接板上，当临时连接板厚度为 6 mm、8 mm 和 10 mm 时，最大应力出现在图 9-4 中右侧位置 2 处的临时连接板上。

对位置 1 处的临时连接板进行单独分析，将位置 1 处的临时连接板在不同厚度条件下的应力，按图 9-6 中的路径 1 和路径 2 进行分析，如图 9-9、图 9-10 所示。

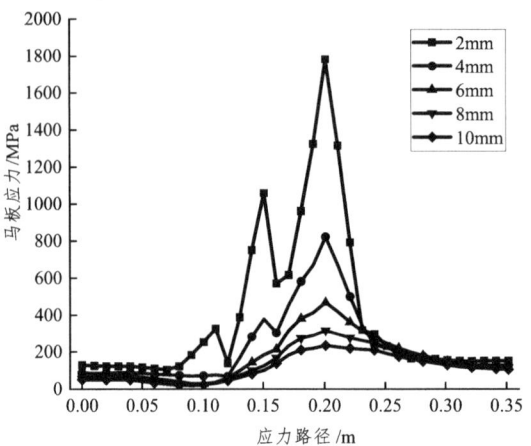

图 9-9 位置 1 不同厚度临时连接板路径 1 上应力

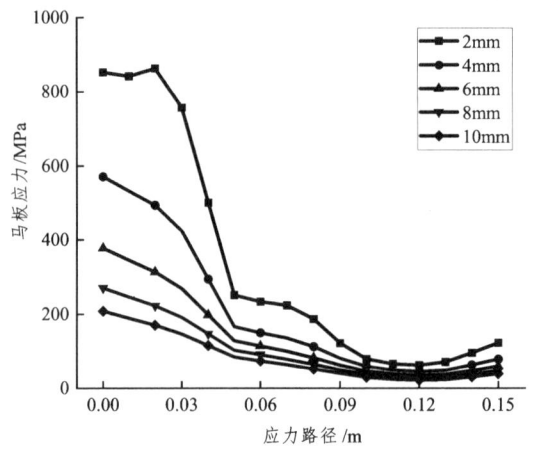

图 9-10 位置 1 不同厚度临时连接板路径 2 上应力

由图 9-9 可知，同一位置临时连接板，在不同厚度条件下，路径 1 上的应力分布相似，最大应力出现在路径 1 上的位置相同，为路径上 0.2 m 处，但最大应力随厚度增大衰减的很快。应力分布在路径 1 上为中间大，两边小。

当临时连接板厚度由 2 mm 增加到 4 mm 时，路径 1 上最大应力由 1 781.9 MPa 减小到 821.85 MPa，减小幅度为 53.9%；当临时连接板厚度由 4 mm 增加到 6 mm 时，路径 1 上最大应力由 821.85 MPa 减小到

468.95 MPa，减小幅度为 42.9%；当临时连接板厚度由 6 mm 增加到 8 mm 时，路径 1 上最大应力由 468.95 MPa 减小到 315.87 MPa，减小幅度为 32.6%；当临时连接板厚度由 8 mm 增加到 10 mm 时，路径 1 上最大应力由 315.87 MPa 减小到 234.56 MPa，减小幅度为 25.7%。可见当临时连接板厚度由 2 mm 增大到 4 mm 和 6 mm 时，位置 1 处临时连接板在路径 1 上的最大应力衰减的很快，而当厚度增大到 8 mm 和 10 mm 时，位置 1 处临时连接板在路径 1 上的最大应力减小幅度比较缓慢。

由图 9-10 可知，同一位置临时连接板，在不同厚度条件下，路径 2 上的应力变化趋势相似，临时连接板路径 2 上的应力随路径衰减，且在 0~0.05 m 的范围内，厚度为 2 mm 时，应力由 852.93 MPa 减小到 251.07 MPa，减小幅度为 70.6%；厚度为 4 mm 时，应力由 570.77 MPa 减小到 166.53 MPa，减小幅度为 70.8%；厚度为 6 mm 时，应力由 377.66 MPa 减小到 128.39 MPa，减小幅度为 66.0%；厚度为 8 mm 时，应力由 270.48 MPa 减小到 103.06 MPa，减小幅度为 61.9%；厚度为 10 mm 时，应力由 208.01 MPa 减小到 84.68 MPa，减小幅度为 59.3%。可见当临时连接板厚度较小，为 2 mm 和 4 mm 时，路径 2 上 0 到 0.05 m 范围内应力衰减更快，为 70.6% 至 70.8%；当临时连接板厚度增加到 6 mm、8 mm 和 10 mm 时，路径 2 上 0 到 0.05 m 范围内应力衰减幅度减小为 66.0%、61.9% 和 59.3%，相比厚度 2 mm 和 4 mm 情况有所下降，但依旧衰减很快。

结合图 9-9 和图 9-10 可知，对于位置 1 处的临时连接板，在不同厚度条件下，临时连接板和拱肋、合龙段交接面上应力较大，存在一定的应力集中现象，其余大部分位置的应力处于较低水平。

4．位置 2 处临时连接板应力路径分析

对位置 2 处的临时连接板进行单独分析，将位置 2 处的临时连接板在不同厚度条件下的应力，按图 9-6 中的路径 1 和路径 2 进行分析，如图 9-11、图 9-12 所示。

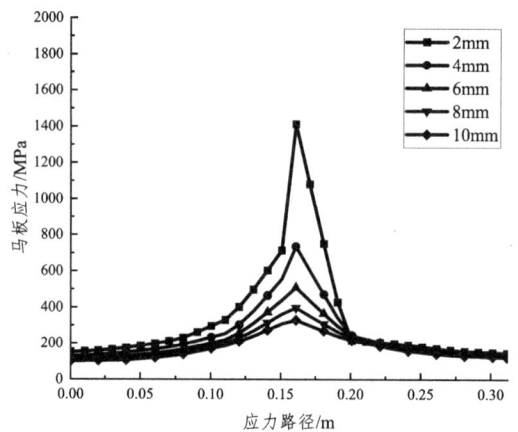

图 9-11 位置 2 不同厚度临时连接板路径 1 上应力

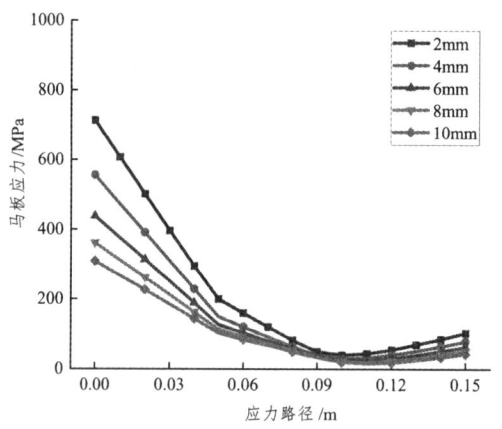

图 9-12 位置 2 不同厚度临时连接板路径 2 上应力

由图 9-11 可知，同一位置临时连接板，在不同厚度条件下，路径 1 上的应力分布相似，最大应力出现在路径 1 上的位置相同，为路径上 0.16 m 处。应力分布在路径 1 上为中间大，两边小。

当临时连接板厚度由 2 mm 增加到 4 mm 时，路径 1 上最大应力由 1 413.5 MPa 减小到 736.08 MPa，减小幅度为 47.9%；当临时连接板厚度由 4 mm 增加到 6 mm 时，路径 1 上最大应力由 736.08 MPa 减小到 509.47 MPa，减小幅度为 30.8%；当临时连接板厚度由 6 mm 增加到 8 mm 时，路径 1 上最大应力由 509.47 MPa 减小到 397.36 MPa，减小幅度为 22.0%；当临时连接板厚度由 8 mm 增加到 10 mm 时，路径 1 上最大应力由 397.36 MPa 减小到 329.53 MPa，减小幅度为 17.1%。可见路径 1 上临时连接板应力随临时连接板厚度增加而减小，且减小幅度越来越小。

由图 9-12 可知，同一位置临时连接板，在不同厚度条件下，路径 2 上的应力变化趋势相似，临时连接板路径 2 上的应力随路径衰减，且在 0 到 0.05 m 的范围内，厚度为 2 mm 时，应力由 731.67 MPa 减小到 199.74 MPa，减小幅度为 72.7%；厚度为 4 mm 时，应力由 555.54 MPa 减小到 149.2 MPa，减小幅度为 73.1%；厚度为 6 mm 时，应力由 438.71 MPa 减小到 126.68 MPa，减小幅度为 71.1%；厚度为 8 mm 时，应力由 361.85 MPa 减小到 112.63 MPa，减小幅度为 68.9%；厚度为 10 mm 时，应力由 308.76 MPa 减小到 102.33 MPa，减小幅度为 66.9%。可见在路径 2 上 0 到 0.05 m 范围内，临时连接板应力下降很快。

结合图 9-11 和图 9-12 可知，在位置 2 处的临时连接板在不同厚度条件下，临时连接板和拱肋、合龙段交接面上应力较大，存在一定的应力集中现象，其余大部分位置的应力处于较低水平。

5．小　结

本节通过对临时连接板在不同厚度条件下应力的分析，分别对比了不同临时连接板厚度条件下，最大应力出现位置和最大应力变化趋势，发现厚度为 2 mm 和 4 mm 时，最大应力出现位置相同，厚度为 6 mm、8 mm 和 10 mm 时，最大应力出现位置相同。当厚度由 2 mm 依次增大到 4 mm、6 mm、8 mm、10 mm 时，最大应力减小幅度为 54%、39%、22% 和 17%，说明最大应力随厚度增大而减小，且减小趋势是越来越缓的。

通过对出现最大应力处临时连接板的应力路径分析，可知在路径 1 上，应力分布为中间大，两边小，存在一定的应力集中现象。且由于不同厚度下最大应力出现在 2 个不同位置，相同位置的应力分布较为相似。在路径 2 上，0 到 0.05 m 范围内，应力减小的较快，减小幅度为 66.9% 至 71.1%，由此可知在临时连接板和拱肋、合龙段交接面上应力较大，存在一定的应力集中现象，其余大部分位置的应力处于较低水平。

最后通过对同一位置临时连接板在不同厚度条件下进行应力路径分析，可知不同厚度条件下，临时连接板应力分布趋势相同，应力水平随厚度增大而减小，但不同位置处临时连接板应力路径上最大应力变化有所不同。在位置1处,路径1上最大应力随厚度从 2 mm 增大到 4 mm、6 mm、8 mm、10 mm,减小幅度分别为 53.9%、42.9%、32.6%、25.7%;在位置2处,路径1上最大应力随厚度从 2 mm 增大到 4 mm、6 mm、8 mm、10 mm,减小幅度分别为 47.9%、30.8%、22.0%、17.1%。在不同位置临时连接板应力路径2上,0 到 0.05 m 范围内,应力减小较快,减小幅度为 59.3% 至 73.1%。故不同临时连接板在和拱肋、合龙段交接面上应力较大,存在一定的应力集中现象,其余临时连接板大部分位置的应力处于较低水平。

9.4 整体升温影响分析

本节通过对桥梁整体升温温度的调整,分析不同整体升温温度作用下对合龙段临时连接板应力的影响。本分析共设置了整体升温 6 ℃、8 ℃、10 ℃、12 ℃、14 ℃ 五种不同的温度。

1. 临时连接板最大应力及出现位置

对合龙段进行分析,对比不同整体升温温度作用下,最大应力出现位置、应力云图如图 9-13 所示。

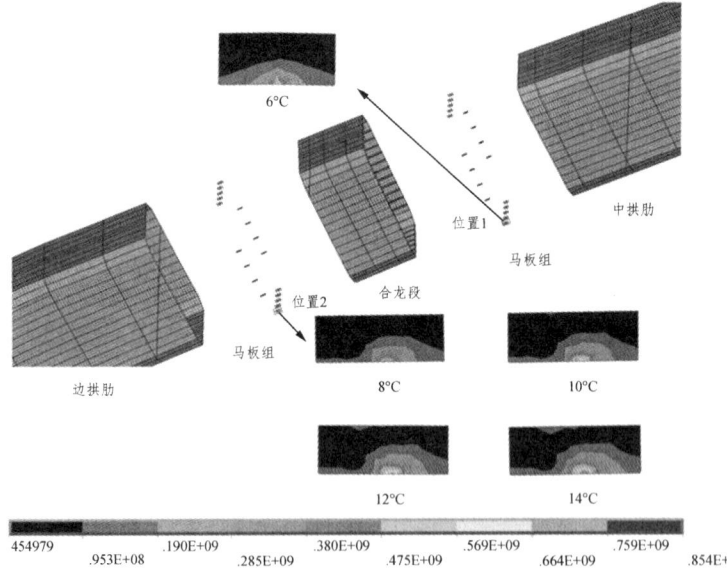

图 9-13　合龙段构造分解及临时连接板云图

当整体升温温度为 6 ℃ 时,最大应力出现在合龙段构造分解示意图的位置 1 处,当整体升温温度增大到 8 ℃、10 ℃、12 ℃ 和 14 ℃ 时,最大应力出现在合龙段构造分解示意图的位置 2 处。

临时连接板最大应力随整体升温温度的变化如图 9-14 所示,当温度由 6 ℃ 增大为 8 ℃ 时,最大应力由 545 MPa 增大为 607 MPa,增大幅度为 11%;当温度由 8 ℃ 增大为 10 ℃ 时,最大应力由 607 MPa 增大为 689 MPa,增大幅度为 13%;当温度由 10 ℃ 增大为 12 ℃ 时,最大应力由 689 MPa 增大为 772 MPa,增大幅度为 12%;当温度由 12 ℃ 增大为 14 ℃ 时,最大应力由 772 MPa 增大为 854 MPa,增大幅度为 11%,可见临时连接板的最大应力随整体升温温度的增大而增大,且幅度呈线性变化。

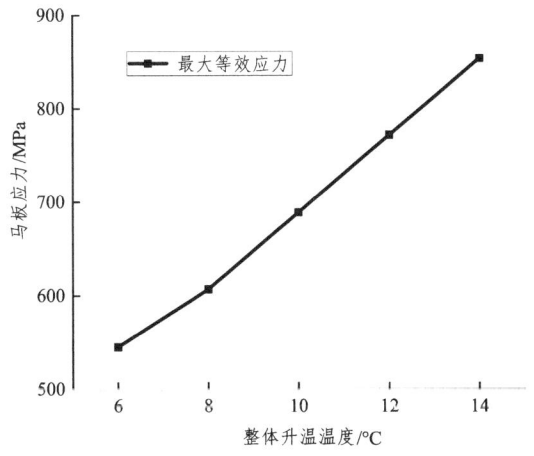

图 9-14 临时连接板最大应力图

2. 临时连接板最大应力路径分析

通过图 9-13 的应力云图可知,临时连接板的最大应力出现在靠近拱肋和合龙段的临时连接板边缘,故按图 9-15 所示的两条路径,分析该路径上临时连接板的应力变化情况。

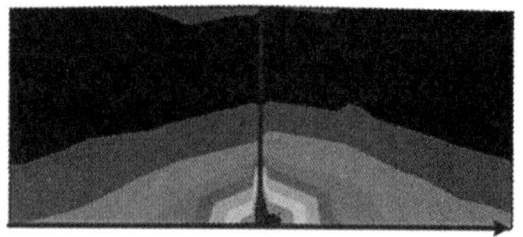

图 9-15 临时连接板应力路径示意图

由图 9-16 可知，在路径 1 上，应力大致呈对称分布，且中间部位应力大，两边位置应力小，且临时连接板最大应力随着温度的增大而增大。应力分布在路径 1 上为中间大，两边小。由于整体升温温度为 6 ℃ 时，最大应力出现在位置 1，整体升温温度为 8 ℃、10 ℃、12 ℃、14 ℃ 时，最大应力出现在位置 2。整体升温温度为 8 ℃、10 ℃、12 ℃、14 ℃ 时的应力峰值坐标和曲线变化趋势相同。

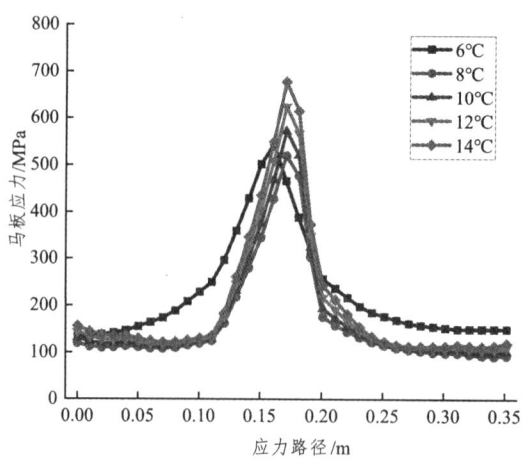

图 9-16 路径 1 临时连接板应力

由图 9-17 可知，在路径 2 上，应力在路径方向上随距离增大而减小，在 0 到 0.05 m 范围内，整体升温温度为 6 ℃ 时，应力由 311.62 MPa 减小到 144.02 MPa，减小幅度为 53.8%；整体升温温度为 8 ℃ 时，应力由 568.38 MPa 减小到 133.34 MPa，减小幅度为 76.5%；

整体升温温度为 10 ℃ 时,应力由 626.35 MPa 减小到 144.25 MPa,减小幅度为 77.0%;整体升温温度为 12 ℃ 时,应力由 685.32 MPa 减小到 155.43 MPa,减小幅度为 77.3%;整体升温温度为 14 ℃ 时,应力由 745.06 MPa 减小到 166.83 MPa,减小幅度为 77.6%;可见不同位置的临时连接板,变化幅度不同,相同位置的临时连接板变化幅度相近,在 0 到 0.05 m 范围内,减小幅度为 53.8% 至 77.6%。同时临时连接板应力在路径 2 方向上衰减的很快,临时连接板上大部分位置处于较低的应力水平。

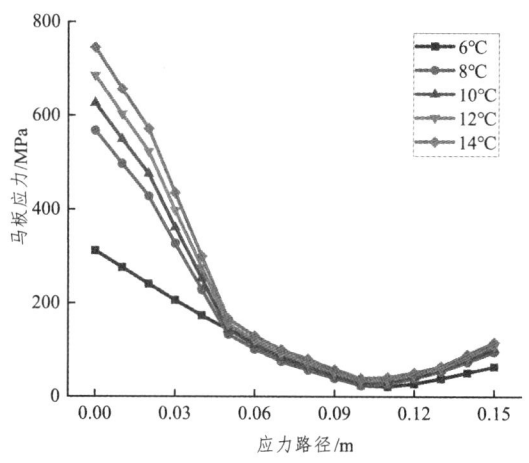

图 9-17　路径 2 临时连接板应力

3. 位置 1 处临时连接板应力路径分析

由于临时连接板最大应力在不同整体升温条件下,出现的位置不同,所以有必要对最大应力出现的两个位置进行单独的分析。当整体升温温度为 6 ℃,最大应力出现在图 9-13 中右侧位置 1 处的临时连接板上,当整体升温温度为 8 ℃、10 ℃、12 ℃ 和 14 ℃ 时,最大应力出现在图 9-13 中左侧位置 2 处的临时连接板上。

对位置 1 处的临时连接板进行单独分析,将位置 1 处的临时连接板在不同整体升温条件下的应力,按图 9-15 中的路径 1 和路径 2 进行分析,如图 9-18、图 9-19 所示。

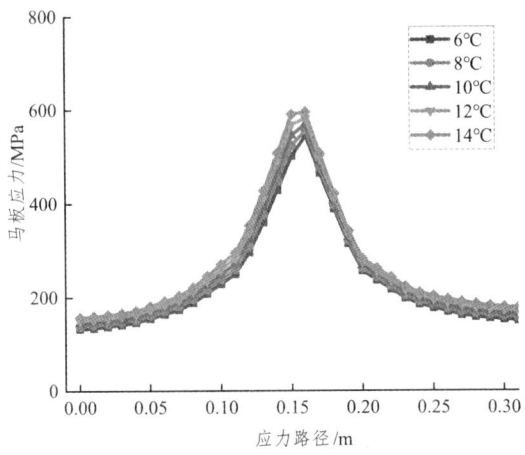

图 9-18 位置 1 不同整体升温温度临时连接板路径 1 上应力

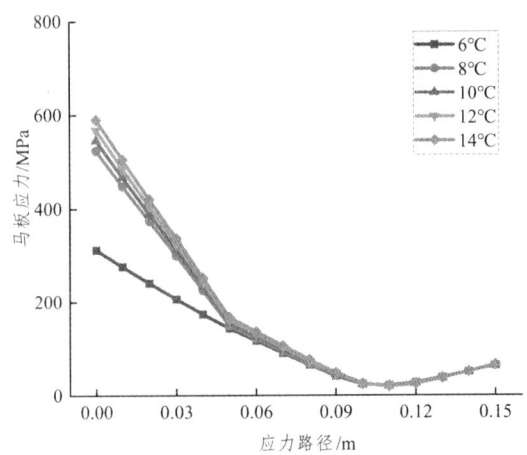

图 9-19 位置 1 不同整体升温温度临时连接板路径 2 上应力

由图 9-18 可知,同一位置临时连接板,在不同整体升温条件下,路径 1 上的应力分布相似,最大应力出现在路径 1 上的位置相同,为路径上 0.16m 处,临时连接板应力分布为中间大,两边小。

当整体升温温度由 6 °C 增加到 8 °C 时,路径 1 上最大应力由 544.74 MPa 增大到 557.03 MPa,增大幅度为 2.3%;整体升温温度由 8 °C 增加到 10 °C 时,路径 1 上最大应力由 557.03 MPa 增大到 569.56 MPa,增大幅度为 2.2%;整体升温温度由 10 °C 增加到 12 °C 时,路径 1 上最大应力由 569.56 MPa 增大到 582.31 MPa，增大幅度为 2.2%；整体升温温度由 12 ℃ 增加到 14 ℃ 时，路径 1 上最大应力由 582.31 MPa 增大到 595.26 MPa，增大幅度为 2.2%，可见位置 1 处临时连接板最大应力受整体升温条件变化的影响不大，整体升温温度每增加 2 ℃，最大应力增幅仅为 2.2% 至 2.3%。

由图 9-19 可知，同一位置临时连接板，在不同整体升温条件下，路径 2 上的应力变化趋势相似，临时连接板路径 2 上的应力随路径衰减，且在 0 到 0.05 m 的范围内，整体升温为 6 ℃ 时，应力由 311.62 MPa 减小到 144.02 MPa，减小幅度为 53.8%；整体升温为 8 ℃ 时，应力由 523.65 MPa 减小到 149.82 MPa，减小幅度为 71.4%；整体升温为 10 ℃ 时，应力由 545.49 MPa 减小到 155.64 MPa，减小幅度为 71.5%；整体升温为 12 ℃ 时，应力由 567.52 MPa 减小到 161.46 MPa，减小幅度为 71.5%；整体升温为 14 ℃ 时，应力由 589.71 MPa 减小到 167.30 MPa，减小幅度为 71.6%，可见在整体升温为 6 ℃ 时，在 0 到 0.05 m 的范围内应力减小幅度为 53.8% 至 71.6%，而当整体升温为 8 ℃、10 ℃、12 ℃、14 ℃ 时，在 0 到 0.05 m 的范围内应力减小幅度为 71.5% 左右，所以在路径 2 上 0 到 0.05 m 的范围内应力衰减很快。

结合图 9-18 和图 9-19 可知，对于位置 1 处的临时连接板，在不同整体升温温度作用下，临时连接板和拱肋、合龙段交接面上应力较大，存在一定的应力集中现象，其余大部分位置的应力处于较低水平。

4．位置 2 处临时连接板应力路径分析

对位置 2 处的临时连接板进行单独分析，将位置 2 处的临时连接板在不同整体升温条件下的应力，按图 9-15 中的路径 1 和路径 2 进行分析，如图 9-20、图 9-21 所示。

由图 9-20 可知，同一位置临时连接板，在不同整体升温条件下，路径 1 上的应力分布相似，最大应力出现在路径 1 上的位置相同，为路径上 0.17 m 处，应力分布为中间大，两边小，最大应力随不同整体升温增大而增加的幅度较小。

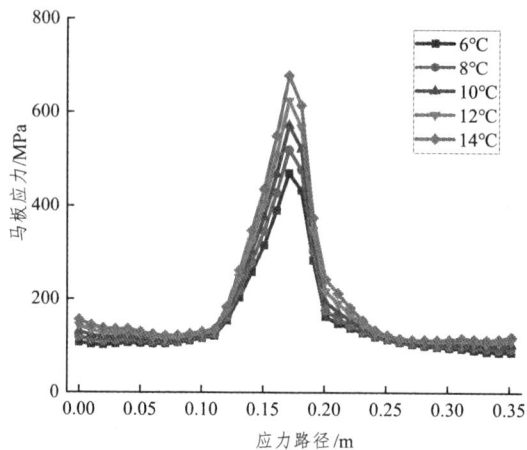

图 9-20 位置 2 不同整体升温温度临时连接板路径 1 上应力

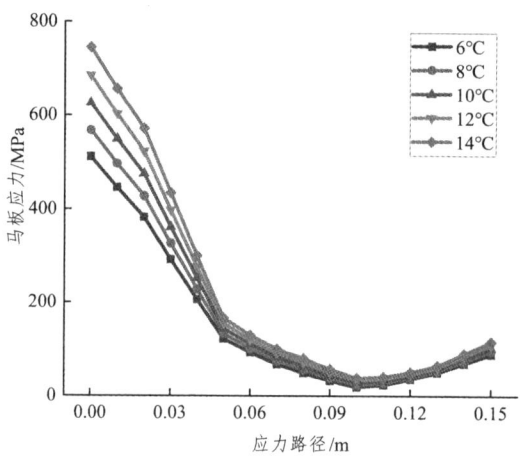

图 9-21 位置 2 不同整体升温温度临时连接板路径 2 上应力

当整体升温温度由 6 ℃ 增加到 8 ℃ 时，路径 1 上最大应力由 469.84 MPa 增加到 520.38 MPa，增大幅度为 10.8%；整体升温温度由 8 ℃ 增加到 10 ℃ 时，路径 1 上最大应力由 520.38 MPa 增加到 572.04 MPa，增大幅度为 9.9%；整体升温温度由 10 ℃ 增加到 12 ℃ 时，路径 1 上最大应力由 572.04 MPa 增加到 624.53 MPa，增大幅度为 9.2%；整体升温温度由 12 ℃ 增加到 14 ℃ 时，路径 1 上最大应力由 624.53 MPa 增加到 677.67 MPa，增大幅度为 8.5%，可见在不同整体升温条件下，最大应力随不同整体升温增大而增加的幅度较小，每增加 2 °C，最大应力增加幅度为 8.5% 至 10.8%。

由图 9-21 可知，同一位置临时连接板，在不同整体升温条件下，路径 2 上的应力变化趋势相似，临时连接板路径 2 上的应力随路径衰减，且在 0 到 0.05 m 的范围内，整体升温温度为 6 °C 时，应力由 511.74 MPa 减小到 122.77 MPa，减小幅度为 76.0%；整体升温温度为 8 °C 时，应力由 568.38 MPa 减小到 133.34 MPa，减小幅度为 76.5%；整体升温温度为 10 °C 时，应力由 626.35 MPa 减小到 144.25 MPa，减小幅度为 77.0%；整体升温温度为 12 °C 时，应力由 685.32 MPa 减小到 155.43 MPa，减小幅度为 77.3%；整体升温温度为 14 °C 时，应力由 745.06 MPa 减小到 166.83 MPa，减小幅度为 77.6%，可见在路径 2 上 0 到 0.05 m 范围内，临时连接板应力下降很快。

结合图 9-20 和图 9-21 可知，在位置 2 处的临时连接板在不同整体升温条件下，临时连接板和拱肋、合龙段交接面上应力较大，存在一定的应力集中现象，其余大部分位置的应力处于较低水平。

5. 小　结

本小节通过对临时连接板在不同整体升温温度作用下应力的分析，分别对比了不同整体升温温度作用下，最大应力出现位置和最大应力变化趋势，发现整体升温温度为 6 °C 时，临时连接板最大应力出现在位置 1 处，整体升温温度为 8 °C、10 °C、12 °C、14 °C 时，最大应力出现位置相同。当整体升温由 6 °C 依次增大到 8 °C、10 °C、12 °C、14 °C 时，最大应力增大幅度为 11.4%、13.5%、12.0% 和 10.6%，说明最大应力随整体升温温度增大而增大，且增大趋势较为稳定。

通过对出现最大应力处临时连接板的应力路径分析，可知在路径 1 上，应力分布为中间大，两边小，存在一定的应力集中现象。且由于不同整体升温温度作用下最大应力出现在 2 个不同位置，相同位置的应力分布较为相似。在路径 2 上，0 到 0.05 m 范围内，应力减小的较快，减小幅度为 53.8% 至 77.6%，由此可知在临时连接板和拱肋、合龙段交接面上应力较大，存在一定的应力集中现象，其余大部分位置的应力处于较低水平。

最后通过对同一位置临时连接板在不同整体升温条件下进行应力路径分析,可知不同整体升温条件下,临时连接板应力分布趋势相同,应力水平随整体升温温度增大而增大,但不同位置处临时连接板应力路径上最大应力变化有所不同。在位置 1 处,路径 1 上最大应力随整体升温温度从 6 ℃ 增大到 8 ℃、10 ℃、12 ℃、14 ℃,增大幅度分别为 2.3%、2.2%、2.2%、2.2%;在位置 2 处,路径 1 上最大应力随整体升温温度从 6 ℃ 增大到 8 ℃、10 ℃、12 ℃、14 ℃,增大幅度分别为 10.8%、9.9%、9.2%、8.5%。在不同位置临时连接板应力路径 2 上,0 到 0.05 m 范围内,应力减小较快,减小幅度在 53.8% 到 77.6%。故不同临时连接板在和拱肋、合龙段交接面上应力较大,存在一定的应力集中现象,其余临时连接板大部分位置的应力处于较低水平。

9.5 温度梯度影响分析

本节通过对拱肋施加温度梯度荷载,分析不同温度梯度荷载作用下对合龙段临时连接板应力的影响。由于国内规范中缺少钢结构拱肋温度梯度的施加方法,本文参照英国桥梁规范[33]施加拱肋温度梯度荷载,如图 9-22 以及表 9-3 所示。

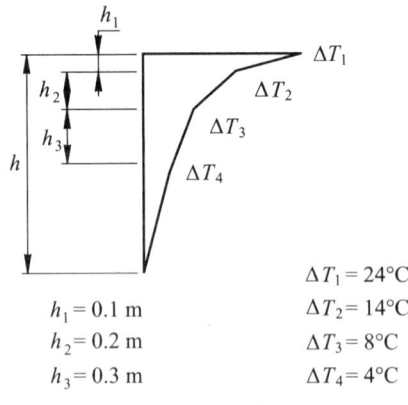

图 9-22 温度梯度荷载示意图

表 9-3　温度梯度荷载列表

温度梯度	$\Delta T_1/°C$	$\Delta T_2/°C$	$\Delta T_3/°C$	$\Delta T_4/°C$	缩放倍数
荷载一	12	7	4	2	0.5
荷载二	18	10.5	6	3	0.75
荷载三	24	14	8	4	1.0
荷载四	30	17.5	10	5	1.25
荷载五	36	21	12	6	1.5

1. 临时连接板最大应力及出现位置

对合龙段进行分析，对比不同温度梯度荷载作用下，最大应力出现位置、应力云图以及合龙段构造分解，如图 9-23 所示。

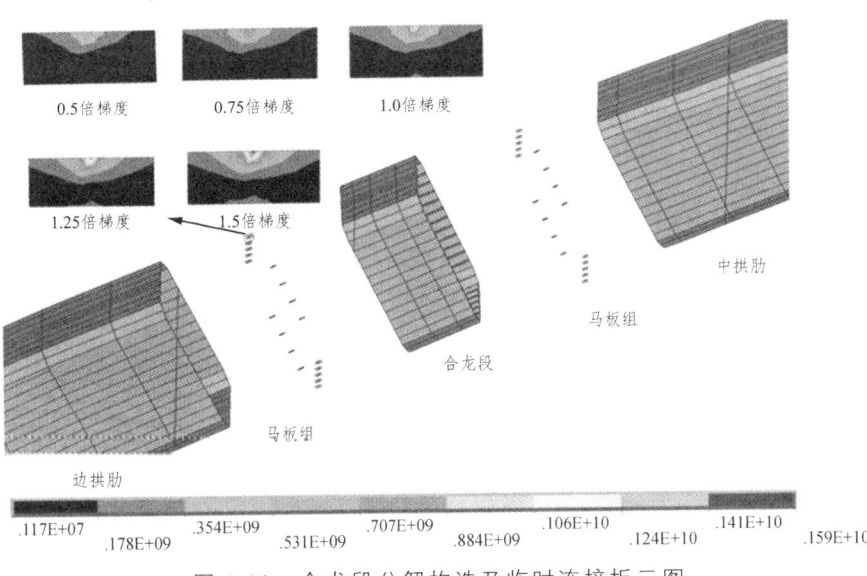

图 9-23　合龙段分解构造及临时连接板云图

最大应力出现位置如图 9-23 所示，不同温度梯度荷载条件下，最大应力均出现在图 9-23 中的位置 1 处。

临时连接板最大应力随温度梯度变化如图 9-24 所示，当温度梯度荷载由 0.5 倍增大到 0.75 倍时，最大应力由 786 MPa 增大为 988 MPa，增大幅度为 25.7%；当温度梯度荷载由 0.75 倍增大到 1.0 倍时，最大应力由 988 MPa 增大为 1 190 MPa，增大幅度为 20.4%；当温度梯度荷载由 1.0 倍增大到 1.25 倍时，最大应力由 1 190 MPa 增大为 1 390 MPa，增大幅度为 16.8%；当温度梯度荷载由 1.25 倍增大到 1.5 倍时，最大应力由 1 390 MPa 增大为 1 590 MPa，增大幅度为 14.4%；同时，每增大 0.25 倍的温度梯度荷载，临时连接板最大应力增加 200 MPa 至 202 MPa，所以临时连接板最大应力随温度梯度荷载倍数呈线性增长。可见临时连接板的最大应力随温度梯度荷载倍数的增大而增大，且增大幅度较为稳定。

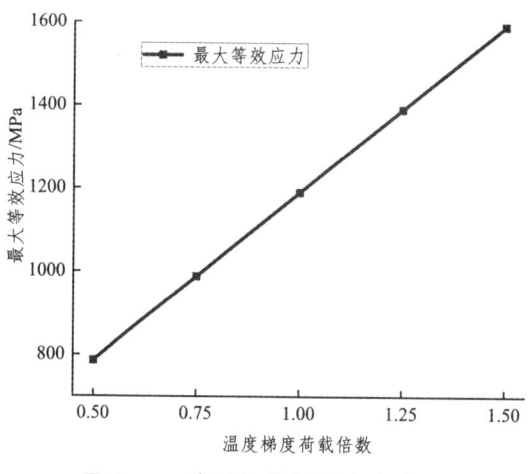

图 9-24　临时连接板最大应力图

2. 临时连接板最大应力路径分析

通过图 9-23 的应力云图可知，临时连接板的最大应力出现在靠近拱肋和合龙段的临时连接板边缘，故按图 9-25 所示的两条路径，分析该路径上临时连接板的应力变化情况

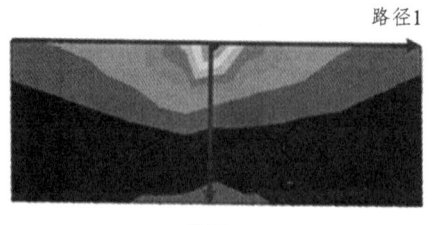

图 9-25　临时连接板应力路径示意图

由图 9-26 可知，在不同温度梯度荷载作用下，位置 1 处的临时连接板在路径 1 上的应力分布相似，最大应力出现在路径 1 上的位置相同，为路径上 0.17 m 处，临时连接板应力分布为中间大，两边小。

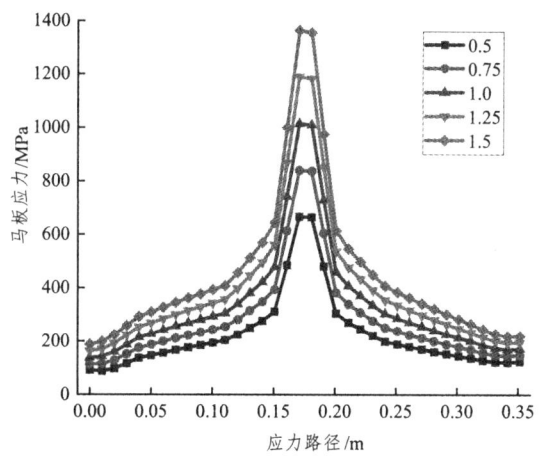

图 9-26　不同温度梯度荷载倍数下路径 1 临时连接板应力

当温度梯度荷载由 0.5 倍增加到 0.75 倍时，路径 1 上最大应力由 665.26 MPa 增大到 839.8 MPa，增大幅度为 26.2%；当温度梯度荷载由 0.75 倍增加到 1.0 倍时，路径 1 上最大应力由 839.8 MPa 增大到 1 014.4 MPa，增大幅度为 20.8%；当温度梯度荷载由 1.0 倍增加到 1.25 倍时，路径 1 上最大应力由 1 014.4 MPa 增大到 1 188.9 MPa，增大幅度为 17.2%；当温度梯度荷载由 1.25 倍增加到 1.5 倍时，路径 1 上最大应力由 1 188.9 MPa 增大到 1 363.5 MPa，增大幅度为 14.7%。同时，温度梯度荷载每增大 0.25 倍，路径 1 上临时连接板最大应力增加 175 MPa，路径 1 上临时连接板最大应力在温度梯度荷载作用下呈线性增长。

由图 9-27 可知，在不同温度梯度荷载作用下，路径 2 上的应力变化趋势相似，临时连接板路径 2 上的应力随路径衰减，且在 0 到 0.05 m 的范围内，温度梯度荷载为 0.5 倍时，应力由 756.83 MPa 减小到 212.58 MPa，减小幅度为 71.9%；温度梯度荷载为 0.75 倍时，应力由 954.45 MPa 减小到 265.18 MPa，减小幅度为 72.2%；温度梯度荷载为 1.0 倍时，应力由 1 152.1 MPa 减小到 317.81 MPa，减小幅度为 72.4%；温度梯度荷载为 1.25 倍时,应力由 1 349.7 MPa 减小到 370.45 MPa,减小幅度为 72.6%;温度梯度荷载为 1.5 倍时,应力由 1 547.4 MPa 减小到 423.09 MPa,减小幅度为 72.7%;可见在路径 2 上 0 到 0.05 m 范围内,临时连接板应力下降很快,减小幅度为 71.9% 至 72.7%。

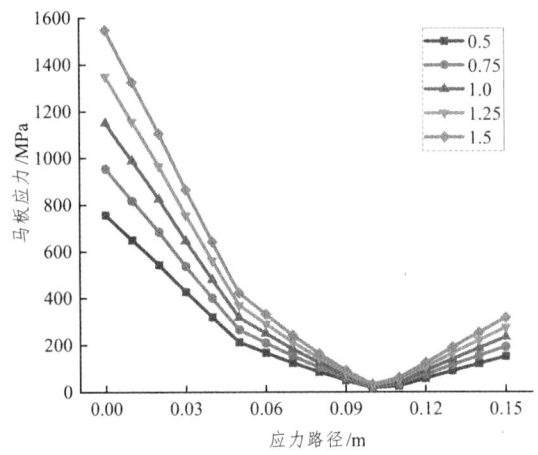

图 9-27　不同温度梯度荷载倍数下临时连接板路径 2 上应力

结合图 9-26 和图 9-27 可知,在位置 1 处的临时连接板在不同温度梯度荷载作用下,临时连接板和拱肋、合龙段交接面上应力较大,存在一定的应力集中现象,其余大部分位置的应力处于较低水平。

3. 小　结

本节通过对临时连接板在不同温度梯度荷载作用下应力的分析,发现温度梯度荷载作用下临时连接板最大应力出现的位置相同,且临时连接板最大应力随温度梯度荷载倍数增大而增大,当温度梯度荷载倍数由 0.5 倍依次增到到 0.75 倍、1.0 倍、1.25 倍和 1.5 倍时,临时连接板最大应力增大幅度为 25.7%、20.4%、16.8%、14.4%,同时温度梯度荷载每增大 0.25 倍,路径 1 上临时连接板最大应力增加 200 MPa 至 202 MPa,路径 1 上临时连接板最大应力在温度梯度荷载作用下呈线性增长。

通过对临时连接板在不同温度梯度荷载作用下进行应力路径分析,可知不同温度梯度荷载条件下,临时连接板应力分布趋势相同,应力水平随温度梯度荷载倍数增大而增大。在位置 1 处，路径 1 上最大应力随温度梯度荷载从 0.5 倍增大到 0.75 倍、1.0 倍、1.25 倍和 1.5 倍，增大幅度分别为 26.2%、20.8%、17.2%、14.7%。在路径 2 上，0 到 0.05 m 范围内，应力减小较快，减小幅度为 71.9% 至 72.7%。故不同临时连接板在和拱肋、合龙段交接面上应力较大，存在一定的应力集中现象，其余临时连接板大部分位置的应力处于较低水平。

结　语

大跨径拱桥的施工方法包括满堂支架施工法、缆索吊装法、转体施工法、整体提升法等，其中由于拱桥的整体提升法的施工期风险性、主拱圈线形易于控制，近年来得到了广泛的应用。与此同时，由于整体提升过程中需要设置临时结构，且提升高度大，整体提升施工需要重点关注临时结构的安全性问题。本书首先对整体提升施工方法进行了详细的介绍，在此基础上，以柳州官塘大桥为工程背景，系统研究了提升施工过程中提升支架及拱肋的力学行为；明确了支架的施工误差对支架及拱肋的结构响应的影响规律；研究了拱肋提升支架结构响应对设计参数的敏感性；并进行了提升支架的结构优化设计，对拱肋提升参数进行了试验与理论研究，为保证中拱段与边拱段顺利合龙提供了理论依据；最后对拱肋合龙施工时的临时锁结构在不同的荷载作用下进行了力学分析。本书的研究成果可为类似的工程项目的施工提供参考，并取得了如下主要研究成果：

（1）通过对同类型的拱桥施工进行了文献调研工作，系统总结了拱桥常用的施工方法，并比较了各种施工方法的优缺点；详细论述了拱桥在施工过程中的主要风险，并论述了对应的处理措施。

（2）在参考其他文献的基础上，假设了六种施工初始缺陷模式，建立了考虑施工误差的有限元模型，研究了缺陷分布模拟形式以及缺陷峰值，对支架施工阶段的内力以及稳定性进行了论述，结果表明，控制支架缺陷峰值小于某一限值就能保证支架稳定性和降低结构应力水平。结合工程实际，建议最大缺陷峰值不超过高度的 1/100。同时，由以上分析中可知，当缺陷峰值较大时，最大应力总是出现在支架横向联结上，故在临时结构的设计中应特别注意横向联结的结构加强。

（3）对拱肋提升的全过程进行了模拟，在提升过程中，拱肋的纵桥向位移受竖向拉索角度和支架变形影响较小，其纵桥向位移可通过改变横向拉索索力进行调整。可近似看作拱肋纵桥向变形仅改变拉索初始角度的初始位移,而不参与整个提升过程中竖向拉索角度变化的耦合作用,在提升过程中仅考虑支架与竖向拉索的耦合作用。影响竖向拉索与支架耦合平衡的因素是拉索长度和支架刚度,提升高度越大,拉索倾角越大,当拉索与支架达到耦合平衡后拉索角度的大小还与支架的刚度有关。

(4)研究了立柱钢管内灌注混凝土的高度、钢管的外径、钢管的壁厚、横撑的形式、立柱横撑的间距对拱肋应力、稳定性系数的影响规律。在此基础上,采用响应面结合梯度算法分析了支架内力对钢管内灌注混凝土的高度、钢管的外径、钢管的壁厚的敏感性。最后采用响应面结合PSO算法对提升支架进行了优化。

(5)对中拱段的提升进行了试验,结果表明,拱桥整体提升过程中,吊点处拱肋截面上的应力水平较高,拱顶处截面的应力水平较低。拱肋的最大应力能够满足提升施工的要求。在各个工况下,拱肋结构的应力和位移的试验结果与计算值较吻合,表明采用的缩尺模型能准确模拟桥梁整体提升过程的受力行为。拱桥施工过程中,在施加预应力阶段,抱箍结构与地面产生的摩擦力对拉索最终的有效预应力有较大影响。在实际施工中,应使抱箍底面光滑,尽量减小该摩擦力对钢束有效预应力的影响。

(6)在提升过程中,对自重、预应力索的初拉力、风荷载、温度和不均匀起吊5个参数进行了敏感性分析,结果表明,影响拱肋应力的主要参数有自重、预应力索的初拉力和温度。风荷载和不均匀起吊是影响拱肋应力的次要参数。三种主要参数的敏感性由大到小依次是自重、预应力索的初拉力和温度。影响横撑应力的主要参数有风荷载和不均匀起吊,两种主要参数的敏感性由大到小依次是不均匀起吊、风荷载。影响拱肋竖向位移的几种主要参数按照敏感度由大到小依次是自重、预应力索的初拉力、不均匀起吊、温度。风荷载是影响竖向位移的次要参数。影响拱肋顺桥向位移的几种主要参数按照敏感度由大到小依次是预应力索的初拉力、自重、温度。风荷载和不均匀起吊是影响顺桥向位移的次要参数。

(7)建立了拱肋合龙临时连接板有限元模型,分析了临时锁的厚度、拱肋整体升温、拱肋温度梯度对临时锁的影响。

参考文献

[1] 曾攀. 有限元基础教程[M]. 北京：高等教育出版社，2009.

[2] 杨庆生，郑代华. 高等计算力学[M]. 北京：科学出版社，2009.

[3] 朱伯芳.有限单元法原理与应用（第三版）[M]. 北京：中国水利水电出版社，2009.

[4] 中国建设标准化协会. 钢管混凝土结构设计与施工规范：CECS28：2012[S]. 北京：中国计划出版社，2012.

[5] 徐腾飞.钢管混凝土非线性稳定承载能力与可靠度研究[D]. 成都：西南交通大学，2007.

[6] 张引弟. 初始缺陷的大跨径钢管混凝土拱桥安全稳定性评估[J]. 桥梁结构，2020，6（6）：88-90.

[7] 钱若军. 结构屈曲分析理论和方法[M]. 南京：东南大学出版社，2018.

[8] 龙汉，刘剑. 钢管混凝土系杆拱桥静力参数敏感性分析_龙汉[J]. 铁道科学与工程学报，2019，16（2）：419-425.

[9] 张莹莹. 大跨度钢管混凝土拱桥稳定因素分析[D]. 苏州科技学院，2009.

[10] 刘剑，王达. 基于响应面法的大跨径斜拉桥静力参数敏感性分析_刘剑[J]. 公路交通科技，2015，32（8）：100-106.

[11] 蔡毅，邢岩，胡丹. 敏感性分析综述[J]. 北京师范大学学报（自然科学版），2008，2008（1）：9-16.

[12] 周洁,张楠. 复合材料铺放成型工艺参数敏感性分析及优选[J]. 内蒙古工业大学学报（自然科学版），2018，37（3）：182-187.

[13] 陈顺昌. 某型舱段三轴振动夹具的频响分析与结构优化设计[D]. 西安电子科技大学，2015.

[14] 黄瑾. 多目标规划问题的粒子群算法及其应用[D]. 长江大学，2019.

[15] 龚纯，精通 MATLAB 最优化计算[M]. 电子工业出版社，2012.

[16] SHI Y, EBERHART R. Empirical study of particle swarm optimization[C]. International Conference on Evolutionary Computation .Washington, USA:IEEE, 1999. 1945-1950.

[17] SHI Y, EBERHART R. Fuzzy adaptive particle swarm optimization[C]. The IEEE Congress on Evolutionary Computation. San Francisco, USA: IEEE, 2001. 101-106.

[18] EBERHART R, SHI Y. Tracking and optimizing dynamic systems with particle swarms[C]. The IEEE Congress on Evolutionary Computation. San Francisco, USA: IEEE, 2001. 94-100.

[19] CLERC M. The swarm and the queen: towards a deterministic and adaptive particle swarm optimization[C]. Proceedings of IEEE International Conference on Evolutionary Computation (CEC 1999), Piscataway, NJ: IEEE,1999, 1951-1957.

[20] RATNAWECRA A, HALGAMUGE S. Self-organizing hierarchical particle swarm optimizer with time-varying acceleration coefficients[J]. Evolutionary Computation. 2004, 8(3): 240-255.

[21] 陈水利，蔡国榕. PSO 算法加速因子的非线性策略研究[J]. 长江大学学报（自然科学版）. 2007，14（4）：1-4.

[22] ANSYS, Inc.ANSYS Operations Guide. ANSYS 6.0 HTML Online Documentation. 2000.12.8.

[23] WANG P H, YANG C G. Parametric Studies on Cable-Stayed Bridges[J]. Computers and Structures, 1996, 60(2): 243-260.

[24] 雷晓燕. 有限元法[M]. 北京：中国铁道出版社，2000.

[25] 龚磊磊,宋瑞斌. 下承式系杆钢拱桥整体提升关键技术[J]. 中国水运（下月），2016，16（02）：199-202.

[26] 许少卿. 悬臂浇筑钢筋混凝土拱桥施工稳定性研究[D]. 长安大学，2016.

[27] 秦磊. 宁西复线铁路赵河特大桥主桥施工监控研究[D]. 郑州大学，2015.

[28] 王世界，于太乐，许斐，王德慧. 某异形拱桥施工监控参数敏感性分析[J]. 上海工程技术大学学报，2014，28（03）：215-220.

[29] TAO H.Y. Study on Influencing Factors of CFST Arch Bridge Stability[J]. Advanced Materials Research, 2013, 690-693: 900-904.

[30] 邵元. 钢管混凝主拱桥计算模型误差敏感性分析[D]. 大连：大连海事大学，2011.

[31] GAYLORD E H, GAYLORD C N, Stallmeyer J.E. Design of steel structures[M]. Singapore: McGraw-Hill, 1992.

[32] 郭鹏. 中承式钢管混凝土系杆拱桥施工控制及参数敏感性分析[D]. 合肥工业大学，2016.

[33] British Standards Institute.Steel, concrete and composite bridges-Part 2: Specification for loads:BS 5400-2[S]. London: British Standards Institute, 2006.